本书受北京师范大学历史学院学科建设发展出版资助

京师史学文库

宋金时期中原北方地区砖室墓研究

张保卿 著

中国社会科学出版社

图书在版编目（CIP）数据

宋金时期中原北方地区砖室墓研究 / 张保卿著.
北京：中国社会科学出版社，2024.12. — （京师史学文库）. — ISBN 978-7-5227-4481-0

Ⅰ. K878.84

中国国家版本馆 CIP 数据核字第 2024W810F8 号

出 版 人	赵剑英
责任编辑	张　湉　胡安然
责任校对	姜志菊
责任印制	李寡寡

出　　版	中国社会科学出版社
社　　址	北京鼓楼西大街甲 158 号
邮　　编	100720
网　　址	http://www.csspw.cn
发 行 部	010-84083685
门 市 部	010-84029450
经　　销	新华书店及其他书店

印　　刷	北京明恒达印务有限公司
装　　订	廊坊市广阳区广增装订厂
版　　次	2024 年 12 月第 1 版
印　　次	2024 年 12 月第 1 次印刷

开　　本	710×1000　1/16
印　　张	14.75
字　　数	245 千字
定　　价	79.00 元

凡购买中国社会科学出版社图书，如有质量问题请与本社营销中心联系调换
电话：010-84083683
版权所有　侵权必究

北京师范大学历史学院"京师史学文库"
编委会

顾　问：刘家和　瞿林东　郑师渠　晁福林
主　任：张　皓　耿向东
副主任：刘林海
委　员：（按姓氏拼音排序）
　　　　安　然　董立河　杜水生　何立波
　　　　黄国辉　李　帆　李　兴　李　渊
　　　　罗新慧　毛瑞方　庞冠群　单月英
　　　　武家璧　吴　琼　叶锦花　湛晓白
　　　　张双智　张　升　赵云慧　赵　贞
　　　　郑　林　周文玖

总　　序

  北京师范大学历史学科是北京师范大学最早形成的系科之一，由1902年创立的京师大学堂"第二类"分科演变而来。1912年称北京高师史地部；1928年单独设系；1952年院系调整，辅仁大学历史系并入；1980年成立史学研究所；2006年历史系与史学研究所合并，组建北京师范大学历史学院；2018年古籍与传统文化研究院等部分师资并入历史学院。

  北京师范大学历史学院是国内历史学人才培养和科学研究的重镇，学科门类齐全，体系完备，积淀厚重，特色显著，名家辈出，师资雄厚。现有考古学、中国史和世界史三个一级学科，是国内同类学科中最早获得一级学科博士学位授予权及博士后流动站资格的单位之一。其中，中国史为"双一流"建设学科，在全国第四轮、第五轮学科评估中位居A$^+$学科前列；拥有中国古代史、史学理论与史学史两个国家重点学科，教育部人文社科重点研究基地"史学理论与史学史研究中心"、教育部与国家文物局"国家革命文物协同研究中心"、教育部等四部委"铸牢中华民族共同体意识研究培育基地"等研究平台；中国古代史、史学理论与史学史、中国近代文化史、中西历史及文明比较等研究享誉学界。

  在北京师范大学百廿年的历程中，经过以陈垣、白寿彝和刘家和等为代表的多代学人辛勤耕耘，历史学科在学术研究方面取得了突出成就。《中国通史》《何兹全文集》《古代中国与世界》《南明史》《清代理学史》《1927—1950年中英两国关于西藏问题的较量与争论》等一大批优秀成果获得国家级或省部级等奖励，产生了极大的学术和社会反响。

  为推动文化繁荣，推进文化自信自强，推动中华优秀传统文化创造性转化、创新性发展，繁荣历史学研究，提升学科建设和研究水平，历史学院特组织"京师史学文库"学术文丛，集中展示北京师范大学历史学科的最新学术研究成果，以飨学林。"京师史学文库"分为考古学、中国史和世界史三个子系列。

  本文丛取名"京师史学文库"。按：《尔雅》中注："京：大也"；"师，众也"。在先秦典籍中，"京师"又用来指周天子居住的都城。《春秋·桓公九年》："纪季姜归于京师。"《春秋公羊传》的解释是："京师者何？天子之居也……天子之居，必以众大之辞言之。"北京师范大学源于京师大学堂，位于中华人民共和国的首都，肩负着国家教育事业和学术研究之重任。取名京师，既是简称，也希望学科同人齐心协力，弘学术之大道，惠社会之大众，成京师之大者。

北京师范大学历史学院"京师史学文库"编委会
2023 年 8 月 8 日

序
何处是归途？

杭 侃

中国古人事死如事生，讲求孝道，两千多年的中国孝道文化可谓是绵延不绝。在宋元时期的墓葬中，出现了许多孝行图像，反映着地上社会对孝道的弘扬。不过，为什么宋代墓葬再次开始流行孝行图像？又是在哪个地区先出现的呢？

北宋中期以来，孝行题材开始广泛出现在中原北方地区的墓葬中，这一现象受到了学术界的关注。学者们普遍认为，统治者和士人阶层对孝道思想的推崇，儒释道三教孝亲观的合流，理学思潮和复古思想的交融，共同构筑了孝文化流行的背景，进而导致了墓葬中孝行题材的盛行。张保卿根据墓葬材料，提出了两个关于宋代墓葬孝行题材的关键问题：其一，孝行题材什么时候开始流行的？其二，这种题材流行的驱动原因是什么？

根据张保卿对材料的梳理和整合，使用孝行题材的纪年墓葬材料在神宗元丰年间开始成规模出现。孝行题材之所以在这个时期流行，应当和北宋王朝的政治背景有关，如英宗时期的"濮议"大讨论、神宗时期的新旧党争等，都是这一时段影响力很大的政治事件。其中，"濮议"事件围绕着英宗对其生父濮安懿王的孝心展开，相关的礼制问题引起多次争论，直接影响英宗朝政局；神宗朝王安石破格提拔的官员李定因未丁母忧，被保守派抓住道德把柄，以维护伦理纲常的名义对李定和王安石展开了攻击，"今王安石不信定之诚信，而独信其妄疑；不为质其母，而直为辨其非母；不正其恶，而反谓之善。上诬天心，下塞公议"，使得王安石不得不将李定外放，改革派遭受到了挫折，而孝道在这一事件中成为了旧党实现其政治目标的重要武器；几乎在同一时段发生的"朱寿昌弃官寻母"之事，与"李定匿丧"事件形成了鲜明的对比，成为旧党宣传孝道的范例，"由是天下皆知其孝"，其孝行以蒙学读物的形式在民间传播，影响至今。"濮议""李定匿丧""朱寿昌弃官寻母"的事件在当时社会引起了广泛的反响，也使得朝野间颇为重视对孝行的宣传与弘扬，这些都成为了墓葬中开始流行孝行图像的时代和社会背景。

那么，孝行题材在墓葬中出现，是不是先有一个中心区域，然后再影响其他地域？张保卿通过分析材料指出，晋东南地区是孝行题材在北宋开始流行时的中心区域。此时晋东南地区正处于仿木构雕砖壁画墓发展的初期阶段，起步较晚，其创新意识反而较强，因而在墓葬中出现了守孝（发丧）等表达实际场景的图像，一定程度上促使了展现古代孝子行为的孝行题材开始流行。前面所述的朱寿昌在寻到母亲后，被神宗任命为河中府通判，晋东南地区很有可能也受到了朱寿昌这一典型孝道形象的直接影响。再加上晋东南地区素来推重教化，发达的乡校系统和教育环境都对孝行题材在墓葬中的流行有着相当程度上的推动。在晋东南地区墓葬流行使用孝行题材之后，河南中北部等区域也开始采用这种做法，并逐渐扩展至宋金时期中原北方的大部分地区。

以上只是张保卿在书中所论述的一个观点。他还提出了墓葬文化中心和墓葬文化区的概念。墓葬文化中心自身蕴含的墓葬文化因素会对其他区域造成较大的影响，如晋东南开始出现的孝行图像就对其他墓葬文化区产生着影响。这样的墓葬文化中心有三个，即冀中南地区、豫中南地区、晋中南地区，而山东地区和陕甘宁地区有着独特的墓葬特征和发展轨迹，可以划分为独立的墓葬文化区，但并未形成墓葬文化中心。在此基础上，他认为可以将中原北方地区的砖室墓分为五个区域，并对各个地区内部砖室墓的区域和时代特点展开了研究。这三个墓葬文化中心在不同阶段的影响力不同，大体呈现出前后相继的状态，与当时的历史背景和政治环境比较一致。这样，他的研究就涉及到考古学的基本问题：分区与分期。

张保卿的研究无疑具有启发性，值得进一步加以讨论。考古学有其局限性。比如，根据墓葬出土的考古材料，孝行图像集中出现在汉代、北魏和宋元时期，如果仅仅凭考古材料提供的信息，我们可能会得出只有这三个时期流行孝道的结论。但实际上，中国历史上很多时期都提倡孝道，如唐玄宗给《孝经》作注，现在流行的《孝经》就源于唐玄宗的注释本。而唐代墓葬中极少发现孝行图像，这样就可以提出一个问题，是不是有的孝行图像会以别的方式呈现，而不是出现在墓葬中？

张保卿的论文中还讨论了汉代以来就出现的"启门"图像。学者们对于这种图像的讨论已经很多，张保卿结合墓葬中的"假门+家具"（可能反映的是居室意向）和"假门+假门"（可能反映的是院落意向）的壁面布局模式对这个问题进行探讨，同样具有新意。

我现在在山西工作，结合着山西的文化遗产想一想保卿讨论的问题，便生出一些自己觉得有趣的想法。比如"假门"的问题，墓葬中集中出土了不少材料，但也不只是墓葬中有这样的图像，例如山西浑源金代圆觉寺塔，北门半开，一女性从门中探头张望，这也是典型的"启门"题材。如果我们将地上地下的图像结合在一起考虑，是不是会拓展新的研究视野？又比如山西南部有很多外观似城堡、甚至还有墙垛的大院，单坡顶的建筑设计被当地民众解释为"肥水不外流"，而我们如果站在院落中四望，是不是可以联想到"假门+假门"的壁面布局模式？等等。

一篇论文解决了某些问题当然好，但是如果能让大家共同讨论一些问题，也是好的。

2024年4月8日

目　　录

第一章　绪论 …………………………………………………………（1）
　　一　研究范围 ………………………………………………………（1）
　　二　研究综述 ………………………………………………………（2）
　　三　选题意义和研究方法 …………………………………………（18）
　　四　相关说明 ………………………………………………………（20）

第二章　砖室墓的墓葬等级制度 ……………………………………（23）
　　一　中原北方地区官员墓葬 ………………………………………（23）
　　二　中原北方地区墓葬等级制度 …………………………………（27）

第三章　砖室墓的时代和区域特征 …………………………………（43）
　　一　河朔之风：冀中南地区宋金砖室墓 …………………………（43）
　　二　忆昔繁华：豫中南地区宋金砖室墓 …………………………（57）
　　三　薪尽火传：晋中南地区宋金砖室墓 …………………………（81）
　　四　齐鲁间殊：山东地区宋金砖室墓 ……………………………（108）
　　五　边陲华彩：陕甘宁地区宋金砖室墓 …………………………（120）
　　六　本章小结 ………………………………………………………（131）

第四章　砖室墓的壁面布局和题材 …………………………………（144）
　　一　墓室意象的时空变动 …………………………………………（144）

二　假门题材和"妇人启门" …………………………………（150）
三　桌椅题材和墓主像 ……………………………………（164）
四　孝行题材和"二十四孝" ………………………………（177）

第五章　结语 ………………………………………………（194）

参考文献 ……………………………………………………（198）

后　记 ………………………………………………………（222）

第一章 绪论

一 研究范围

本书的主要研究对象为宋金时期中原北方地区的砖室墓[①]。研究的时间范围为北宋至金代，即北宋建立至金朝灭亡的时段，上限为公元960年，下限为公元1234年，计275年。研究的空间范围为中原北方地区，即燕云十六州以南、秦岭淮河一带以北的区域[②]，属于北宋与金朝统治范围的重合区域。

笔者将在此时空范围之内，对以砖室墓为中心的墓葬材料展开研究。中原北方地区是北宋与金代统治的核心地区，墓葬材料比较丰富，以砖室墓最为典型。在整体面貌大致相同的基础上，宋金时期的砖室墓可以划分为不同的墓葬文化区，在各时段形成了不同的特点，且尚未被学界加以系统讨论。墓葬文化的建构并非一朝一夕，而是长时段社会的反映，政权变动、战乱波及、政策调整、风俗移易等情况都会对墓葬文化产生重大的影响。因此，笔者选取了这一主题进行研究，力图在梳理、归纳各墓葬文化区和不同时段砖室墓发展的基础上，重点关注宋金时期墓葬文化的碰撞和

---

① 本书所指的砖室墓为用砖砌筑的墓葬，墓室有明显类似房屋的特征，整体建筑比较高大，通常具有墓门、甬道等结构。董新林曾将辽代墓葬分为"类屋式墓""类椁式墓"、土洞墓和竖穴土坑墓等形式，其中的"类屋式墓"是指"有墓门、高穹窿顶或券顶的砖石建筑墓葬，通常有斜坡式墓道，整体建筑较为高大，内高均超过2米，墓室有明显类似房屋的特征"。除了墓葬材质和墓道形制存在一定差异之外，这个定义与本书研究对象——"砖室墓"的概念比较类似。参见董新林《辽代墓葬形制与分期略论》，《考古》2004年第8期。

② 谭其骧编：《中国历史地图集（宋·辽·金时期）》，地图出版社1982年版，第3—4、42—43页。

交融，并对相应问题展开探讨。

需要注意的是，本书研究的空间范围为"中原北方地区"，此概念与学界既往定义稍有不同。所谓"中原北方地区"的空间概念，在宋元明考古的学科范畴内，其范围根据具体研究对象和研究重心而有所调整。在讨论宋代墓葬时，徐苹芳将"中原北方地区"定义为黄河流域及其以北的北宋疆域内的地区[①]；秦大树将"中原北方地区"定义为宋朝版图内长江流域以北的地区，其南界大体在淮河到汉中一线，北面与辽为界，西面与西夏相邻[②]。在讨论元代墓葬时，袁泉将所涉地区定义为北至赤峰—呼和浩特—准格尔旗一线、南以秦岭—淮河为界、西至陇右、东临沿海的广大区域[③]。在本书中，为研究宋金砖室墓的发展和变化趋势，需要选取北宋与金朝实际统治时间较长的地区进行研究，因此将"中原北方地区"定义为燕云十六州以南、秦岭淮河一带以北的范围[④]。在此区域内，北宋与金朝进行过前后相继的长时间统治，不同时期墓葬所处的空间范围比较统一，发展脉络也较为清晰，研究工作相对容易开展。

二 研究综述

墓葬作为当时人们对于冥界生活的认识和追求，以及对阳界生活的反映，成为当时社会政治制度、经济发展水平、文化状况和思想意识的一种综合体现[⑤]。墓葬是考古学的重要关注和研究对象，学界对各时期墓葬的材料积累和研究成果也相对较为丰富。但是由于特定的历史条件和原因，作为历史考古学的后段，宋元明考古工作的发展并不是均衡

[①] 徐苹芳：《宋元明时代的陵墓》，载中国大百科全书总编辑委员会《考古学》编辑委员会、中国大百科全书出版社编辑部编《中国大百科全书：考古学》，中国大百科全书出版社1986年版，第489—490页。

[②] 秦大树：《宋元明考古》，文物出版社2004年版，第137—138页。

[③] 袁泉：《蒙元时期中原北方地区墓葬研究》，文物出版社2020年版，第1页。

[④] 秦大树在研究宋代墓葬时将"中原地区"定义为"淮河到汉中一线以北、北面与辽为界，西面与西夏为界"的区域范围，本书的研究范围与之相近。参见秦大树《中原地区宋墓初探》，学士学位论文，北京大学，1985年。

[⑤] 秦大树：《宋代丧葬习俗的变革及其体现的社会意义》，载荣新江编《唐研究》第11卷，北京大学出版社2005年版，第313—336页。

的，如果以20世纪70年代末期为界限，在此之前宋元明考古受重视程度较低，考古工作中发现的宋元明墓葬和遗迹往往被忽视，工作较少，也不太成体系①，在此之后才得到长足发展。宋金时期中原北方地区砖室墓研究的发展脉络也是如此，可将其研究历程划分为两个阶段，略加回顾和总结。

第一个阶段为20世纪70年代末之前，这一阶段的考古发现相对较少，材料的刊布情况也比较简单，归纳总结性的研究也比较少。其中，宿白撰写的《白沙宋墓》作为中华人民共和国成立后最早出版的考古报告之一，从个例入手进行砖室墓研究，对白沙发掘的三座砖室墓壁面题材进行了大量考证②，是宋代墓葬研究的经典之作。由于资料的缺乏，这个时期的整体性研究不多，需要重视的是徐苹芳对宋墓的分期工作。他将中原北方地区五代、北宋墓视为整体，以熙宁元年（1068）为界分为两期，认为前期砖室墓发现较少、仿木结构比较简单，后期砖室墓的墓室壁饰和仿木结构复杂③。这是基于当时出土资料得出的结论，也是后来学者进行相关研究的基础。

第二个阶段是20世纪70年代末之后，考古学界对宋金墓葬日益重视，重要的宋金砖室墓材料大大增加，有些还出版为正式考古报告。宋金时期中原北方地区砖室墓也得到了总结和相当程度的研究。其中，既包括对分期分区的讨论，这是进行考古学研究的基础工作；也包括了对墓葬特点的研究，如平面形制④、墓壁装饰⑤、仿木建筑等方面，美术史

---

① 秦大树：《宋元明考古》，文物出版社2004年版，第12页。

② 宿白：《白沙宋墓》，文物出版社1957年版。

③ 徐苹芳：《五代两宋》，载中国科学院考古研究所编《新中国的考古收获》，文物出版社1961年版，第104—109页。

④ 本书所指平面形制主要包含单体墓葬的墓室数量及平面形状。前者包括单室墓、多室墓等类别，宋金时期中原北方地区砖室墓多数为单室墓，因此下文除有墓室数量说明的墓葬之外，所提及的单体墓葬均为单室墓；后者包括圆形、方形、六边形、八边形等类别，在部分区域内具体还可细分为长方形、弧方形、扁八边形、类方八边形等，视各区域墓葬平面形制的发展脉络及节点情况而加以区分。

⑤ 本书所指墓壁装饰为砖室墓墓室内壁各壁面的装饰情况，包含砖雕、壁画、画像砖等。该定义受到了郑岩关于"壁画"概念的启发。参见郑岩《魏晋南北朝壁画墓研究》，文物出版社2016年版，第1—3页。

（转下页）

和其他相关学科的学者也逐渐开始关注这个领域，重点对中原北方地区砖室墓的"妇人启门"图式、墓主像、孝行题材等装饰内容进行研究和考证；还包括对宋金墓葬背后蕴含的政治文化意义和丧葬习俗的讨论。

下文将对相关研究加以梳理，并进行简要述评。

(一) 对分期分区和平面形制的讨论

受政治变迁和文化发展等因素影响，学界多将中原北方地区宋金墓葬以朝代为限分别进行讨论[①]。

就宋墓而言，徐苹芳将中原北方地区宋墓分为土坑墓和砖室墓两类[②]，以熙宁元年（1068）为界分期，指出前期土坑墓居多，也有带简单仿木建筑的砖室墓，后期仿木建筑雕砖壁画墓流行[③]。秦大树以仿木结构砖室墓的发展变化为主线，将中原北方地区宋墓分为河南山东地区、河北和山西中部东部地区、晋南关中地区三个地域，以天圣元年（1023）、绍

（接上页）此处需要说明四点：1. 砖室墓的构建形式和空间与地上建筑有较多相似之处，墓壁常以雕、绘等各种形式模拟出建筑构件，既包括屋檐、柱额、斗栱等大木作，也包括门窗等小木作，这些构件图像的载体是墓室内壁各壁面，都应属于墓壁装饰的具体形式。本书主要针对门窗、倚柱等装饰进行讨论。门窗决定了"居室"和"院落"等墓室意象，是本书讨论的重点题材之一；倚柱分隔了各壁面，影响了墓室壁面布局。另外，斗栱处于墓室的视觉显著地位，本书不将其作为讨论重点，俞莉娜已从建筑考古视角对此进行了研究。参见俞莉娜《宋金时期墓葬仿木构建筑史料研究——以河南中北部、山西南部地区为例》，硕士学位论文，北京大学，2015 年。

2. 在讨论墓壁装饰的同时，也附带讨论部分葬具的装饰，盖因二者在图像构成和布局方面存在一定联系，举例如豫中南地区的砖室墓和石棺等。

3. 本书讨论的重点是砖室墓。一些石室墓的墓壁装饰与砖室墓较为相近，尽管其数量不多，亦置入整体发展脉络的大背景中进行研究。

4. 本书所指墓壁装饰以构图较为复杂的图像为主，部分花卉和几何图案的构图相对简单，不作为讨论的重点。此外，建筑彩画亦不作为讨论重点，李若水、李路珂等已对此进行了研究。参见李若水《中原北方宋金仿木构砖室壁画墓中的建筑彩画》，学士学位论文，北京大学，2010 年；李路珂《营造法式彩画研究》，东南大学出版社 2011 年版。

① 随着讨论的进一步深入，学者们认识到朝代变迁并不一定是文化分期的节点，在宋金墓葬的分期研究中逐渐打破了朝代的界限。较早的这类成果可举例刘耀辉对晋南地区宋金砖室墓的研究，以天德元年（1149）、明昌元年（1190）为界将之划为三期。参见刘耀辉《晋南地区宋金墓葬研究》，硕士学位论文，北京大学，2002 年，第 9—11 页。

② 徐苹芳：《宋代墓葬和窖藏的发掘》，载中国社会科学院考古研究所编《新中国的考古发现和研究》，文物出版社 1984 年版，第 597—601 页。

③ 徐苹芳：《宋元明时代的陵墓》，载中国大百科全书出版社编辑部编《中国大百科全书：考古学》，中国大百科全书出版社 1986 年版，第 489 页。

圣元年（1094）为界将中原北方地区宋墓划分为三期①。陈朝云对墓葬的平面形制进行分类，在此基础上以治平元年（1064）为界分期，实质上是将多边形墓的出现作为前后两期分界的节点②。雷生霖借鉴了隋唐都城地区墓葬分型分式的研究方法③，将黄河中下游宋墓分为五区，各区根据墓葬建造材质不同分为几类，其下以墓室大小划型，再下以平面形制的差异划式，继而分期④。进入 21 世纪，随着更多宋代墓葬材料的发表，中原北方地区宋墓的分期分区研究有了新的成果。杨远将河南地区宋代壁画墓前后两期的界限定在元祐元年（1086），并把每期分成两个阶段⑤，其分期依据同样是多边形墓的出现。郝红星、于宏伟根据宋代砖室墓的墓室形状分出型，根据墓室内壁收分的高度分出亚型，指出收分高度不同的墓葬地域分布不同，并进行分区⑥。韩小囡的讨论与雷生霖的研究思路类似，在区分墓葬材质的基础上据平面形制分型，据墓室面积大小分亚型，据墓顶形制分式。在此基础上，其以元祐元年（1086）为界将北方地区宋墓装饰分为两期，又以咸平元年（998）、治平元年（1064）为界将前期分为三段⑦。在此将部分学者对中原北方地区宋墓的分期结论列表如下（表1）。

表1　　　　　　　　学者对中原北方地区宋墓的分期结论

	太祖	太宗	真宗	仁宗	英宗	神宗	哲宗	徽宗	钦宗
徐苹芳（1961）	前期					后期			

---

① 秦大树：《中原地区宋墓初探》，学士学位论文，北京大学，1985 年。其分期结论此后有所修正，以天圣元年（1023）、元祐元年（1086）为界将中原北方地区宋墓划分为三期。参见秦大树《宋元明考古》，文物出版社 2004 年版，第 143—145 页。

② 陈朝云：《我国北方地区宋代砖室墓的类型和分期》，《郑州大学学报》（哲学社会科学版）1994 年第 6 期。

③ 孙秉根：《西安隋唐墓葬的形制》，载《中国考古学研究》编委会编《中国考古学研究——夏鼐先生考古五十年纪念论文集》二集，科学出版社 1986 年版，第 151—190 页。

④ 雷生霖：《黄河中下游地区宋、金墓》，硕士学位论文，北京大学，1994 年，第 1—11 页。

⑤ 杨远：《河南北宋壁画墓析论》，硕士学位论文，郑州大学，2004 年。

⑥ 郝红星、于宏伟：《辽宋金壁画墓、砖雕墓墓葬形制研究》，载郑州市文物考古研究所《郑州宋金壁画墓》，科学出版社 2005 年版，第 252—269 页。

⑦ 韩小囡：《宋代墓葬装饰研究》，博士学位论文，山东大学，2006 年。

续表

	太祖	太宗	真宗	仁宗	英宗	神宗	哲宗	徽宗	钦宗
秦大树（1985）	前期			中期			后期		
陈朝云（1994）	前期				后期				
雷生霖（1994）	前期				后期				
杨 远（2004）	前期（1）			前期（2）			后期（1）		后期（2）
秦大树（2004）	前期			中期			后期		
韩小囡（2006）	前期（1）		前期（2）		前期（3）		后期		

就金墓而言，在徐苹芳对金墓的特点进行总结和初步归纳之后①，秦大树较早对金墓进行了分期分区研究，将中原北方地区金墓分为两区，即河南山东地区和晋南关中地区，并以大定元年（1161）为界分为前后两期，认为前期的风格与北宋类似，后期形成了金墓独特的风格，如火葬更加流行、砖雕变得更复杂、仿木斗栱开始衰落等②。后来，秦大树又将金墓分期进一步细化，以大定元年（1161）、大安元年（1209）为界分为三期，指出第三期仿木构砖雕趋于衰落，墓壁装饰更加多样化③。史学谦把山西地区金墓分为晋北、晋中和晋南三区，分别以正隆元年（1156）和大安元年（1209）为界分为三期④。陈朝云对黄河中下游金墓做了介绍⑤。雷生霖将黄河中下游金墓分为六区，基本以大定元年（1161）前后为界分期⑥，探讨思路与其所做的宋墓分期分区研究基本一致。21世纪以来，随着墓葬材料的日益丰富，学界对中原北方地区金墓分期分区的讨论更多。卢青峰把中原北方地区金墓划为单独一区，以大定元年（1161）、泰和元年（1201）为界划为三期⑦。赵永军将金墓划为六区，把中原北方

---

① 徐苹芳：《金元墓葬的发掘》，载中国社会科学院考古研究所编《新中国的考古发现与研究》，文物出版社1984年版，第605—609页。

② 秦大树：《金墓概述》，《辽海文物学刊》1988年第2期。

③ 秦大树：《宋元明考古》，文物出版社2004年版，第208—224页。

④ 史学谦：《试论山西地区的金墓》，《考古与文物》1988年第3期。

⑤ 陈朝云：《黄河中下游地区金代砖室墓探论》，《郑州大学学报》（哲学社会科学版）1996年第1期。

⑥ 雷生霖：《黄河中下游地区宋、金墓》，硕士学位论文，北京大学，1994年，第11—18页。

⑦ 卢青峰：《金代墓葬探究》，硕士学位论文，郑州大学，2007年。

地区划为晋中和冀中南、豫东和山东、晋南和豫西三区,以贞元元年(1153)、明昌元年(1190)为界划为三期①。郝军军将中原北方地区金墓划为河北中南部、山东、河南、晋中、晋南、晋东南六个区,并对部分区域进行了分期②。在此将部分学者对中原北方地区金墓的分期结论列表如下(表2)。

表2　　　学者对中原北方地区(或山西地区)金墓的分期结论

	太祖	太宗	熙宗	海陵王	世宗	章宗	卫绍王	宣宗	哀宗
秦大树(1988)	前期				后期				
史学谦(1988)	前期			中期		后期			
雷生霖(1994)	前期				后期				
刘耀辉(2002)	前期(含北宋)			中期		后期			
秦大树(2004)	前期				中期		后期		
卢青峰(2007)	前期			中期		后期			
赵永军(2010)	前期			中期		后期			

随着社会的进步,考古遗存所表现出来的社会文化现象便愈为复杂,秦汉以后考古学文化分区很难用一个统一的标准来界定③,具体到墓葬考古的相关研究也是如此。可以看出,中原北方地区宋墓分期分区的相关观点结论虽各有差别,但其参考标准大体相似,大多基于墓葬的建造材质、平面形制、仿木结构、墓室大小进行归纳。对金墓的分期也常考虑到时代背景对墓葬遗存的影响,如均以海陵王迁都前后为期段的分界。这些讨论的切入点是具有标杆意义的纪年墓葬,构建出一个分布着多个典型墓葬的时空网络,并以纪年墓葬材料推测同时期其他墓葬的特征,最终得出分区分期的结论。其结论一定程度上揭示了各区各期宋金墓葬的考古学特点,但是不少研究常将不同阶层的墓葬放在一起讨论,对社会阶层与墓葬的对应关系常未能充分关注,不利于形成对墓葬特点的进一步认识。

---

① 赵永军:《金代墓葬研究》,博士学位论文,吉林大学,2010年。
② 郝军军:《金代墓葬的区域性及相关问题研究》,博士学位论文,吉林大学,2016年。
③ 徐苹芳:《中国历史考古学分区问题的思考》,《考古》2000年第7期。

在分期分区过程中，学界还对宋金时期中原北方地区砖室墓的平面形制及源流加以研究，主要观点有三种。其一，霍杰娜认为辽代八边形墓葬的来源当是模仿了佛教的窣堵波及塔下的地宫[1]；韩小囡认同此观点，指出中原北方地区宋代多边形墓葬的平面形制应与佛教因素相关[2]。其二，郝红星、于宏伟指出辽宋金砖室墓的平面形制应渊源于唐代的圆形墓和弧边墓，是技术选择的结果[3]。其三，林思雨认为多边形墓葬流行的根本原因是圆形墓无法满足富民墓葬装饰复杂化的需要[4]。上述三种观点的出发点分别是墓葬平面形制的象征意义、历史源流和现实需求。此外，谭凯（Nicolas Tackett）从唐宋变革的视角泛谈了河北因素对宋初丧葬文化的影响，包括圆形墓的来源等[5]。

（二）对等级制度的讨论

墓葬营造与其等级制度密切相关。据官方史料记载，在丧葬过程中，北宋政府依照官品的高低，对士庶丧葬制度有所规定，重点强调了"丧"的过程中的等级，而对"葬"则相对记载较少[6]。就目前来看，相对于唐墓[7]而言，北宋墓葬等级制度的相关研究工作还比较薄弱。北宋时中原北方地区的皇族成员和官员墓葬大体遵循丧礼，由于朝廷还派有监葬官，一般难以越制，官员等级差异应该能体现在墓葬之中，相关研究还有讨论的必要。金连玉对宋代品官墓葬进行了梳理和分析，认为官员墓葬的地方性特点增强，地域差异和经济水平高低成为影响墓葬面貌的主要因素[8]。至

---

[1] 霍杰娜：《辽墓中所见佛教因素》，《文物世界》2002年第3期。

[2] 韩小囡：《墓与塔——宋墓中仿木建筑雕饰的来源》，《中原文物》2010年第3期。

[3] 郝红星、于宏伟：《辽宋金壁画墓、砖雕墓墓葬形制研究》，载郑州市文物考古研究所《郑州宋金壁画墓》，科学出版社2005年版，第252—269页。

[4] 林思雨：《略论宋金时期八边形装饰墓葬》，《四川文物》2020年第2期。

[5] ［瑞士］谭凯：《晚唐河北人对宋初文化的影响——以丧葬文化、语音以及新兴精英风貌为例》，载荣新江主编《唐研究》第十九卷，北京大学出版社2013年版，第255—286页。

[6] （元）脱脱等：《宋史》卷124《礼二十七》，中华书局1985年标点本，第2909页。

[7] 齐东方：《试论西安地区唐代墓葬的等级制度》，载北京大学考古系编《纪念北京大学考古专业三十周年论文集》，文物出版社1990年版，第286—310页；宿白：《西安地区的唐墓形制》，《文物》1995年第12期。

[8] 金连玉：《宋代官员墓葬研究》，博士学位论文，北京大学，2016年；金连玉：《试析宋代官员墓葬选址特点与影响因素》，《四川文物》2023年第1期。

于金代，有关凶礼的文献记载更少，区域内缺乏皇家陵寝和高等级品官墓葬，针对墓葬等级制度的研究进展也不大。

对中原北方地区宋墓等级制度的既往研究多以北宋皇陵为切入点。在宋墓中，等级规格最高、建制最宏大、文献记载最详细的无疑是北宋皇陵，学界针对皇陵及陪葬墓的相关布局和制度有较多讨论。1964年，郭湖生等人对巩县宋陵进行考古调查，实测并公布了一批资料[1]，是现代考古学界对北宋皇陵的最早研究者。此后，张广立根据《营造法式》的相关制度，对宋陵石雕纹饰进行了分析[2]。刘毅对北宋和南宋皇陵制度进行比对研究，对陵园建制和玄宫制度等都进行了讨论[3]。秦大树主要关注丈尺制度，指出了宋陵区陵墓的等级差异[4]。刘未讨论了宋代的石藏葬制，认为皇族成员和部分重臣在墓室尺寸、石藏尺寸、石门有无等方面都构成了比较明显的等级差别[5]。孟凡人对各陵石像生做了分型分式和归纳总结，认为其演变序列是北宋帝陵形制结构深层次变化的反映[6]。前述研究使得北宋皇陵的营造背景、礼仪制度、等级形制等相关要素得到进一步明晰。迄今为止，学界对宋陵及其皇族成员陪葬墓制度上的研究做了诸多工作，但是对中原北方地区宋墓等级制度及所谓"宋制"的整体讨论[7]还较少。

（三）对壁面装饰的讨论

讨论对象多是壁面有雕砖壁画装饰的仿木结构砖室墓。由于宋金时期中原北方地区砖室墓的特点相对接近，且壁面装饰也有一定的承继关系，

---

[1] 郭湖生、戚德耀、李容淦：《河南巩县宋陵调查》，《考古》1964年第11期。
[2] 张广立：《宋陵石雕纹饰与〈营造法式〉的"石作制度"》，载《中国考古学研究》编委会编《中国考古学研究——夏鼐先生考古五十年纪念论文集》二集，科学出版社1986年版，第254—280页。
[3] 刘毅：《宋代皇陵制度研究》，《故宫博物院院刊》1999年第1期。
[4] 秦大树：《试论北宋皇陵的等级制度》，《考古与文物》2008年第4期。
[5] 刘未：《宋代的石藏葬制》，《故宫博物院院刊》2009年第6期。
[6] 孟凡人：《北宋帝陵石像生研究》，《考古学报》2010年第3期。
[7] 崔世平等学者进行了一定程度的讨论，参见崔世平《河北因素与唐宋墓葬制度变革初论》，载北京大学中国考古学研究中心编《两个世界的徘徊——中古时期丧葬观念风俗与礼仪制度学术研讨会论文集》，科学出版社2016年版，第282—312页；陈豪、丁雨《宋代官员墓葬相关问题刍议》，《华夏考古》2021年第1期。

学界常将宋金墓葬放在一起进行讨论，相关研讨在考古学、美术史和戏曲史等领域蓬勃展开。继《白沙宋墓》对宋墓壁面装饰进行整体性研究之后，梁庄爱伦（Ellen Johnston Laing）向西方介绍了中国宋金墓的发现情况，并就宋金时期中原北方地区墓饰题材的渊源、时代背景和地域分布等问题提出了诸多看法[1]。之后，李红从宏观上对宋金时期的墓室壁画进行了梳理[2]。1996年，在河北古代墓葬壁画研讨会上，俞伟超、徐苹芳、黄景略分别对石家庄井陉柿庄墓群和宣化辽墓加以探讨[3]，促进了学界对宋金时期中原北方地区砖室墓壁面题材的研究。罗森（Jessica Rawson）从整体的视角指出唐宋两代墓葬之间的差异[4]。此后，一些硕士、博士论文对中原北方地区宋金墓葬壁面题材进行了归纳和总结，部分学者也做了比较有启发性的研究工作，例如裴志昂（Christian de Pee）分析了仿木构墓葬中的宗教意义[5]、邓菲整体探析了墓葬壁面图像题材之间的相互联系[6]、赵冉梳理了墓葬壁面上的榜题和题记[7]、刘未探讨了以夫妇共坐和"妇人启门"等图像为代表的装饰模式和传统所形成的历史过程[8]、丁雨讨论了

---

[1] Ellen Johnston Laing, Patterns and Problems in Later Chinese Tomb Decoration, *Journal of Oriental Studies*, Vol. 16, 1978, pp. 3–21.

[2] 李红：《宋辽金元时期的墓室壁画》，载中国美术全集编辑委员会《中国美术全集·绘画编·12 墓室壁画》，文物出版社1989年版，第35—50页。

[3] 俞伟超：《中国古墓壁画内容变化的阶段性——〈河北古代墓葬壁画精粹展〉座谈会上的发言提纲》，《文物》1996年第9期；徐苹芳：《看〈河北古代墓葬壁画精粹展〉札记》，《文物》1996年第9期；黄景略：《中国古代墓葬壁画的缩影》，《文物》1996年第9期。

[4] Jessica Rawson, Changes in the Representation of Life and the Afterlife as Illustrated by the Contents of Tombs of the T'ang and Sung Period, *Arts of the Sung and Yüan*, Edited by Maxwell K. Hearn and Judith G. Smith, Department of Asia Art & The Metropolitan of Art, New York, 1996, pp. 23–43.

[5] [美] 裴志昂：《试论晚唐至元代仿木构墓葬的宗教意义》，《考古与文物》2009年第4期。

[6] 邓菲：《宋金时期砖雕壁画墓的图像题材探析》，《美术研究》2011年第3期；邓菲：《图像与仪式——宋金仿木构砖雕壁画墓图像题材探析》，载巫鸿、郑岩主编《古代墓葬美术研究》第1辑，文物出版社2011年版，285—312页；邓菲：《中原北方地区宋金墓葬艺术研究》，文物出版社2019年版。

[7] 赵冉：《宋元墓葬中榜题、题记研究》，《南方文物》2012年第1期。

[8] 刘未：《门窗、桌椅及其他——宋元砖雕壁画墓的模式与传统》，载巫鸿、朱青生、郑岩主编《古代墓葬美术研究》第3辑，湖南美术出版社2015年版，第227—252页。

墓葬中的门窗和桌椅题材的变化及墓室后壁的象征空间①等。目前，针对宋金时期中原北方地区砖室墓壁面装饰的整体研究，将考古学与美术史的研究方法相结合，取得了相当程度的进展。

在总述整体性研究的基础之上，下文将依次分述主要壁面题材的具体研究，包括假门题材和"妇人启门"、桌椅题材和墓主像、孝行题材和"二十四孝"。在辽宋金元时期，这些壁面题材广泛存在于中原北方大部分地区，学界常综合同时段各地域的墓例对其进行研究，因此笔者将之一并综述于下。至于墓壁装饰的其他常见题材，本书不再详述。

1. 假门题材和"妇人启门"

在现代考古学意义上，最早对该图像的研究者应属王世襄，他在对四川南溪李庄宋墓的描述时注意到了"门蔽半身之妇人"，并指出该题材或可上溯至汉代②。1957 年，宿白在《白沙宋墓》中颇具启发性地指出，"按此种装饰就其所处位置观察，疑其取意在于表示假门之后尚有庭院或房屋、厅堂，亦即表示墓室至此并未到尽头之意"③。其后很长一段时间，学界对此图像的研究进展不大。直至 1992 年，李逸友提到辽墓中存在此类图像，认为其意在迎接墓主人进入阴宅，如同生前一样的富贵生活④。梁白泉亦撰有专文⑤，使"妇人启门"图式重新回到学界视野。刘毅认为这些启门的青年女子代表墓主生前的姬妾⑥。土居淑子和罗森均认为该题材意为神话人物开启冥府的大门，以引导死者升入仙界⑦。郑岩指出该图

---

① 丁雨：《从"门窗"到"桌椅"——兼议宋金墓葬中"空的空间"》，载中国人民大学北方民族考古研究所、中国人民大学历史学院考古文博系编《北方民族考古》第 4 辑，科学出版社 2017 年版，第 213—222 页。

② 王世襄：《四川南溪李庄宋墓》，《中国营造学社会刊》1944 年第 7 卷第 1 期。

③ 宿白：《白沙宋墓》，生活·读书·新知三联书店 2017 年版，第 55—56、72—73 页。

④ 李逸友：《论辽墓画像石的题材和内容》，《辽海文物学刊》1992 年第 2 期。

⑤ 梁白泉：《墓饰"妇人启门"含义揣测》，《中国文物报》1992 年 11 月 8 日第 3 版。经修改后，该研究于 2011 年重新发表，参见梁白泉《墓饰"妇人启门"含义蠡测》，《艺术学界》2011 年第 2 期。

⑥ 刘毅：《妇人启门墓饰含义管见》，《中国文物报》1993 年 5 月 16 日第 3 版。

⑦ [日]土居淑子：『古代中国の半開の扉』，载[日]土居淑子《古代中国考古·文化論叢》，言叢社 1995 年版，第 253—292 页；Jessica Rawson, Changes in the Representation of Life and the Afterlife as Illustrated by the Contents of Tombs of the T'ang and Sung Period, *Arts of the Sung and Yüan*, pp. 35–36.

式的研究应当较全面地考察其背景和用作装饰的载体①，其后又指出半启的门和启门的女子是这一图式的两个基本要素，并考察了"半启门"图式的使用和改造情况②。邓小南认为启门的妇女代表了"无故不窥中门"的女性，这与宋代儒家礼教有关③。随着学术界对"妇人启门"图像的日益关注，以宣化辽墓为代表的辽代墓葬启门图也得到了一些学者的重视。冯恩学对辽墓壁画中的启门题材做了梳理，指出该图式只是现实生活的一种展现手法，没有统一固定的含义④。李清泉则认为宣化辽墓中的启门图可以表现出营造思想中的时间和空间观念⑤，此后他又撰文对这一时期的启门图进行整体研究，指出该图像应该有助于解释墓葬的空间逻辑，并把门后的空间解读为"寝"⑥。张鹏分析了宣化辽墓"妇人启门"图像及其他壁画题材所展示的生活场景，指出了汉与契丹间不同的观念与生活习俗对艺术的影响⑦。韩小囡解读了铜镜图像中的此类题材，认为不同时期和形式的"妇人启门"图像都应有其自身寓意，不应一概而论⑧。丁雨认为这一图像来自于宋金墓葬中常见的门窗题材，也受到了佛教丧葬文化的影响，妇人的形象符合刻意营造的现实家宅氛围⑨，并对研究史进行了反思⑩。沈睿文认为启门图最初表现的是传统社会的事亲之礼，带有强化墓室图像动态的功能⑪。邓菲讨论了佛教因素对"妇人启门"的影响，认为被启之门应该和神圣的空间

---

① 郑岩：《民间艺术二题》，《民俗研究》1995 年第 2 期。

② 郑岩：《论"半启门"》，《故宫博物院院刊》2012 年第 3 期。

③ 邓小南：《从考古发掘资料看唐宋时期女性在门户内外的活动》，载李小江等《历史、史学与性别》，江苏人民出版社 2002 年版，第 113—127 页。

④ 冯恩学：《辽墓启门图之探讨》，《北方文物》2005 年第 4 期。

⑤ 李清泉：《宣化辽代壁画墓设计中的时间与空间观念》，《美术学报》2005 年第 2 期。

⑥ 李清泉：《空间逻辑与视觉意味——宋辽金墓"妇人启门"图新论》，《美术学报》2012 年第 2 期。

⑦ 张鹏：《妇人启门图试探——以宣化辽墓壁画为中心》，《民族艺术》2006 年第 3 期。

⑧ 韩小囡：《图像与文本的重合——读宋代铜镜上的启门图》，《美术研究》2010 年第 3 期。

⑨ 丁雨：《浅议宋金墓葬中的启门图》，《考古与文物》2015 年第 1 期。

⑩ 丁雨：《启门的诱惑：宋金墓葬启门题材研究反思》，《故宫博物院院刊》2021 年第 3 期。

⑪ 沈睿文：《"妇人启门"构图及其意义》，载张达志编《中国中古史集刊》第 2 辑，商务印书馆 2016 年版，第 422—431 页。

有关①。

针对"妇人启门"图式的研究,研究者的关注点逐渐呈现出由"妇人"身份向"启门"动作的转化趋势②。此后,无论是文献的引据,还是实例的参照,学界基本均着重考虑"启门",把"妇人"视为从属要素。参与讨论的学者更关心该图像中"启"的动作,将之作为一种特殊的图式,利用文献中相关记载,对其意图展现的精神和含义进行研究。目前,学界对该题材的主体"假门"的重视程度有待提升。

2. 桌椅题材和墓主像

宿白最早对许昌白沙 M1 的墓主像进行了考证,指出墓主夫妇对坐图像应与对壁伎乐场景合观,可称为"开芳宴"③。刘耀辉认为墓主像应该是塑造出的被供养的对象④。秦大树进一步指出"从早期的一桌二椅演变到晚期的墓主人夫妇对坐、并坐的场景,是墓中最重要的装饰,似乎是在墓中设置的墓主人夫妇的灵位"⑤。张鹏从视觉审美、构图组合和施工技术的角度探讨了一桌二椅和夫妇共坐在美术史中的意义⑥。庄程恒根据一桌二椅壁饰和墓主像在唐宋的变化,指出桌椅的普遍出现体现了北宋世俗风尚的新变动⑦。易晴认为墓主像的出现与用于祭祀祖先的影堂有关,其核心寓意应当是墓葬中为死者设置的灵座⑧。邓菲认为唐宋时期的丧葬仪式和习俗可能对砖室墓产生一定的影响,墓主像的意义逐渐向祭祀用影的

---

① Fei Deng, Realms Beyond: Half-open Doors in Chinese Funerary Art, *Religion and the Arts*, Volume 20, Issue 1 – 2, 2016, pp. 59 – 91.

② 刘耀辉:《晋南地区宋金墓葬研究》,硕士学位论文,北京大学,2002 年,第 33—34 页。

③ 宿白:《白沙宋墓》,生活·读书·新知三联书店 2017 年版,第 65—66 页。

④ 刘耀辉:《晋南地区宋金墓葬研究》,硕士学位论文,北京大学,2002 年,第 29—31 页。

⑤ 秦大树:《宋元明考古》,文物出版社 2004 年版,第 146 页。

⑥ 张鹏:《勉世与娱情——宋金墓葬壁画中的一桌二椅到夫妇共坐》,《美术研究》2010 年第 4 期。

⑦ 庄程恒:《北宋两京地区墓主夫妇画像与唐宋世俗生活风尚之新变动》,载中山大学艺术史研究中心编《艺术史研究》第 12 辑,中山大学出版社 2010 年版,第 83—122 页。

⑧ 易晴:《宋金中原地区壁画墓"墓主人对(并)坐"图像探析》,《中原文物》2011 年第 2 期。

形式靠拢，并指出墓主像与家居生活场景的图像共同构成了"礼仪空间"和"幸福家园"①。李清泉也将影堂与墓主像相联系，认为宋金墓葬并非专意于再造一个地下享堂，而是希望营造一种"一堂家庆"的意象②。赵永军对金墓中的墓主像进行了梳理和分类③。任林平论证了墓主像旁侍立者应为家庭成员的观点，并据此指出一些墓葬应该是几代直系亲属的家庭合葬④。白彬对墓主像的类型与所在位置进行划分，在此基础上重新探讨了"开芳宴"定名问题⑤。

总体来看，随着相关研究的进一步深入，学界对宋墓中墓主像的认识有了较大的进展。研究者根据相关文献的记载，指出了墓主像在墓葬空间中的地位，推进了对宋金砖室墓装饰意义的整体性思考。建墓者希望构建的墓室既应当体现地上生活和谐美满的氛围，又需要具有神圣的祭祀意义，而针对居于墓室核心地位的墓主像的探讨恰成为研究的切入点。实际上，墓主像源于晚唐、五代时期河朔地区墓葬中流行的一桌二椅题材⑥，由桌椅题材向墓主像转变，这一过程应自有其发展脉络和变化节点，其象征意义也应当分时段、分区域去看待。因此，应当对桌椅题材和墓主像在墓葬中的转变过程和发展情况进行细致梳理，以对其含义和功能进行更深入的探索。

3. 孝行题材和"二十四孝"

孝行题材在宋金时期中原北方地区砖室墓中颇为流行，对于该题材的探究主要集中在图像的识别和流行的原因之上。段鹏琦较早注意到孝行题

---

① 邓菲：《"香积厨"与"茶酒位"——谈宋金元砖雕壁画墓中的礼仪空间》，载中山大学艺术史研究中心编《艺术史研究》第14辑，中山大学出版社2012年版，第465—497页。

② 李清泉：《"一堂家庆"的新意象——宋金时期的墓主夫妇像与唐宋墓葬风气之变》，《美术学报》2013年第2期。

③ 赵永军：《金墓中所见"墓主人"图像释析》，载中国考古学会编《中国考古学会第十五次年会论文集（2012）》，文物出版社2013年版，第570—580页。

④ 任林平：《中原地区宋金元墓葬墓主图像的再思考》，《中国文物报》2014年2月28日第6版。

⑤ 白彬、丁曼玉：《宋金时期北方地区墓主人像类型及表现含义——兼论"开芳宴"定名问题》，《美术学报》2020年第6期。

⑥ 杭侃对椅子在唐宋时期中原地区流行的现象及原因进行了研究。参见杭侃《试论唐宋时期椅子在中原地区的传播》，《故宫博物院院刊》2019年第4期。

材在宋金墓葬中的流布情况①，赵超考证了二十四孝在中国历史中的渊源和演变过程②，金文京（KIN Bunkyo）和董新林分别根据高丽《孝行录》对墓葬中的孝行图进行了文本研究③。邓菲将孝行题材置入墓葬的整体空间进行考虑，认为墓主人能够借助孝子图像的帮助而到达仙境④。此外，学界对不同孝行题材的具体所指进行了辨析，相关学者有赵超、刘耀辉、江玉祥、刘未、崔世平、吴少明等⑤。

针对孝行题材在这时期墓葬中出现的原因，不少学者进行了探讨，其思路多数基于宋代儒学对孝文化的倡导、道家升天观念的盛行和佛教因果报应的引入等，立足于宋代的整体历史进行考量，提升了学界对孝行题材的认识。不过，孝行题材流行的直接动因和迅速传播的驱动力尚未得到充分解释，各区域墓葬中孝行题材的位置和象征意义也不尽相同，对于该题材的研究还有一定空间。

---

① 段鹏琦：《我国古墓葬中发现的孝悌图象》，载中国社会科学院考古研究所编《中国考古学论丛——中国社会科学院考古所建所40周年纪念》，科学出版社1993年版，第463—473页。

② 赵超：《"二十四孝"在何时形成（上）》，《中国典籍与文化》1998年第1期；赵超：《"二十四孝"在何时形成（下）》，《中国典籍与文化》1998年第2期。

③ [韩] 金文京：《高丽本〈孝行录〉与"二十四孝"》，载复旦大学韩国研究中心编《韩国研究论丛》第3辑，上海人民出版社1997年版，第273—287页；董新林：《北宋金元墓葬壁饰所见"二十四孝"故事与高丽〈孝行录〉》，《华夏考古》2009年第2期。

④ 邓菲：《关于宋金墓葬中孝行图的思考》，《中原文物》2009年第4期；Fei Deng, From Virtuous Paragons to Efficacious Images: Painting of Filial Sons in Song Tombs, in Rui Oliveira Lopes (ed), Face to Face, *The Transcendence of the Arts in China and Beyond-Historical Perspectives*, Lisbon: Centro de Investigação e Estudos em Belas-Artes, Faculdade de Belas-Artes da Universidade de Lisboa, 2014, pp. 216 - 240. 邓菲：《图像的多重寓意——再论宋金墓葬中的孝子故事图》，《艺术探索》2017年第6期。

⑤ 赵超：《山西壶关南村宋代砖雕墓砖雕题材试析》，《文物》1998年第5期；刘耀辉：《山西潞城县北关宋代砖雕二十四孝考辨》，《青年考古学家》2000年第12期；江玉祥：《宋代墓葬出土的二十四孝图像补释》，《四川文物》2001年第4期；刘未：《尉氏元代壁画墓札记》，《故宫博物院院刊》2007年第3期；崔世平、任程：《巩义涉村宋代壁画墓"五郡兄弟"孝子图略论》，载中山大学艺术史研究中心编《艺术史研究》第13辑，中山大学出版社2011年版，第369—381页；吴少明、常冬梅、张玉平：《清水宋金墓葬孝行图探究》，《敦煌学辑刊》2015年第1期。

（四）对仿木建筑和营造工艺的讨论

宋金时期中原北方地区砖室墓中的仿木建筑在不同时期和区域形成了不同特点，可以开展从建筑考古视角入手、针对墓葬仿木建筑构件形制的类型学研究。宋金时期中原北方地区砖室墓仿木建筑的研究始于宿白，他明确了相关仿木构件的特点①。俞莉娜对河南中北部、山西南部地区的宋金墓葬仿木构建筑史料进行了考古学分期和断代②。此外，诸多学者致力于对仿木构墓葬空间表达和象征意义的探讨，他们试图从整体的角度探究这一时期墓葬中出现仿木建筑形式的原因。如梁庄爱伦最早注意到仿木结构墓室对房舍宅院的模仿，站在墓室之中就像站在庭院中，墓室的墙壁代表围绕庭院的建筑③。林伟正（Wei-Cheng Lin）指出仿木斗栱所表现的均是建筑的外观④。郑以墨进一步分析了仿木建筑在五代和宋代墓葬中空间表达的矛盾和解决的方法，指出墓葬建筑与地上木构建筑之间密切的关系⑤；她还对仿木结构构件的尺寸进行了细部研究，认为工匠设计墓室时应该也考虑到了观者的观看视角等设计原则⑥。通过对稷山马村段氏家族墓和晋南金墓的研究，吴垠撰文指出墓葬中的仿木结构表现出了高等级的建筑空间，并进一步分析这个空间意图表达的事神意味⑦。

就营造工艺而言，张鹏根据墨书题记推测金代墓葬工匠有造坟博士、

---

① 宿白：《白沙宋墓》，生活·读书·新知三联书店2017年版，第30—32页。

② 俞莉娜：《宋金时期墓葬仿木构建筑史料研究——以河南中北部、山西南部地区为例》，硕士学位论文，北京大学，2015年，第18—184页。

③ Ellen Johnston Laing, Patterns and Problems in Later Chinese Tomb Decoration, *Journal of Oriental Studies*, Vol. 16, 1978, pp. 3 – 21.

④ 李清泉：《宣化辽墓：墓葬艺术与辽代社会》，文物出版社2008年版，第246页；Wei-Cheng Lin, Underground Wooden Architecture in Brick A Changed Perspective from Life to Death in 10th-through 13th-Century Northern China, *Archives of Ancient China*, Volume 61, 2011, pp. 3 – 36.

⑤ 郑以墨：《内与外 虚与实——五代、宋墓葬中仿木建筑的空间表达》，《故宫博物院院刊》2009年第6期。

⑥ 郑以墨：《缩微的空间——五代、宋墓葬中仿木建筑构件的比例与观看视角》，《美术研究》2011年第1期。

⑦ 吴垠：《仿木建筑的"事神"意味——以稷山马村段氏家族墓及晋南金墓为中心》，载中山大学艺术史研究中心编《艺术史研究》第17辑，中山大学出版社2015年版，第101—141页。

砖匠、壁画匠、砌匠、烧砖人、砌造匠人等，各自负责不同的工序与工种①。由于墓葬施工方面的文献及文字资料发现较少，相关研究数量有限，比较重要的如郝军军对金代砖室墓营造的讨论②、邓菲对宋金时期墓葬营造工艺的研究③、王云飞对墓圹和墓道营造的研究④等。随着考古报告公布的墓葬材料日益精细全面，实测图和照片精度越来越高，这方面的研究有着较为广阔的前景。

（五）对墓园布局和丧葬习俗的讨论

宋金时期堪舆观念盛行，自北宋皇陵以降，堪舆师的思想和理念多体现在宋金时期中原北方地区墓葬的营造中，最主要的影响之一是墓园布局。宿白和徐苹芳分别向考古学界介绍了《地理新书》和《大汉原陵秘葬经》这两部地理书⑤，对学界接下来的相关讨论起了重要作用。冯继仁讨论了阴阳堪舆对北宋帝陵所产生的影响，根据《地理新书》指出赵姓所属的角音导致各陵地面均南高北低，下宫出现位移⑥。在中原北方地区，随着富弼家族墓、蓝田吕氏家族墓和韩琦家族墓等家族墓地的发掘，关于墓地布局和地理堪舆的研究也逐渐开展。沈睿文通过北宋宗庙礼的变化探讨了诸帝下葬时的昭穆次序及所体现的陵地秩序⑦，其后又考证了《地理新书》的成书及版本的流传情况，分析了该书与前代堪舆术的关系⑧。刘未对《地理新书》和《茔原总录》的成书情况和版本流传进行

---

① 张鹏：《勉世与娱情——宋金墓葬壁画中的一桌二椅到夫妇共坐》，《美术研究》2010年第4期。

② 郝军军：《金代墓葬的区域性及相关问题研究》，博士学位论文，吉林大学，2016年，第384—404页。

③ 邓菲：《试析宋金时期砖雕壁画墓的营建工艺——从洛阳关林庙宋墓谈起》，《考古与文物》2015年第1期。

④ 王云飞：《河南宋代砖室墓的墓圹与墓道营造》，《华夏考古》2022年第1期。

⑤ 宿白：《白沙宋墓》，生活·读书·新知三联书店2017年版，第128—130、135—137页；徐苹芳：《唐宋墓葬中的"明器神煞"与"墓仪"制度——读〈大汉原陵秘葬经〉札记》，《考古》1963年第2期。

⑥ 冯继仁：《论阴阳勘舆对北宋皇陵的全面影响》，《文物》1994年第8期。

⑦ 沈睿文：《巩县宋陵陵地秩序》，载沈睿文《唐陵的布局：空间与秩序》，北京大学出版社2009年版，第120—127页。

⑧ 沈睿文：《〈地理新书〉的成书及版本流传》，载北京大学中国考古学研究中心编《古代文明》第8卷，文物出版社2010年版，第313—336页。

了梳理①，先后以韩琦家族墓地和宋代皇陵为例探讨了五音姓利原则基础上的墓园规划和布局②，并对宋元五音墓地进行了综合研究③。金连玉梳理了宋代南北地区官员墓葬的墓园布局，指出北方地区墓园主要以墓葬群、墓地祠堂和神道组成④。

徐苹芳较早对宋元火葬进行了研究，指出经济因素和宗教信仰是造成火葬盛行的主要原因⑤。通过对墓葬实例和相关文献的梳理，秦大树对宋代丧葬习俗进行了自上而下的分析，并在"唐宋变革"的大背景下对宋代丧葬习俗做了整体性研究⑥。此外，冉万里对宋代丧葬习俗中佛教因素进行了考古学观察⑦。丧葬习俗方面（尤其是"葬"）的考古学研究并不多⑧，这也是中原北方地区墓葬相关文献材料不足、随葬品数量较少等客观因素所导致的。

三 选题意义和研究方法

中原北方地区为北宋与金代统治的核心地区。区域内宋金砖室墓材料相当丰富，总体面貌比较统一，这是进行考古学研究的基础；皇族成员和

---

① 刘未：《宋元时期的五音地理书——〈地理新书〉与〈茔原总录〉》，中国人民大学北方民族考古研究所、中国人民大学历史学院考古文博系编《北方民族考古》第1辑，科学出版社2014年版，第259—272页。

② 刘未：《昭穆贯鱼：北宋韩琦家族墓地》，载王煜编《文物、文献与文化——历史考古青年论集》第1辑，上海古籍出版社2017年版，第72—77页；刘未：《宋代皇陵布局与五音姓利说》，载浙江大学艺术与考古研究中心编《浙江大学艺术与考古研究》第3辑，浙江大学出版社2018年版，第165—189页。

③ 刘未：《宋元时期的五音墓地》，载北京大学中国考古学研究中心、北京大学震旦古代文明研究中心编《古代文明》第16卷，上海古籍出版社2022年版，第195—264页。

④ 金连玉：《宋代官员墓葬研究》，博士学位论文，北京大学，2016年，第141—172页。

⑤ 徐苹芳：《宋元时代的火葬》，《文物参考资料》1956年第9期。

⑥ 秦大树：《宋代丧葬习俗的变革及其体现的社会意义》，载荣新江编《唐研究》第11卷，北京大学出版社2005年版，第313—336页。

⑦ 冉万里：《宋代丧葬习俗中佛教因素的考古学观察》，《考古与文物》2009年第4期。

⑧ 以文献史料为中心的部分相关研究如朱瑞熙《宋代的丧葬习俗》，《学术月刊》1997年第2期；韩悦《宋代丧葬典礼考述》，硕士学位论文，浙江大学，2012年；张英《金代丧俗考（上）》，《博物馆研究》1992年第2期；张英《金代丧俗考（下）》，《博物馆研究》1992年第3期。

高级官员墓葬材料的公布，为研究墓葬等级制度提供了条件；学界对分期分区方面多有讨论，对地区与时代特点有所总结，初步建立了墓葬时空框架；对墓壁装饰题材的探讨已很广泛，考古学和美术史学者主要以砖室墓为对象进行综合研讨，推进了宋金时期中原北方地区墓葬的相关研究。在此基础上，学界取得了一系列研究成果，包括墓葬等级制度方面的探讨、墓葬分期分区的考古学研究、砖室墓砖雕壁画布局题材及营造的考古学和美术史研究等。

但是，既往研究成果仍存在若干提升和补充的空间。其一，等级制度的探讨常局限于皇族成员，对于不同阶层的墓葬等级研究不充分；其二，现有的砖室墓分期结论没有充分考虑各区之间可能存在的差异而稍显笼统，从而导致整体的发展脉络不够清晰，区域间的相互联系较少受到关注；其三，针对砖室墓壁面布局题材的研究在时空背景和演变逻辑方面尚有深入讨论的余地。要之，目前仍缺乏对宋金时期中原北方地区砖室墓的综合性研究。

基于上述学术史和研究现状，本书试图对以下若干问题加以探讨。

墓葬等级制度是墓葬研究的核心问题之一。中原北方地区缺乏高等级的金代墓葬，宋代墓葬等级制度的表现相对更为显著。在北宋王朝，四京范围内的地区应属中央政府管辖的核心区域，墓葬等级制度的特点相对容易把握，大多数官员使用砖室墓。基于这个前提，本书梳理了该区域内的北宋皇族成员和官员墓葬，将墓葬等级制度分为草创期、初创期、成熟期、衰落期，并归纳了各期墓葬的形制特点。四京范围以外地区的北宋官员墓葬和中原北方地区金代官员墓葬相对分散，多具有不同程度的地域性，常与中央制度有所区别。对于墓葬等级制度的探讨在一定程度上可以解释官员与平民砖室墓之间的形制差异。是为本书的第二章。

墓葬的时代和区域特征是考古学研究的基础问题，需要对时代的演变脉络（纵向）和区域的相互联系（横向）加以重视。本书以砖室墓为中心，结合其他类型墓葬，将宋金时期中原北方地区砖室墓分为五个墓葬文化区，即冀中南地区、豫中南地区、晋中南地区、山东地区和陕甘宁地区。鉴于不同区域考古学文化发展的动态不平衡，各地砖室墓的期段变化并不同步，因此对于墓葬时段的探讨并非以整个中原北方地区为对象，而是在各个墓葬文化区中分别进行。由于区域内墓葬随葬品数量普遍较少，因此本书主要侧重于探讨砖室墓平面形制和壁面布局的变化，以本地区带有明确纪年的砖室墓作为标尺，并结合其他可以判断相对年代的墓葬和邻近地区的相关墓葬，考虑墓葬的变化趋势和演变逻辑，对各区砖室墓的整体脉络进行讨论和归纳。部分区域则适当联系晚唐、五代和元代的相关墓葬材料，从更长时段来观察前后变化。在此基础上，根据墓葬文化因素的影响范围和程度，认为宋金时期存在三个墓葬文化中心，即冀中南地区、豫中南地区和晋中南地区。这三个墓葬文化中心在不同阶段的影响力不同，大体呈现出前后相继的状态，与当时的历史背景和政治环境比较一致。山东地区和陕甘宁地区有着独特的墓葬特征和发展轨迹，可以被认为是独立的墓葬文化区，同时受到相邻区域的较大影响。墓葬文化区之间的过渡地带常表现出文化因素的杂糅性。是为本书的第三章。

前面的研究为具体讨论宋金时期中原北方地区砖室墓的壁面装饰题材和布局做了铺垫。学界针对宋金砖室墓壁面装饰进行了广泛研究，但也仍有讨论空间。墓葬内的题材和装饰构成了完整的空间，需要探求装饰布局的整体意义，关注壁面题材之间的联系与互动。笔者认为，墓室的整体意象存在着从"假门+家具"到"假门+假门"的转移情况，这种情况源自墓室平面形制和壁面布局的转变，也反映着墓葬文化中心的转移。本书关注了宋金墓葬中较为流行的题材，探讨了假门题材和"妇人启门"，整体梳理了假门题材的发展脉络，认为"妇人启门"图式的装饰意味更为显著；探讨了桌椅题材和墓主像，认为墓主像的出现源于墓葬壁面上桌椅题材对装饰的需求，北宋末期和金代逐渐凸显出祭祀和供奉意义；探讨了孝行题材和"二十四孝"，认为孝行题材的出现与迅速发展应该有其内在原因和驱动力，该题材在中原北方地区各区域的布局情况存在一定差异。是为本书的第四章。

四　相关说明

其一，在讨论平民阶层砖室墓时，笔者主要对各墓葬文化区的墓葬时代特征加以研究，试图探讨砖室墓平面形制和壁面布局方面的演变脉络，归纳宋金时期砖室墓的变化过程，结合时代背景探求中原北方地区墓葬文化中心形成和转移情况。具体行文时主要使用纪年墓葬材料作为标尺，并对宋金各时段加以划分，以便于叙述和讨论。基于此，本书参考了既往的分期研究结论，将宋金时期划分为六个时段。各墓葬文化区之间的发展状况不同，需要讨论区域内部在不同时段中的变化逻辑，着重关注阶段性差异。各时段与所对应的年代范围见表3。

表3　　　　　　　　　宋金时期时段的划分和对应的年代范围

时段	在位皇帝及年代范围
北宋早期	宋太祖、太宗、真宗时期（960—1022）
北宋中期	宋仁宗、英宗、神宗时期（1023—1085）
北宋晚期	宋哲宗、徽宗、钦宗时期（1086—1127）
	（北宋末期）：宋徽宗大观年间至北宋灭亡（1107—1127）
金代早期	金太祖、太宗、熙宗、海陵王时期（1115—1161）
金代中期	金代中期前段：金世宗时期（1161—1189）
	金代中期后段：金章宗时期（1190—1208）
金代晚期	金卫绍王、宣宗、哀宗、末帝时期（1209—1234）

研究发现，在北宋徽宗大观年间至北宋灭亡的这一时间段，官员墓葬发生了重要变化，墓主像的象征意义也出现了较大改变，因此将这一时间段单独分出，称为"北宋末期"。另外，在晋中南地区砖室墓中，金代中期的前后两段差异相对比较明显，因此将金代中期划分为"金代中期前段"与"金代中期后段"。

其二，在讨论平民阶层砖室墓时，本书对墓葬文化区的划分基本以今天的行政区划为标准，分区定名一般为"省份简称+所处方位"，各墓葬文化区内的小区也多依照此标准。今天的行政区划与地理单元保持着一定程度的对应关系，而墓葬的区域性则在不同地理分区内体现得较为明显，其面貌特征很大程度上受到平原、山地、河流等地形因素的影响。因此，分区时暂不考虑宋金时期的行政区划，这样既方便了行文，也可更清晰地把握各区域的相对位置。

其三，为行文方便，对本书常涉及的若干布局或意象定义如下：

① "四分式"：圆形墓中，以倚柱将墓室内壁整体装饰划分为四部分的壁面布局。"六分式""八分式"与其类似。

②"假门+家具":墓室的北壁一般做出假门,侧壁多表现桌椅、衣架、箱柜等家具场景,即所谓"居室"的意象。

③"假门+假门":墓室的北壁一般做出假门,侧壁的重点位置多表现假门,即所谓"院落"的意象[①]。

④"环绕型":专指孝行题材,呈环形分布于墓室斗栱层上下部分,分布相对规律、固定,与壁面其他题材有明确的分隔。

⑤"装饰型":专指孝行题材,所处位置不固定,与壁面其他题材没有明确的分隔,装饰意味显著。

---

① 秦大树指出北宋河南、山东地区"似将墓室表现为一个居室",河北、山西省中部、东部地区"似将墓室表现为一座院落";金代河南、山东地区"仿木结构砖室墓与北宋后期的情况基本相同"。参见秦大树《宋元明考古》,文物出版社2004年版,第143—144、213—214页。笔者认为这种"居室""院落"意象的使用不仅有区域性,在墓葬文化区内部也存在着时代性差异,这种动态变化的过程实质上与墓葬文化中心的转移相关,详见后文。

第二章 砖室墓的墓葬等级制度

为更有针对性地研究宋金时期中原北方地区砖室墓，需要对墓主所属阶层加以区分。宋金时期，官员阶层和平民阶层的墓葬有较大差异，既包括地上的封土、石刻、茔域范围等，亦突出反映在地下墓室的平面形制和壁面布局之上。但现存的中原北方地区官员墓葬的地上部分破坏或缺失严重，墓葬的地下部分（尤其是墓葬的平面形制和壁面布局）保存的信息相对较为丰富，方便展开讨论。

本章将在梳理宋金时期中原北方地区官员墓葬的基础之上，对墓葬平面形制和壁面布局中所反映的等级制度展开研究。在展开相关讨论的过程中，研究对象不仅为砖室墓，还包括官员阶层所采用的其他形制的墓葬。

一 中原北方地区官员墓葬

在中原北方地区，皇族成员和官员墓葬大多表现为砖室墓的形式，也有部分官员使用土洞墓、竖穴土坑墓或石室墓。兹对此类墓葬加以梳理，以明确其形制特征。

北宋时期的帝陵尚未正式发掘。皇族成员多祔葬于巩义的皇陵陵区内，目前已对宋太宗元德李后、周王赵玄祐、魏王赵頵和燕王赵颢的墓葬进行了发掘。

北宋时期，不同官员墓葬的形制有较大区别，其应与所处地域有一定关系。以下以地区为界，将已公布的官员墓葬材料进行简单介绍。

其一，四京地区，包括豫西、豫北、豫中和豫东地区。官员墓葬形制包括砖室墓、石室墓、砖石混筑墓、土洞墓等。四京地区是北宋统治的核心地区，墓葬等级制度较为显著，本区所发现的官员墓葬形制见表4。

表4　　　　　　　　　　四京地区官员墓葬形制

官员墓葬和年代	形制	官员墓葬和年代	形制
洛阳安审韬墓（960）	长方形横室土洞墓	洛阳伊川文居中墓（1108）	方形双室砖石混筑墓
新乡杨承信墓（961）	六边形砖室墓	安阳韩忠彦墓（约1109）	圆形砖室墓
新郑后周恭帝柴宗训墓（973）	圆形砖室墓	洛阳富绍宁墓（1110）	方形土洞墓
洛阳王贻孙墓（996）	圆形砖室墓	洛阳富绍修墓（1110）	长方形土洞墓
安阳韩琦墓（1075）	圆形砖室墓	安阳韩粹彦墓（1119）	长方形双室砖石混筑墓
洛阳富弼墓（1083）	圆形砖室墓	安阳韩纯彦墓（1119）	长方形双室砖石混筑墓
洛阳富鼎墓（1083）	圆形砖室墓	洛阳富直方墓（1122）	圆形砖室墓
洛阳富绍京墓（1083）	圆形砖室墓	安阳赵恪墓（1122）	八边形砖室墓
洛阳王拱辰墓（1085）	长方形多室石室墓	平顶山郏县苏适墓（1123）	长方形双室砖墓
新密冯京墓（1094）	长方形多室石室墓	洛阳富绍荣墓（1124）	方形砖室墓
洛阳赵思温墓（1096）	长方形土洞墓	洛阳富直英墓（1124）	方形土洞墓
郑州贾正之墓（1105）	圆形砖室墓	安阳韩治墓（1125）	长方形三室砖石混筑墓

其二，豫南地区。本区发现了绍圣元年（1094）南阳方城金汤寨范通直墓，为长方形砖室墓[①]；崇宁三年（1104）南阳方城金汤寨范致祥墓，为长方形砖石混筑墓[②]；宣和元年（1119）南阳方城盐店庄彊氏墓，为长方形砖室墓[③]。

其三，冀中南地区。本区发现了邢台临城王氏家族墓地，共12座墓，包含4座竖穴土坑墓、7座土洞墓和1座砖室墓，形制比较多样，墓主与墓葬的对应情况不详[④]。

其四，山东地区。本区发现了济宁嘉祥钓鱼山M2（晁端友墓），为

---

① 刘玉生：《河南省方城县出土宋代石俑》，《文物》1983年第8期。
② 南阳地区文物队、南阳市博物馆、方城县博物馆：《河南方城金汤寨北宋范致祥墓》，《文物》1988年第11期。
③ 河南省文化局文物工作队：《河南方城盐店庄村宋墓》，《文物参考资料》1958年第11期。
④ 谢飞、张志忠、杨超：《北宋临城王氏家族墓志》，文物出版社2009年版。

砖室墓[1]；大观元年（1107）济南长清崮云湖 M3（宋焱墓），为圆形石室墓；政和元年（1111）济南长清崮云湖 M2（宋挺墓），为方形双室石室墓[2]；政和六年（1116）栖霞慕沆墓，为圆形砖室墓[3]。

其五，晋中南地区。本区发现了元祐四年（1089）晋中左权赵武墓，为上下层长方形石室墓[4]；崇宁四年（1105）运城稷山南阳墓（李锡墓），为长方形砖室墓[5]；政和四年（1114）忻州田子茂墓，为八边形砖室墓[6]。

其六，陕甘宁地区。本区发现了乾德二年（964）西安吕远墓，为梯形土洞墓[7]；天禧三年（1019）西安李保枢墓，为梯形土洞墓；天圣七年（1029）西安李璹墓，为梯形土洞墓；景祐元年（1034）西安淳于广墓，为梯形土洞墓[8]；熙宁八年（1075）西安范天祐墓，为长方形土洞墓[9]；元祐元年（1086）西安李颢墓，为梯形土洞墓[10]。比较重要的是发现了西安蓝田吕氏家族墓地，共 29 座墓葬，绝大多数为土洞墓，时代自熙宁七年（1074）至政和六年（1116），具有比较明确的墓园布局规划[11]。

四京地区皇族成员和官员墓葬及等级制度将在第二节详细讨论。对于四京地区以外的区域而言，目前所发现的官员墓葬材料较为分散，形制特

---

[1] 山东嘉祥县文管所：《山东嘉祥县钓鱼山发现两座宋墓》，《考古》1986 年第 9 期。

[2] 济南市考古研究所：《山东济南长清崮云湖宋墓发掘简报》，《文物》2016 年第 2 期。

[3] 李元章：《山东栖霞市慕家店宋代慕沆墓》，《考古》1998 年第 5 期。

[4] 姜杉、冯耀武：《山西左权发现宋代双层墓》，《文物世界》2005 年第 5 期。

[5] 山西省考古研究所：《稷山南阳宋代纪年墓》，载山西省考古研究所、山西省考古学会编《三晋考古》第四辑，上海古籍出版社 2012 年版，第 510—514 页。

[6] 冯文海：《山西忻县北宋墓清理简报》，《文物参考资料》1958 年第 5 期。

[7] 魏遂志：《西安市东郊后晋北宋墓》，载中国考古学会编《中国考古学年鉴1987》，文物出版社 1988 年版，第 269—270 页。

[8] 西安市文物管理处：《西安西郊热电厂基建工地清理的三座宋墓》，《考古与文物》1992 年第 5 期。

[9] 西安市文物保护考古研究院：《西安北宋范天祐墓发掘简报》，《中国国家博物馆馆刊》2017 年第 6 期。

[10] 西安市文物保护考古所：《西安长安区郭杜镇清理的三座宋代李唐王朝后裔家族墓》，《文物》2008 年第 6 期。

[11] 陕西省考古研究院、西安市文物保护考古研究院、陕西历史博物馆：《蓝田吕氏家族墓园》，文物出版社 2018 年版，第 190—876 页。

点也不同，表现为如下几种情况。其一，官员的墓葬形制与其所葬之处的地区葬俗密切相关。如陕甘宁地区的官员墓葬多为土洞墓，与当地流行的墓葬形制一致，继承了隋唐以来的墓葬传统；又如位于晋中地区的忻州田子茂墓使用了当地流行的八边形砖室墓，位于山东地区的栖霞慕沆墓也使用了当地流行的圆形砖室墓等。其二，官员的墓葬形制与其祖籍的葬俗可能有一定关系。例如前述豫南地区三座墓的墓主为北宋名臣范致虚的父母兄弟，其祖籍为福建地区，这种类型的墓葬正是福建地区流行的葬制[①]。其三，官员墓葬具有比较明显的家族化特点，家族墓地内采用的墓葬形制有时具有一致性。如西安蓝田吕氏家族墓地主要使用了土洞墓的形制。其四，官员墓葬形制有时较为特殊。如济南长清崮云湖 M3、M2，晋中左权赵武墓等，均构建了石室墓，与当地流行的墓葬形制关联不大，推测可能有一定的身份象征意义；又如邢台临城王氏家族墓地的 12 座墓分为竖穴土坑墓、土洞墓和砖室墓等多种类型，形制种类较多，其内在原因值得进一步探究。

总体来看，北宋时期四京地区以外区域的官员墓葬具备明显的家族化和个性化特征，多依照家族或个人偏好构筑墓葬、建造墓园，官员墓葬的制度表现不太显著。这种现象的出现，实质上与北宋政府的控制力有一定关系，这些区域不属于北宋统治的核心地区，因此官员墓葬制度出现了松弛的现象；另外，各地区的风俗、环境状况均有差异，也为官员墓葬制度的统一施行提升了难度。

中原北方地区的金代官员墓葬发现数量相当少，仅有天眷二年（1139）济源龙潭杨志墓、大定二十九年（1189）长治故漳村房基墓、承安二年（1197）聊城高唐虞寅墓、正大三年（1226）西安李居柔墓等寥寥几例[②]。由于金代皇陵不位于本书研究的空间范围内，高等级的官员墓葬也少有发现，所以暂不对其等级制度展开讨论。

[①] 秦大树：《宋元明考古》，文物出版社 2004 年版，第 140 页。
[②] 河南省文物考古研究院、济源市文物工作队：《济源市龙潭宋金墓葬发掘简报》，《中国国家博物馆馆刊》2016 年第 2 期；长治市博物馆：《山西长治市故漳金代纪年墓》，《考古》1984 年第 8 期；聊城地区博物馆：《山东高唐金代虞寅墓发掘简报》，《文物》1982 年第 1 期；陕西省考古研究院：《陕西西安金代李居柔墓发掘简报》，《考古与文物》2017 年第 2 期。

二　中原北方地区墓葬等级制度

有关墓葬等级制度的探讨一直是各时段考古学研究的重点，相较之下，宋代墓葬等级制度的相关研究还略显薄弱。秦大树较早关注到北宋官员墓葬的演变情况，指出："仿木构装饰历五代至北宋前期，一直在品官和帝后的墓葬中流行。……约在北宋中期，这类墓葬开始出现了身份的转变，大型的品官贵胄墓中不再使用仿木构装饰，逐渐变为壁面毫无装饰。……从北宋后期开始，北方几乎所有的品官墓都是墓内无装饰的简单型墓。"[①] 就中原北方地区宋墓而言，学界对北宋皇陵及皇族成员陪葬墓制度的研究做了诸多工作，但是针对宋墓等级制度的整体讨论还较少。

目前很难根据宋代墓葬的形制、装饰和随葬品等因素分析出明确的等级差异，但这并不表明宋代缺少等级制度。实际上，皇族成员和部分重臣在墓室尺寸、石藏尺寸、石门有无等方面都构成了比较明显的等级差别[②]。根据目前掌握的考古材料，北宋四京地区皇族成员和官员墓葬[③]的发现较为集中，政府的制度与规定在这一地区也容易传达和贯彻，其特点和演变规律相对易于把握。因此，本节将以北宋四京地区为范围，结合部分平民墓葬，对这一地区皇族成员和官员墓葬的整体特点加以研究，并对墓葬等级制度进行分期探讨。

（一）北宋早期墓葬等级制度

北宋建国之初，制度草创，朝廷并没有严格的帝王陵墓制度，《续资治通鉴长编》卷十七《太祖开宝九年》载[④]：

> 庚辰，上谒安陵，奠献号恸，左右皆泣。既而登阙台，西北向发鸣镝，指其所曰："我后当葬此。"

[①]　秦大树：《宋元明考古》，文物出版社2004年版，第141—143页。
[②]　刘未：《宋代的石藏葬制》，《故宫博物院院刊》2009年第6期。
[③]　本书所指北宋四京地区即北宋四京范围之内的地区，位于今天的河南省中北部。尽管四京设立的时间不同，但这一地区显然属于最能体现中央政府控制力的区域。
[④]　（宋）李焘：《续资治通鉴长编》卷17《太祖开宝九年》，中华书局1995年标点本，第367页。

太祖陵位由赵匡胤本人以"发鸣镝"的方式选定，此抉择似乎较为随意，明显与后世帝陵由司天监按照"国音"选择陵位的慎重举措不符，说明此时制度并不健全①。太祖辞世后，"卤簿使言：'诸司吉凶仗，周世宗庆陵及改卜安陵人数有异，未审何从。'诏并依安陵例，用三千五百三十人"②。卤簿使无法确定永昌陵吉凶仗的人数，需要请太宗临时决定，也从侧面说明了皇帝山陵制度并未建立，更遑论墓葬等级方面的整体规定了。

因此，这一时期的官员墓葬相对而言特点较为复杂、形式也比较多样。例如建隆元年（960）洛阳安审韬墓为长方形横室土洞墓，墓室长3.22、宽2.14米③，不仅与洛阳地区的北宋初期其他皇族成员和官员墓葬形式不同，也和五代时期洛阳的许多高级官员墓葬④相异⑤；建隆二年（961）新乡杨承信墓则是六边形单室砖墓⑥，同样较为特殊；可作参考的还包括开宝六年（973）新郑后周恭帝柴宗训墓，为圆形单室砖墓，内有精致的壁画⑦。太祖朝发现的官员墓葬数量很少，墓葬形式和规律不易总结，应当处于北宋墓葬制度的草创阶段。

鉴于太祖的丧葬仪式和永昌陵建造过程中出现了若干问题，太宗即位后便开始考虑建立一套相对完整的丧葬制度，以便皇族成员和士庶百姓加以贯彻和遵行。《宋史》卷一百二十五《礼二十八》"士庶人丧礼"条载⑧：

太平兴国七年正月，命翰林学士李昉等重定士庶丧葬制度。昉等奏

---

① 秦大树：《试论北宋皇陵的等级制度》，《考古与文物》2008年第4期。

② 刘琳、刁忠民等校点：《宋会要辑稿》礼37《太祖永昌陵》，上海古籍出版社2014年标点本，第1557页。

③ 洛阳市文物考古研究院：《河南省洛阳市北宋安番（审）韬墓发掘简报》，《洛阳考古》2015年第1期。

④ 如洛阳伊川孙璠墓、洛阳伊川李俊墓等，均为仿木结构圆形单室砖墓。参见四川大学历史文化学院考古系、洛阳市第二文物工作队《洛阳伊川后晋孙璠墓发掘简报》，《文物》2007年第6期；谢虎军、张剑编《洛阳纪年墓研究》，大象出版社2013年版，第576—579页。

⑤ 安审韬及其兄安审琦为沙陀部人，很可能为沙陀索葛部即粟特人。其墓葬形制的独特性可能和粟特族属有关。参见邓小南《论五代宋初"胡/汉"语境的消解》，《文史哲》2005年第5期。

⑥ 赵世纲：《北宋杨承信墓志跋》，《考古与文物》1985年第1期。

⑦ 李书楷：《五代周恭帝顺陵出土壁画》，《中国文物报》1992年4月5日第1版。

⑧ （元）脱脱等：《宋史》卷125《礼二十八》，中华书局1985年标点本，第2917—2918页。

议曰："唐大历七年，诏丧葬之家送葬祭盘，只得于丧家及茔所置祭，不得于街衢张设。又长庆三年，令百姓丧葬祭奠不得以金银、锦绣为饰及陈设音乐，葬物稍涉僭越，并勒毁除。臣等参详子孙之葬父祖，卑幼之葬尊亲，全尚朴素即有伤孝道。其所用锦绣，伏请不加禁断。其用音乐及栏街设祭，身无官而葬用方相者，望严禁之。其诏葬设祭者，不在此限。又准后唐长兴二年诏：……悉用香舆、魂车。其品官葬祖父母、父母，品卑者听以子品，葬妻子者递降一等，其四品以上依令式施行。……"从之。

北宋太祖朝由于立国时间尚短，国内外战事频繁，因此可能无暇顾及丧葬制度的制定。太宗太平兴国七年（982）李昉等重定士庶丧葬制度，应该是在唐和后唐的制度基础之上加以修改、订正的。此后，皇族成员、官员和平民的丧葬仪式和墓葬营建等便得以依循制度，墓葬整体形制特点更易于总结，等级差异也有所体现。在河南巩义北宋皇陵陵区内发现了比较重要的皇族成员墓葬，包括咸平三年（1000）巩义元德李后陵[①]和景德三年（1006）巩义赵玄祐墓[②]，均为仿木结构圆形单室砖墓。此时期官员和平民的纪年墓葬也有所发现，如至道二年（996）洛阳王贻孙墓[③]和太平兴国五年（980）焦作刘智亮墓[④]，墓葬整体面貌和前述皇族成员墓葬特点相对统一，可以体现出等级差别，上述墓例的墓葬形制见图1、表5。

表5　　太宗、真宗朝四京地区皇族成员和官员墓例

墓例和身份	墓葬形制和尺寸（单位：米）	壁面布局	其他
巩义元德李后陵（太宗皇后）	圆形，墓道34＋甬道9＋墓室直径7.95×高12.26	砖雕壁画。北壁一门二窗，西壁一桌二椅、灯擎，东壁衣架、盆架、梳妆台，南壁不详。墓顶绘楼阁、星象。内壁10倚柱，四铺作单下昂	墓上石刻。2壁龛。石门，石棺床，石蜡烛座，石函

---

① 河南省文物研究所、巩县文物保管所：《宋太宗元德李后陵发掘报告》，《华夏考古》1988年第3期。

② 赵文军、马晓建、朱树魁：《宋陵周王墓》，载国家文物局编《2009中国重要考古发现》，文物出版社2010年版，第166—169页。

③ 洛阳市文物考古研究院：《洛阳邙山镇营庄村北宋王怡孙墓发掘简报》，《洛阳考古》2016年第3期。

④ 焦作市文物勘探队：《河南焦作宋代刘智亮墓发掘简报》，《中原文物》2012年第6期。

续表

墓例和身份	墓葬形制和尺寸（单位：米）	壁面布局	其他
巩义赵玄祐墓（周王）	圆形，墓道残长11.8＋甬道9.42＋墓室直径5.7×残高8.8	砖雕壁画。北壁一门二窗，西壁一桌二椅、二灯檠，东壁衣架、盆架、梳妆台、假门、灯檠。内壁7倚柱，四铺作单下昂	墓上石刻。2壁龛。石门，石函
洛阳王贻孙墓（右司郎中）	圆形，墓道17＋甬道3＋墓室直径5.6×残高2.85	砖雕壁画。北壁不详，西北壁盆架、灯檠、桌子、绘动物，东北壁衣架、柜子，西南壁窗下凳，东南壁窗下凳。内壁6倚柱，把头绞项造	3天井3过洞3封门。2石门楣，1经幢
焦作刘智亮墓（平民）	圆形，墓道不详＋甬道0.7＋墓室直径3.78×高3.3	砖雕。北壁一门二窗，西北壁箱子，东北壁桌子，西南壁桌子，东南壁假门、拐杖、灯檠。内壁6倚柱，把头绞项造	

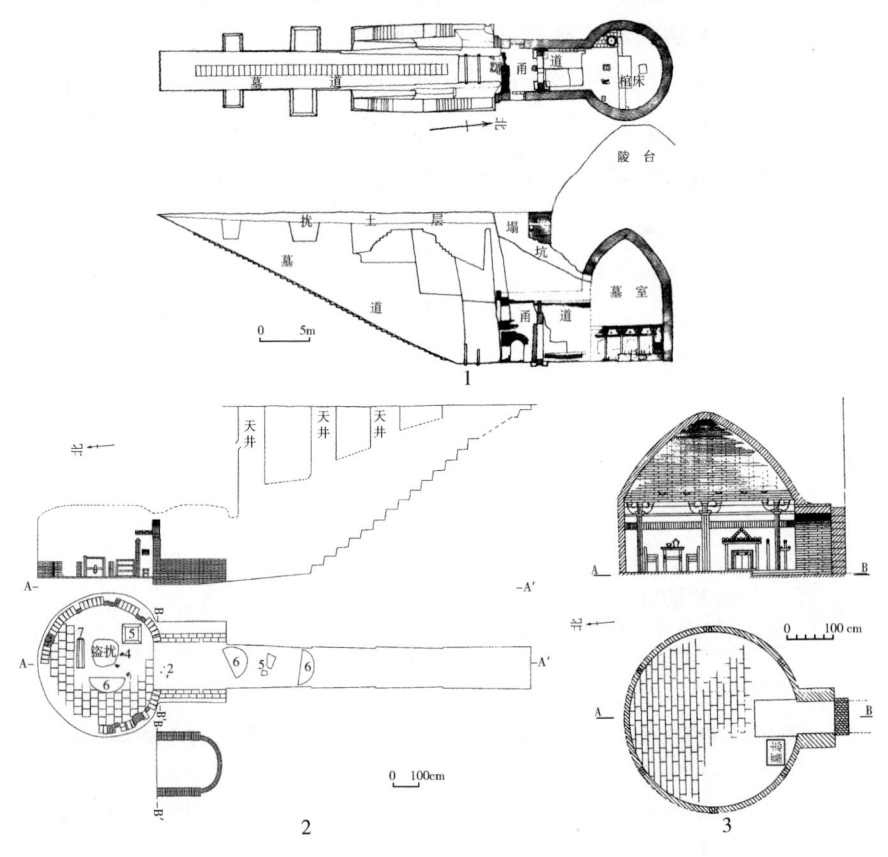

1. 巩义元德李后陵（《华夏考古》1988年第3期） 2. 洛阳王贻孙墓（《洛阳考古》2016年第3期） 3. 焦作刘智亮墓（《中原文物》2012年第6期）

图1 太宗、真宗朝四京地区皇族成员和官员墓例

可以看出，太宗、真宗朝的四京地区后陵、亲王墓、官员墓和有财力的平民墓均采用了仿木结构单室砖墓的形制，由墓道、甬道和墓室构成，墓室平面为圆形，内壁有仿木构砖雕和倚柱。另外，此时的墓葬等级差异较为显著，墓道和甬道长度、墓室大小和高度、墓室内石制构件的有无、仿木倚柱和铺作的数量等，均可体现等级的高低差别。

尽管这一时期的纪年墓材料相对不多，最底层民众的丧葬制度和墓葬特征不详，但可以大致窥知李昉等人所定丧葬制度和等级差异的一些表现。按北宋前期皇族成员和官员所采用的仿木结构圆形单室砖墓形制，应来源于晚唐五代河北地区的民间[1]，而主持制定士庶丧葬制度的官员李昉为河北深州人[2]，其个人偏好可能也对制度的具体内容产生了影响。

（二）北宋中、晚期墓葬等级制度

太宗永熙陵"地宫系青砖砌成，七横砖七平砖"[3]。自真宗永定陵开始，北宋皇陵地宫由砖筑改为石砌，营建永定陵计采运"皇堂石二万七千三百七十七段，门石一十四，侍从人物象马之状六十二"[4]，占据最大比例的皇堂石绝大部分应当是用于砌筑墓室、甬道和棺床。又富弼曾论仁宗永昭陵[5]：

> 以巨木架石为之屋，计不百年，必当损坠圹中。又为铁罩，重且万斤，以木为骨，大止数寸。不过二三十年，决须摧毁。梓宫之厚，度不盈尺，异日以亿万钧之石，自高而坠，其将奈何！思之及此，骨寒胆丧。

可见，永昭陵主要由石垒砌而成，辅以铁罩、木骨等，直径数寸的木

---

[1] ［瑞士］谭凯：《晚唐河北人对宋初文化的影响：以丧葬文化、语音以及新兴精英风貌为例》，载荣新江主编《唐研究》第十九卷，北京大学出版社2013年版，第255—286页。

[2] （元）脱脱等：《宋史》卷265《列传第二十四》，中华书局1985年标点本，第9135页。

[3] 傅永魁、周到：《巩县石窟寺·北宋皇陵·杜甫故里》，中州书画社1981年版，第45页。

[4] （宋）乐辅国：《永定陵修奉采石记》，载河南省文物考古研究所《北宋皇陵》，中州古籍出版社1997年版，第506页。

[5] （宋）程颐：《代富弼上神宗皇帝论永昭陵疏》，《二程文集》卷4，丛书集成初编本，中华书局1985年版，第63页。

枋担负了至关重要的承重作用。真正的木构件既已存在，永熙陵曾经使用的砖制仿木构件①在此时可能被取代，原来常位于墓室内壁砖面的仿木门窗、桌椅、台架等雕砖装饰也可能不再出现。如果皇陵中不再采用这类做法，皇族成员、官员受到等级制度的约束和上层风气的影响，自然也较少在墓葬中使用仿木结构和雕砖装饰了。因此，此后的官员砖室墓大多呈现出简单型的特点，即墓室内基本没有仿木斗栱，也没有雕砖作为壁面装饰②。例如位属亲王的元祐九年（1094）巩义魏王赵頵墓③、绍圣四年（1097）巩义燕王赵颢墓④，身居高位的熙宁八年（1075）安阳韩琦及其子韩忠彦墓⑤、元丰六年（1083）洛阳富弼及其弟富鼎、其子富绍京墓⑥，属于中层品官的崇宁四年（1105）郑州贾正之墓⑦等。已发现的仁宗至徽宗大观年间的皇族成员和官员砖室墓依照品级高低见图2、表6。

  这一时期使用砖室墓的皇族成员和官员的墓室平面依旧均为圆形，并且具有较为明显的等级差别。从墓室直径上很容易看出这种差异，亲王及正一品官员的墓室直径均不小于5米，最大可达8米；正四品及以下官员的墓室直径则小于4米。比较显著的等级区分要素还包括壁龛有无和甬道长度。高级官员墓葬的甬道两侧常有壁龛，而低品级官员和平民墓葬则很少发现。按壁龛数量在西安地区唐代墓葬中是等级差异的重要表现⑧，此要素似乎也被四京地区宋代官员墓葬制度加以继承⑨。为了便于壁龛的设

---

  ① 依据巩义元德李后陵的考古发掘报告和永熙陵的相关调查记录，可推测永熙陵墓室内应当存在仿木构件。
  ② 秦大树：《宋代丧葬习俗的变革及其体现的社会意义》，载荣新江编《唐研究》第11卷，北京大学出版社2005年版，第313—336页。
  ③ 周到：《宋魏王赵頵夫妻合葬墓》，《考古》1964年第7期。
  ④ 河南省文物考古研究所：《北宋皇陵》，中州古籍出版社1997年版，第199—207页。
  ⑤ 河南省文物局：《安阳韩琦家族墓地》，科学出版社2012年版，第21—35页。
  ⑥ 洛阳市第二文物工作队：《富弼家族墓地》，中州古籍出版社2009年版，第10—19页。
  ⑦ 郑州市文物考古研究院、河南省南水北调文物保护管理办公室：《郑州黄岗寺北宋纪年壁画墓》，《中原文物》2013年第1期。
  ⑧ 齐东方：《试论西安地区唐代墓葬的等级制度》，载北京大学考古系编《纪念北京大学考古专业三十周年论文集》，文物出版社1990年版，第286—310页。
  ⑨ 安阳韩琦墓甬道两侧的壁龛仅砌筑其轮廓，并未向内掏挖，侧面说明了壁龛可能具有等级上的象征意义。

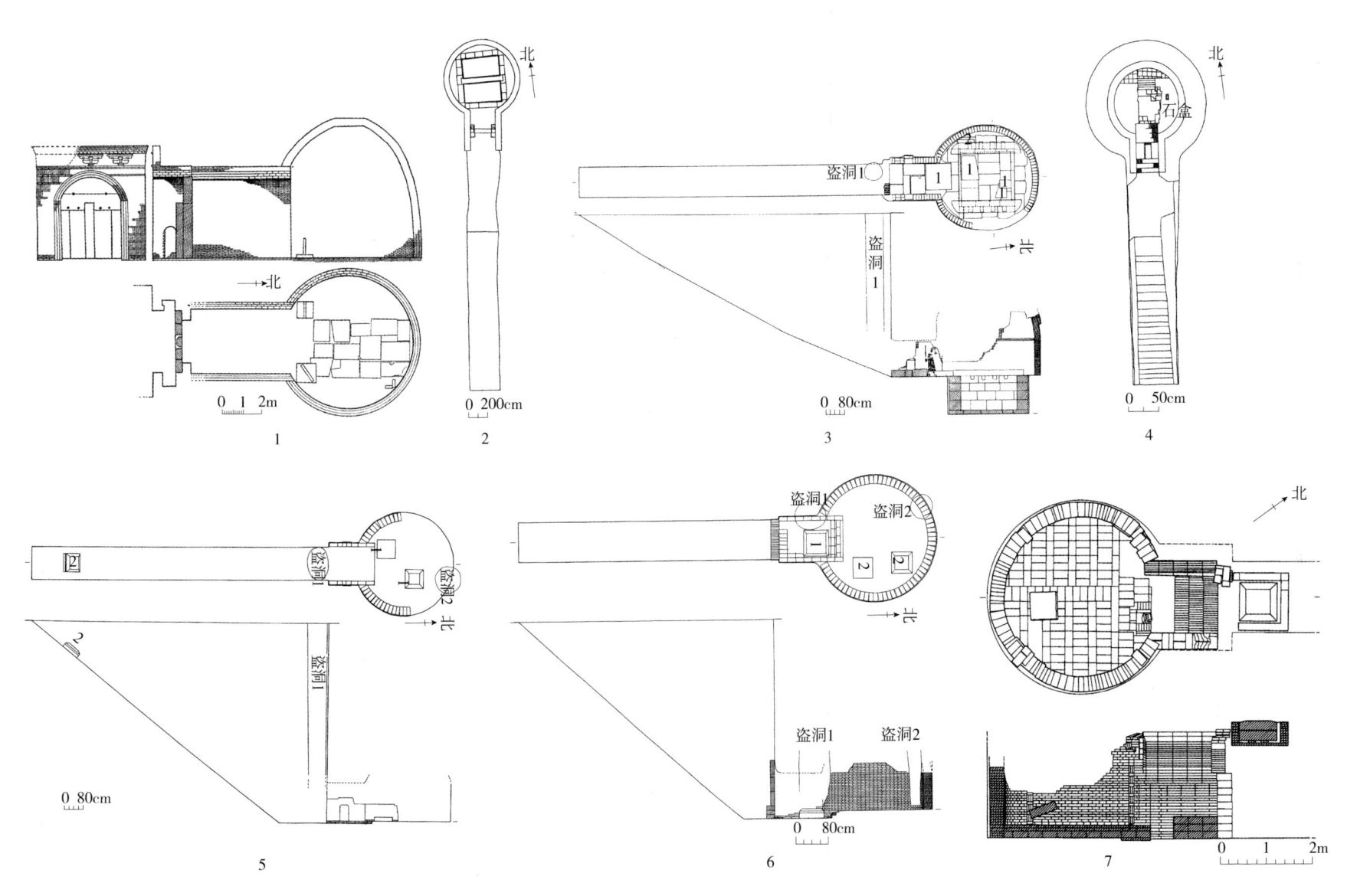

1. 巩义魏王赵頵墓（《考古》1964年第7期） 2. 安阳韩琦墓（《安阳韩琦家族墓地》，第22页） 3. 洛阳富弼墓（《富弼家族墓地》，第11页） 4. 安阳韩忠彦墓（《安阳韩琦家族墓地》，第32页） 5. 洛阳富鼎墓（《富弼家族墓地》，第17页） 6. 洛阳富绍京墓（《富弼家族墓地》，第19页） 7. 郑州贾正之墓（《中原文物》2013年第1期）

图2　仁宗至徽宗大观年间四京地区皇族成员和官员墓例

置，高级官员墓葬的甬道也相对较长。

表6　　仁宗至徽宗大观年间四京地区皇族成员和官员墓例

墓主和品级	时间	墓葬形制和尺寸（单位：米）	壁面布局	其他
魏王赵頵（正一品）	1094	圆形，墓道13.5+甬道约5+墓室直径6.54×高6.48	门楼把头绞项造	墓上石刻。2壁龛。石门，石棺床，石函
燕王赵颢（正一品）	1097	圆形，墓道不详+甬道不详+墓室直径约8×高约6		石藏
韩琦（正一品）	1075	圆形，墓道27.8+甬道4.1+墓室直径6.5×高8.1	门楼五铺作单杪单下昂	墓上石刻。2壁龛。石门，石藏，石函
富弼（正一品）	1083	圆形，墓道约18.2+甬道2.6+墓室直径5×残高3.3	墓室西北壁残存壁画，甬道西壁绘门吏	2壁龛。石藏
韩忠彦（正一品）	约1109	圆形，墓道22.6+甬道3.09+墓室直径5.2×高约6	门楼五铺作单杪单下昂	2壁龛。石函
富鼎（正四品）	1083	圆形，墓道18.64+甬道约1.07+墓室直径3.54×残高1.1		2壁龛
富绍京（正四品）	1083	圆形，墓道11.8+甬道1.7+墓室直径3.84×残高1.3		
贾正之（从六品）	1105	圆形，墓道残长2+甬道1.8+墓室直径3×残高1.4	墓室和甬道残存壁画。内壁4倚柱	

仁宗朝之后的皇族成员和官员墓葬等级更加明确，区分标准也比较明晰，反映出中央政府的掌控力。神宗熙宁七年（1074），"参酌旧制著为新式"①，明确了官员赗赠、敕葬的具体内容；元丰元年（1078），又命令相关部门重新修改丧葬制度②：

> 未几，又命龙图直学士宋敏求同御史台、阁门、礼院详定……丧葬总百六十三卷：曰葬式，曰宗室外臣葬敕令格式，曰孝赠式。其损益之制，视前多矣。

新制度"损益之制，视前多矣"，修改力度相当大，丧葬方面应该也

---

① （元）脱脱等：《宋史》卷124《礼二十七》，中华书局1985年标点本，第2908页。
② （元）脱脱等：《宋史》卷98《礼一》，中华书局1985年标点本，第2422—2423页。

进行了大幅度调整，可以体现在官员墓葬之中。例如前述太宗朝王贻孙为正六品官员，其墓室直径竟然达到5.6米，此类现象在仁宗、神宗朝之后应属于逾矩，而不再出现。由于现在发现的官员墓葬总体数量较少，其制度变化的具体表现仍有待于进一步的考古发掘和研究。

值得注意的是，此后的平民砖室墓多不建造圆形墓室，而选择方形或多边形，与官员砖室墓的平面形制有较大差别，兹举若干纪年墓例[①]，详见图3、表7。

表7　　　　　　　　仁宗至北宋末四京地区平民砖室墓例

墓例和年代	墓葬形制和尺寸（单位：米）	壁面布局
郑州南关外墓（1056）	方形，墓道残长3.94+甬道0.47+墓室长1.97×宽2.03×高2.26	砖雕壁画。北壁一门二窗，西壁一桌二椅、灯檠，东壁柜子、衣架、镜架，南壁西侧灯檠、东侧盆架，甬道左右各绘一人一马。门楼把头绞项造。内壁4倚柱，把头绞项造
鹤壁故县村墓（1094）	八边形，墓道7.16+甬道0.82+墓室长2.84×宽3.06×高3.2	砖雕壁画。北壁假门左绘老者、右绘男仆，西北壁窗下绘桌、酒坛、谷仓和三人，东北壁窗下绘十余人，西壁绘夫妇对坐，东壁柜上绘猫、熨斗、剪刀，西南壁灯檠旁绘侍者、屏风，东南壁门。门楼把头绞项造。内壁8倚柱，四铺作单杪
登封黑山沟墓（1097）	八边形，墓道7+甬道0.8+墓室直径2.45×高3.3	砖雕壁画。北壁假门，西北壁绘夫妇对坐，东北壁绘妇人育儿，西壁绘伎乐，东壁绘备侍，西南壁绘备宴，东南壁绘侍洗，栱眼壁和斗栱之上也有彩绘壁画。门楼不详。内壁8倚柱，五铺作单杪单下昂
禹州白沙M1（1099）	前室方形、后室六边形，墓道残长5.75+甬道1.26+前室长1.84×宽2.28×高3.85+过道1.2+后室直径约1.95×高2.6	砖雕壁画。后室北壁"妇人启门"，西北壁窗侧绘猫、矮几、瓶罐、熨斗、剪刀，东北壁窗侧绘灯檠，西南壁绘侍洗，东南壁绘进奉，过道西壁窗下绘瓶、剪刀等，东壁窗下绘粮罐、粮袋，前室西壁绘夫妇对坐，东壁绘乐舞，南壁西侧绘备侍，东侧绘备侍，甬道西壁绘数人与马，东壁绘数人，栱眼壁和斗栱之上也有彩绘壁画。门楼五铺作单杪单下昂。前室内壁4倚柱、四铺作单下昂，后室内壁6倚柱、五铺作单杪单下昂

---

① 郑州市文物考古研究所：《郑州宋金壁画墓》，科学出版社2005年版，第12—16、41—54、88—116页；司玉庆：《鹤壁故县北宋纪年壁画墓鉴赏》，《文物鉴定与鉴赏》2015年第8期；宿白：《白沙宋墓》，生活·读书·新知三联书店2017年版，第25—84页；罗火金、张丽芳：《宋代梁全本墓》，《中原文物》2007年第5期；中国社会科学院考古研究所安阳工作队：《河南安阳新安庄西地宋墓发掘简报》，《考古》1994年第10期。

续表

墓例和年代	墓葬形制和尺寸（单位：米）	壁面布局
焦作梁全本墓（1105）	八边形，墓道不详＋甬道0.93＋墓室直径约3.16×高约4.26	砖雕。北壁假门，西北壁窗，东北壁窗，西壁素面，东壁素面，西南壁窗，东南壁砌破子棂窗。门楼不详。内壁8倚柱，四铺作单杪和四铺作单下昂相隔排列
新密平陌墓（1108）	八边形，墓道不详＋甬道0.68＋墓室直径2.36×高3.62	砖雕壁画。北壁假门，西北壁绘书写，东北壁绘梳妆，西壁绘夫妇对坐，东壁绘备宴，西南壁绘梳妆，东南壁绘读写。门楼不详。内壁8倚柱，四铺作单杪
安阳新安庄西地M44（1109）	八边形，墓道5.2＋甬道1.5＋墓室直径3.3×高3.35	砖雕。北壁假门，西北壁窗下一桌二几，东北壁窗下凳，西壁一桌二椅，东壁柜、桌，西南壁灯檠、低桌、椅，东南壁衣架、低几，甬道东西壁各浮雕一马。门楼五铺作单杪单下昂。内壁8倚柱，把头绞项造

这一时期的平民砖室墓分布范围比较广，数量也很多，总体上可以看出墓室平面极少为圆形，有从方形向多边形发展的趋势，至北宋后期，仿木构八边形墓居于主流；墓室直径一般不超过3.5米，高度小于4米；甬道长度不超过1.5米。这些特征都与高等级品官砖室墓差别很大。另外，此时的平民墓室装饰逐渐变得相当华丽，仿木斗栱更加复杂，砖雕与壁画常常同时使用，墓室内壁彩绘和壁画的比重愈渐增大。这种现象的出现应有其原因，如开封杞县平民郑绪墓志记载[①]：

> 茔兆深固，可千万岁。灵柩之制，亦甚宏大。雕刻、丹腹，为栏槛楼宇之象，极于完善，费仅千缗，其诚心可谓至矣！

在平民阶层中，建造华美的墓室可以代表生者对逝者的哀思和诚心。因此其所采用的仿木结构雕砖壁画墓与此时官员砖室墓的朴素风格截然不同，部分墓葬的尺寸规模与前述中等品级官员的墓葬不相上下。此时平民亦使用石棺墓，石棺表面常雕刻墓主人、伎乐和孝行等图像，制作精美，如绍圣三年（1096）荥阳槐西村石棺、崇宁五年（1106）洛阳张君石棺、

---

① 李合群、周清怀：《杞县陈子岗宋代郑绪墓调查报告》，载开封市文物工作队编《开封考古发现与研究》，中州古籍出版社1998年版，第205—208页。

政和七年（1117）洛阳洛宁大宋村乐重进石棺、宣和五年（1123）洛阳王十三秀才石棺、宣和七年（1125）巩义西村石棺[①]等。这似乎可以说明，对于平民的墓葬形制和内部装饰，朝廷并没有进行过多的约束和禁止，而是采取了相对宽容和开放的态度。墓葬等级制度的实施对象和监察重点，可能还是主要落在皇族成员和官员墓葬之上。

与前代相比，宋代进入商品经济快速发展的时期，更多的市民、商户和地主积累了一定财力，有意愿、有能力为逝者建造相对豪华的墓室。在此基础上，北宋部分平民的墓葬规模甚至可以比拟一般官员墓葬。此外，四京地区还发现了数量比较多的小型土洞墓和竖穴土坑墓[②]，多应是财力不足的平民常采用的做法，本书不再讨论。

（三）石质构件中的墓葬等级制度

真宗永定陵和仁宗永昭陵墓室采用石砌的做法，使得石质构件在墓葬中的应用逐步走向规范化。可以推测，在建筑帝陵过程中，针对石质构件的尺寸、位置和用途等，应该逐渐形成了一套比较明确的使用规范和等级制度，能够体现在官员墓葬中。类似太宗朝王贻孙以中等官品身份使用石门楣的现象，此后便不再出现了。又《宋史》卷一百二十四《礼二十七》"诏葬"条载[③]：

> 《礼院例册》：……诸葬不得以石为棺椁及石室，其棺椁皆不得雕镂彩画、施方牖槛，棺内不得藏金宝珠玉。

此规定主要针对官员阶层，对修筑石室墓、使用石椁的行为加以明确禁止。该条例应可上溯至唐代，《通典》卷八十五《礼四十五》"棺椁

[①] 吕品：《河南荥阳北宋石棺线画考》，《中原文物》1983年第4期；黄明兰、宫大中：《洛阳北宋张君墓画像石棺》，《文物》1984年第7期；李献奇、王丽玲：《河南洛宁北宋乐重进画像石棺》，《文物》1993年第5期；杨大年：《宋画象石棺》，《文物参考资料》1958年第7期；黄明兰：《洛阳出土北宋画像石棺》，《考古与文物》1983年第5期；巩县文物管理所、郑州市文物工作队：《巩县西村宋代石棺墓清理简报》，《中原文物》1988年第1期。

[②] 常钰熙：《河南地区非仿木结构砖室宋墓初探》，学士学位论文，北京大学，2016年。

[③] （元）脱脱等：《宋史》卷124《礼二十七》，中华书局1985年标点本，第2909页。

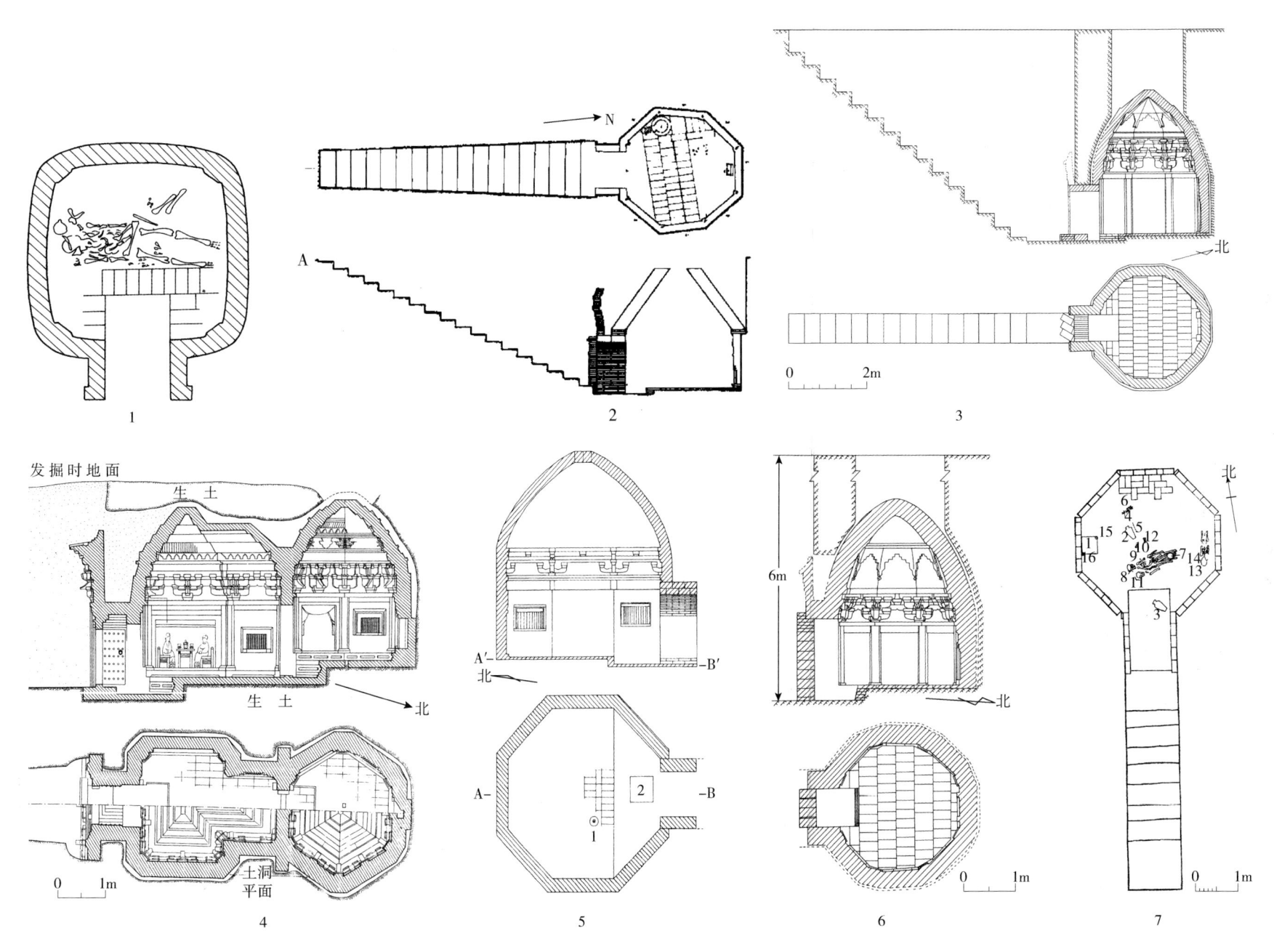

1. 郑州南关外墓（《郑州宋金壁画墓》，第12页） 2. 鹤壁故县村墓（《文物鉴定与鉴赏》2015年第8期） 3. 登封黑山沟墓（《郑州宋金壁画墓》，第90页） 4. 禹州白沙M1（《白沙宋墓》，第160—161页） 5. 焦作梁全本墓（《中原文物》2007年第5期） 6. 新密平陌墓（《郑州宋金壁画墓》，第42页） 7. 安阳新安庄西地M44（《考古》1994年第10期）

图3　仁宗至北宋末四京地区平民砖室墓例

制"条载①：

> 大唐制，诸葬不得以石为棺椁及石室，其棺椁皆不得雕镂彩画、施户牖栏槛，棺内又不得有金宝珠玉。

盛唐时期西安地区大部分官员墓葬遵守了这一规定，但仍存在几例石椁墓，应为受到了特殊优待②。北宋也出现了类似现象，如元丰八年（1085）洛阳王拱辰墓③、元祐九年（1094）新密冯京墓④等，均为长方形多室石室墓，可能受到政治环境的影响或执政者的特别礼遇⑤。另外，《宋会要辑稿》载⑥：

> （大观三年）九月二十二日，诏："故嗣濮王宗汉许于西坟濮王园内为茔地，仍官给石门、石藏。"

结合表2可以看出，尽管北宋朝廷不允许普通官员使用石棺椁与石室墓，但其他石质构件在皇族成员和官员墓葬中似乎可以起到等级方面的指示作用，如石门、石藏等。安阳韩琦墓最早构筑石藏，慈圣光献皇后陵是皇族成员使用石藏的开端，采用石藏葬制的墓例还包括巩义赵颢墓、洛阳富弼墓等，石藏的尺寸应该存在等级差别⑦。除石藏外，石门尺寸也应具有等级上的差异，北宋时期带有石门的相关墓例⑧见图4、表8。

---

① （唐）杜佑：《通典》卷85《礼四十五》，中华书局1988年标点本，第2299页。
② 宿白：《西安地区的唐墓形制》，《文物》1995年第12期。
③ 洛阳地区文物工作队：《北宋王拱辰墓及墓志》，《中原文物》1985年第4期。
④ 河南省文物研究所、密县文物保管所：《密县五虎庙北宋冯京夫妇合葬墓》，《中原文物》1987年第4期。
⑤ 秦大树：《宋元明考古》，文物出版社2004年版，第139—141页。
⑥ 刘琳、刁忠民等校点：宋会要辑稿》帝系2《濮秀二王杂录》，上海古籍出版社2014年标点本，第61页。
⑦ 刘未：《宋代的石藏葬制》，《故宫博物院院刊》2009年第6期。
⑧ 章献明肃皇后和钦圣宪肃皇后陵的石门数据源自《宋会要辑稿》，取1宋尺=0.31米，参见刘琳、刁忠民等校点《宋会要辑稿》礼32《章献明肃皇后》、礼33《钦圣宪肃皇后》，上海古籍出版社2014年标点本，第1453、1491页。安阳韩琦墓石门长度据门挟长度推算。

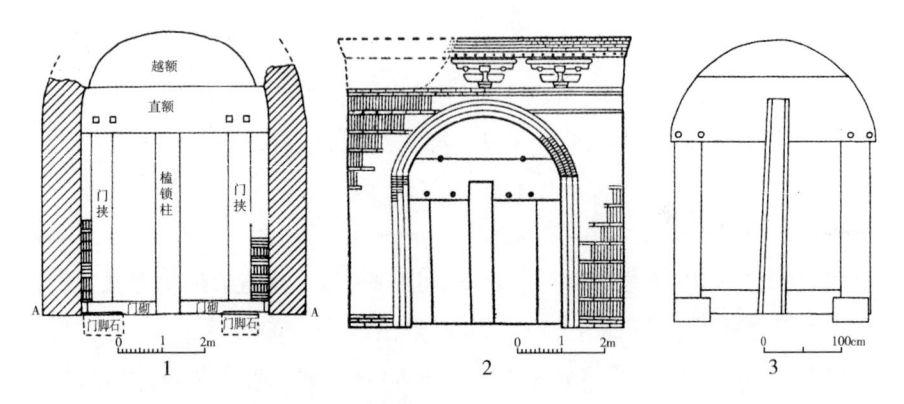

1. 巩义元德李后陵石门（《华夏考古》1988年3期）　2. 巩义赵頵墓石门
（《考古》1964年第7期）　3. 安阳韩琦墓石门（《安阳韩琦家族墓地》，第24页）

图4　北宋墓葬石门立面图

表8　　　　　　　　　　　　　北宋墓葬石门的尺寸

墓例	身份	石门（单位：米）
巩义元德李后陵	太宗皇后	长3.96×宽1.65×厚（0.29—0.34）
章献明肃皇后陵	真宗皇后	长3.87×宽1.86×厚0.62
钦圣宪肃皇后陵	神宗皇后	长3.87×宽1.86×厚0.62
巩义赵玄祐墓	周王	长2.84×宽1.41×厚（0.21—0.28）
巩义赵頵墓	魏王	长2.36×宽1.54×厚不详
安阳韩琦墓	魏国公	长约2.1×宽不详×厚不详

　　北宋使用石门的墓例不多，距离四京地区比较近的嘉祐八年（1063）合肥包拯原葬墓亦是一例，惜其遭到揭顶破坏，石门、条石今均不存，仅存石门座和门砧。包拯迁葬墓紧邻原葬墓，是长方形竖穴土坑墓，规格远小于原葬方形石室墓[①]，其迁葬原因值得探讨。一种推测是石室墓和石门所代表的等级制度与包拯的品级不符，因此后人被迫或主动避嫌而将其迁葬，并把原葬墓中的石门等构件毁弃。此外，洛阳富弼墓使用了石藏而未用石门，似乎也可以说明石门所代表的等级之尊崇，仍需要进一步研究。

[①] 安徽省博物馆：《合肥东郊大兴集包拯家族墓群发掘报告》，载文物编辑委员会编《文物资料丛刊》第3辑，文物出版社1980年版，第154—178页。

(四) 北宋末期墓葬等级制度

北宋末期，接连不断的党争局面导致朝野不安、社会动荡，严重的冗官现象极大影响了官场和政治环境，朝廷对官员和地方的约束力减小。尽管徽宗为挽救统治，组织编撰、颁布了《政和五礼新仪》，但执行时存在诸多弊端，不得不停止施行，未能达到通过礼制把皇权渗入日常行为规范中的目的[1]。因此在这一时期，四京地区墓葬等级制度的影响力渐趋下降，尤以徽宗大观年间以后为甚。官员的墓葬形制变得复杂多样，既有石室、砖室和土洞墓，也有圆形、方形和多边形墓，和官品关系不大，统一性不显著，此时段的官员墓葬[2]见图5、表9。

表9　　　　　徽宗大观年间至北宋末四京地区官员墓葬

墓主和年代	墓葬形制	墓主和年代	墓葬形制
文居中（1108）	方形双室砖石混筑墓	赵恪（1122）	八边形单室砖墓，墓道不详，仿木构雕砖壁画
富绍宁（1110）	方形单室土洞墓，竖井墓道	苏适（1123）	长方形双室砖墓，斜坡墓道
富绍修（1110）	长方形单室土洞墓，竖井墓道	富绍荣（1124）	方形单室砖墓，竖井墓道
韩粹彦（1119）	长方形双室砖石混筑墓，竖井墓道	富直英（1124）	方形单室土洞墓，斜坡墓道
韩纯彦（1119）	长方形双室砖石混筑墓，斜坡墓道	韩治（1125）	长方形三室砖石混筑墓，斜坡墓道
富直方（1122）	圆形单室砖墓，斜坡墓道		

表9所列官员墓葬的等级制度不明显，明显更具有地方化和家族化的特点。同一个地区或家族的官员墓葬形制相近或趋同，地区之间的形制差异较为明显，有些低级品官墓已经难以与平民墓葬相区分了。

---

[1] 张文昌：《唐宋礼书研究——从公礼到家礼》，博士学位论文，台湾大学，2006年，第166—190页。

[2] 佚名：《伊川县发现宋代文彦博家族墓地》，载中国史学会《中国历史学年鉴》编辑部编《中国历史学年鉴1989》，人民出版社1990年版，第357页；洛阳市第二文物工作队：《富弼家族墓地》，中州古籍出版社2009年版，第22—34页；河南省文物局：《安阳韩琦家族墓地》，科学出版社2012年版，第38—54页；魏峻、张道森：《安阳宋代壁画墓考》，《华夏考古》1997年第2期；李绍连：《宋苏适墓志及其他》，《文物》1973年第7期。

需要指出的是,砖石混筑墓的出现虽然与朝廷"不得为石室"的禁令有所抵触,但似是一种合理变通的方式。如司马光《司马氏书仪》卷第七《丧仪三》"穿圹"条载①:

> 葬有二法。……今疏土之乡,亦直下为圹,或以石、或以砖为藏,仅令容柩,以石盖之。每布土盈尺,实蹑之。稍增至五尺以上,然后用杵筑之。恐土浅,震动石藏故也。自是布土每尺,筑之,至于地平,乃筑坟于其上。《丧葬令》:"葬不得以石为棺椁及石室。"谓其侈靡如桓司马者,此但以石御土耳,非违令也。

司马光辩解这种"以石御土"的做法不属违反规定,它可以使墓室不易被土压塌,比较稳固,有利于墓葬的长久保存。而韩粹彦、韩纯彦和韩治等官员的墓葬采用了砖石混筑的砌筑方式,即在石室之底部、四周、上部均砌一层或数层青砖,砖将石室全部包裹于其中。这种做法不仅使得墓室更加安全,也隐蔽了石室的存在,可能带有掩人耳目的意味。这大概可以说明在北宋后期,朝廷确立的官员墓葬等级制度尽管衰落,但仍具有不可忽视的约束力。

北宋墓葬在各地区呈现出不同的形制特点,文献的相关记载也不够明确,这就导致了墓葬等级制度不易被总体把握,需要选取典型区域加以研究。根据对四京地区墓葬的分析,以皇族成员、官员和有财力的平民纪年墓例为研究对象,并参考帝陵地宫的既往分期结论②,本书将北宋墓葬等级制度划分为四期(表10)。

表10　　　　　　　　　　　北宋四京地区墓葬等级制度分期

时段	帝陵地宫	皇族成员和官员墓	有财力的平民墓	分期
太祖	砖室墓	特点比较零散,不易归纳		第一期(草创期)
太宗、真宗		仿木结构圆形单室砖墓,制度初定		第二期(初创期)

---

① (宋)司马光:《司马氏书仪》卷7《丧仪三》,丛书集成初编本,中华书局1985年版,第78—79页。

② 河南省文物考古研究所:《北宋皇陵》,中州古籍出版社1997年版,第460页。

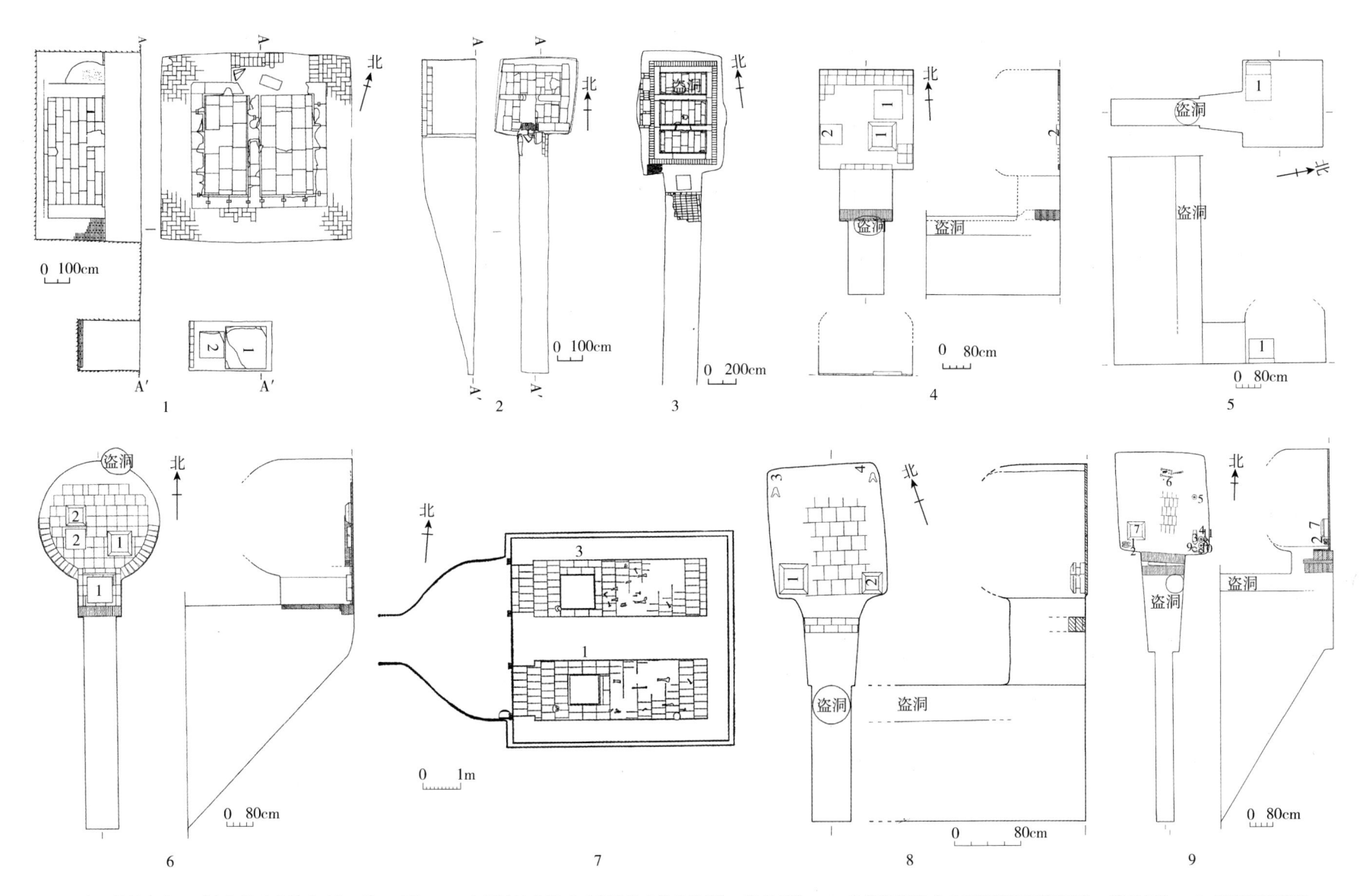

1. 安阳韩粹彦墓（《安阳韩琦家族墓地》，第49页） 2. 安阳韩纯彦墓（《安阳韩琦家族墓地》，第53页） 3. 安阳韩治墓（《安阳韩琦家族墓地》，第39页） 4. 洛阳富绍荣墓（《富弼家族墓地》，第29页） 5. 洛阳富绍宁墓（《富弼家族墓地》，第25页） 6. 洛阳富直方墓（《富弼家族墓地》，第23页） 7. 平顶山郏县苏适墓（《文物》1973年第7期） 8. 洛阳富绍修墓（《富弼家族墓地》，第27页） 9. 洛阳富直英墓（《富弼家族墓地》，第34页）

图 5　徽宗大观年间至北宋末四京地区官员墓葬

续表

时段	帝陵地宫	皇族成员和官员墓	有财力的平民墓	分期
仁宗、英宗	石室墓	简单圆形砖室墓为主，有明显等级差别；极少数石室墓，石质构件有等级差异	仿木结构雕砖壁画墓，墓葬愈加华丽，彩绘和壁画比重增大，有使用石棺的现象	第三期（成熟期）
神宗至徽宗大观年间	石椁和石藏墓			
徽宗大观年间至北宋末	无	地方化和家族化特点明显，等级制度衰退而仍具有一定约束力		第四期（衰落期）

第一期为太祖朝，是墓葬等级制度的草创期。这一时期战事频仍，政权立足未稳，相应的制度没有建立，墓葬形制特点比较零散且不易归纳。第二期为太宗、真宗朝，是墓葬等级制度的初创期。士庶人丧葬制度在此时期重定，参照五代河北地区砖室墓，将皇族成员和官员墓葬的平面形制确定为圆形，内壁有门窗、桌椅等壁饰和仿木建筑，其等级差异也体现在墓葬诸多方面之上。第三期为仁宗至徽宗大观年间之前，是墓葬等级制度的成熟期。帝陵地宫在此时期发展为石室；皇族成员和官员墓主要采用圆形砖室墓的形制，内壁不带仿木斗栱和雕饰，具有明显的等级差别，极少数石室墓应属特殊礼遇，石质构件如石门、石藏等也有等级上的差异；具有财力的平民受等级制度的约束似乎相对较小，墓室平面由方形逐渐发展为八边形，墓葬的仿木结构和壁面雕饰愈加复杂和华丽，彩绘和壁画的比重逐渐增大，并出现了石棺墓。第四期为徽宗大观年间至北宋末，是墓葬等级制度的衰落期。这一时期官员的墓葬形制变得复杂多样，明显带有地方化和家族化的特点，部分低级官员墓葬与平民趋于相似，但墓葬等级制度仍具有一定约束和影响力。

由于现阶段北宋四京地区纪年墓和品官墓发掘数量有限，前述结论对于各期的划定不免有误差，越接近都城地区的墓葬等级性体现得越明显，但具体的等级特点难以进行细致总结，期待更多考古材料的出土和发表以将观点修正完善。除皇帝本身外，皇族成员应是墓葬等级制度表现最为显著的群体，巩义北宋皇陵陵区内近年集中发现了若干座皇族成员墓葬，均为甬道带小龛的圆形砖室墓，特点相对一致。相对而言，官员墓葬等级制度的问题就比较复杂，有时被掩盖在政治因素、地区特点和家族背景之下，如绍圣三年（1096）洛阳赵思温墓为斜坡墓道长方形土洞墓①，其形制比较特殊，更多地体现着地区与家族特征。此外，目前来看等级制度层面对于平民墓的影响相对不易把握，有关平民墓葬的演变情况，将于第三章进行探讨。

---

① 洛阳市文物考古研究院：《洛阳宋代赵思温夫妇合葬墓发掘简报》，《洛阳考古》2014年第4期。

第三章　砖室墓的时代和区域特征

本章主要的关注点是宋金时期中原北方地区平民砖室墓，按照整体面貌的差异，将其划分为五个墓葬文化区，即冀中南地区、豫中南地区、晋中南地区、山东地区和陕甘宁地区，并对各区域砖室墓的基本情况展开讨论，在研究砖室墓平面形制和壁面布局变化的基础之上，归纳其时代特征和区域特征，并对墓葬文化中心的变迁情况加以总结。

一　河朔之风：冀中南地区宋金砖室墓

冀中南地区指今河北省境内白沟河一线以南的区域，主要位于地势平缓的华北平原。自唐代安史之乱后，河朔地区出现了藩镇割据的局面，河朔三镇长时间拥兵自重，在军事、财政、人事方面不受中央政府控制，使得本区域民间展现了"未深受汉族文化之影响"[1]的文化特殊性。北宋早期，这一地区属于宋辽交战的前线，澶渊之盟以后，两朝维持了百余年的和平局面，本区域得以逐渐稳定；北宋宣和七年（1125），金兵分兵两路，自山西、河北大举南下，冀中南地区遭到战火的侵扰；北宋灭亡后，中原地区义军、盗贼四起，黄河以北地区出现了动荡局面；金朝入主中原后，逐渐加强对本区的控制，同时也促进了经济的复苏；金代晚期，蒙古大军南下，冀中南地区再次遭受到严重的破坏。

---

[1]　陈寅恪：《隋唐制度渊源略论稿 唐代政治史述论稿》，商务印书馆2011年版，第210页。

中晚唐以降，冀中南地区首先出现并流行仿木砖室墓[1]，实质上是对地面木构建筑的模仿，由于营造工序相对较为复杂，使用者一般为有一定财力的官员、地主、富商等人群。本区域的这类仿木砖室墓在晚唐宋元北方地区有较大影响力，有必要探讨其发展脉络。目前关于冀中南地区宋金时期仿木砖室墓的研究虽已有一定数量[2]，但对于仿木砖室墓形制分期等基础性研究仍存在进一步延展的空间。一方面，区域内仿木砖室墓葬的壁面布局不复杂，壁画和砖雕等装饰题材比较简单；另一方面，纪年墓葬材料的缺乏也给分期分区的讨论带来了难度。结合过往研究，笔者尝试在梳理本区域仿木砖室墓平面形制和壁面布局的基础上，对其时代和区域特征、文化交流等相关问题进行讨论。

（一）时代特征

宋代冀中南地区文化面貌上承唐代，保持了独特的区域文化，墓葬文化亦保持了相当程度的晚唐传统。北宋早中期，冀中南地区仿木砖室墓的形制特征与晚唐相近，富民阶层流行圆形穹窿顶仿木砖室墓，有时使用倚柱将圆形壁面分隔为四部分，壁面以砖雕门窗、桌椅为主，并有少量彩绘人物、器具作为装饰。

上述这些特征可以通过衡水地区的一批唐宋墓葬为例进行说明，其墓主身份均应为具有一定经济实力的富民阶层。据现有材料看，庆历二年（1042）衡水武邑龙店 M2 是时代较早的北宋砖室墓，位于同一墓群的 M1、M3 与该墓相距不足一米，建筑方法和壁面装饰也相差不大[3]，推测

---

[1] 有学者将本区域中晚唐仿木砖室墓的特征归纳为几个方面：多使用圆形或弧方形砖室墓，圆形墓的比重较大；棺床横置于墓室后部，墓门位于南壁正中；墓门多使用翼墙和门楼，墓室内砖砌仿木构的做法比较流行。参见崔世平《河北因素与唐宋墓葬制度变革初论》，载北京大学中国考古学研究中心编《两个世界的徘徊：中古时期丧葬观念风俗与礼仪制度学术研讨会论文集》，科学出版社 2016 年版，第 282—312 页。

[2] 过往研究可参见夏素颖《河北地区宋金墓葬研究》，《文物春秋》2012 年第 2 期；郝军军《金代墓葬的区域性及相关问题研究》，博士学位论文，吉林大学，2016 年，第 145—182 页；耿超《河北地区宋代墓葬及相关问题研究》，载常建华主编《中国社会历史评论》第 18 卷，天津古籍出版社 2017 年版，第 42—50 页。

[3] 河北省文物研究所：《河北武邑龙店宋墓发掘报告》，载河北省文物研究所编《河北省考古文集》，东方出版社 1998 年版，第 323—329 页。

其建造时代接近。值得注意的是，同样位于衡水的故城县发现了 6 座晚唐时期圆形砖室墓①，M1 与衡水武邑龙店墓群的墓壁装饰比较相似（图 6、表 11）。衡水故城 M1 的墓室壁面被倚柱分为四部分，主要装饰手段为条砖雕砌。虽然晚唐与北宋早中期墓葬存在图像构成的具体差异，但其壁面主要格局均以倚柱为界分为四个壁面，北壁做出假门，侧壁主要突出家具的装饰题材，呈现出"假门+家具"的壁面布局。无论是墓葬形制，还是壁面题材，都一定程度上反映出冀中南地区晚唐墓葬形式对北宋早中期墓葬的影响。不过，与晚唐不同，北宋早中期冀中南地区仿木结构砖室墓的装饰形式更加多样，壁面也愈加复杂，部分器物、人物为彩绘。

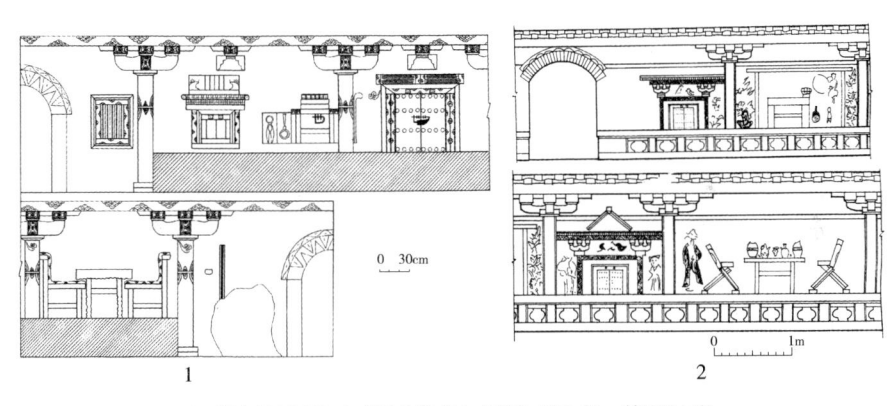

1. 衡水故城 M1（《河北省考古文集》第 3 辑，第 132 页）
2. 衡水武邑龙店 M2（《河北省考古文集》第 1 辑，第 326 页）

图 6　冀中南地区晚唐和北宋中期墓例的"四分式"壁面布局

在视觉观感上来看，倚柱对河朔地区仿木结构砖室墓壁面布局的影响比较显著。倚柱的使用，使得墓葬壁面布局更具备层次感与空间感。然而晚唐至北宋早中期墓葬倚柱的使用情况并不规律。如前述晚唐时期衡水故城墓群各墓的尺寸规模和建造方式基本一致，但 M3 在墓葬内未砌倚柱，仅砌出门窗、桌椅等其他仿木装饰，不同于 M1 和 M2 砌出四根倚柱的做法；又如静海东滩头 M3 使用了假门窗等仿木构装饰，其墓壁砌出三根倚

---

① 衡水市文物管理处：《河北故城西南屯晚唐砖雕壁画墓》，载河北省文物研究所编《河北省考古文集》第 3 辑，科学出版社 2007 年版，第 129—138 页。

柱，墓室西北部壁面位置未设倚柱①，导致墓葬内壁布局并不均衡；再如北宋衡水武邑崔家庄墓群各墓结构和装饰方法基本相同，内壁表现出假门、桌椅、柜架、条案、灯檠等题材，但 M2 于墓室斗栱之下砌出短柱，而 M1、M3 均未在斗栱下设倚柱②。总体来看，河朔地区北宋早中期仿木结构砖室墓的布局设计上承晚唐，倚柱在部分墓葬中的应用，使得壁面题材向"四分式"的布局演变，而倚柱数量不稳定的现象，也显示出墓葬布局设计动态演进的复杂情况。

表 11　衡水故城 M1 和衡水武邑龙店墓群形制和壁面装饰

名称	时代	形制	壁面装饰及主要题材
衡水故城 M1	晚唐	仿木砖室墓，圆形，穹窿顶，壁面以四根仿木倚柱分隔为四壁	北壁砌假门；西壁砌带檐假门、剪刀、熨斗和衣柜；东壁砌一桌二椅；南壁券门西侧砌窗、东侧砌灯檠
衡水武邑龙店 M1	北宋中期		北壁砌悬山顶假门；西壁砌衣架、衣柜、靴子、剪刀、熨斗；东壁砌一桌二椅，绘瓶、注子、杯、盘和侍者；南壁券门西侧砌灯檠、东侧绘人物
衡水武邑龙店 M2			北壁砌悬山顶假门，两侧墨绘人物；西壁砌衣架和衣柜，绘熨斗、剪刀和一女子；东壁砌一桌二椅，绘瓶、注子、杯、盘和侍者；南壁券门西侧砌假门
衡水武邑龙店 M3			北壁砌悬山顶假门，两侧墨绘人物；西壁砌衣架、衣柜、靴子、剪刀和熨斗，绘一人；东壁砌一桌二椅，绘瓶、注子、杯和侍者；南壁券门西侧砌假门、绘卫士、仙鹤，东侧砌灯檠、绘卫士

北宋中期前后，倚柱更加普遍地出现于墓葬之中，其将壁面划分为若干个单元的功能愈发显著，墓室内壁布局向"六分式"演变。如以纪年墓葬为例，至和年间（1054—1056）邢台临城岗西村墓和熙宁十年（1077）邢台平乡董庄村墓均为圆形穹窿顶单室墓，使用倚柱在墓室壁面上分出六个区域③。不过，尽管这两座墓葬内壁各自分别作出六根倚柱，但壁面装饰（包括南侧券门）仅位于北、西、东、南四壁，其他倚柱间

---

①　邸明：《河北静海东滩头发现宋金墓》，《考古》1995 年第 1 期。

②　衡水市文物管理处：《河北武邑崔家庄宋墓发掘简报》，《文物春秋》2006 年第 3 期。

③　参见邢台市文物管理处、临城县文物保管所、北京大学中国考古学研究中心《河北临城岗西村宋墓》，《文物》2008 年第 3 期；李军《河北邢台出土砖志碑》，《文物春秋》2004 年第 2 期。

的壁面并不加雕饰，实质上还是表现为四个壁面的做法，与前述衡水武邑龙店墓群等相似。这也反映出墓葬壁面布局由"四分式"向"六分式"转变的过程。

北宋晚期，冀中南地区墓葬壁面布局特点出现了变化。墓室内壁布局"六分式"的形式逐渐固定，壁面装饰的内容和位置也有了新的组合形式，假门题材逐渐在侧壁得到重点表现（图7）。如大观年间（1107—1110）邯郸磁县双庙M42为六边形砖室墓，六角砌出柱头铺作，墓室北壁砌一门二窗，西北壁砌一桌二椅、绘二侍者，东北壁砌箱、桌，西南壁砌桌、灯檠，东南壁砌假门[1]；政和七年（1117）保定曲阳南平罗墓为圆形穹窿顶砖室墓，六根仿木倚柱环绕墓室壁面，墓室北壁砌一门二窗，西北壁绘熨斗、剪刀和橱，东北壁砌灯檠和假门，西南壁砌灯檠和假门，东南壁砌一桌二椅[2]。这两座纪年墓的墓室内壁均被六根仿木倚柱分为六部分，北壁为一门二窗的形式，侧壁逐渐重点作出假门的形象，除桌椅之外的其他家具相对减少。这类"六分式"壁面布局的墓葬还包括鹿泉石太高速南海山北M3、石家庄平山两岔M3、石家庄建华北大街M1和M2等[3]，均为圆形墓，明确使用倚柱将内壁划分为六部分，应该都属于北宋晚期墓葬。值得注意的是，邯郸磁县双庙M42为六边形砖室墓，是本区年代较早的多边形墓葬，反映了北宋晚期的墓葬由圆形墓逐渐向六边形墓发展的趋势。

前述北宋晚期砖室墓葬多为壁面"六分式"的圆形墓，内壁被倚柱分为六部分，其后墓葬中又出现了八根倚柱的"八分式"例子，如石家庄平山西石桥M1、石家庄平山两岔M7等[4]，这应该是此后冀中南地

---

[1] 南水北调中线干线工程建设管理局、河北省南水北调工程建设领导小组办公室、河北省文物局：《磁县双庙墓群考古发掘报告》，文物出版社2017年版，第135—138页。

[2] 保定地区文物管理所、曲阳县文物保管所：《河北曲阳南平罗北宋政和七年墓清理简报》，《文物》1988年第11期。

[3] 河北省文物研究所石太考古队：《石太高速公路北新城南海山墓区发掘报告》，载河北省文物研究所《河北省考古文集》，东方出版社1998年版，第285—309页；河北省文物研究所：《河北平山县两岔宋墓》，《考古》2000年第9期；石家庄市文物保护研究所：《石家庄市建华北大街北延工程古墓葬清理简报》，《北方文物》2013年第3期。

[4] 河北省文物研究所：《河北平山发现宋墓》，《文物春秋》1989年第3期；河北省文物研究所：《河北平山县两岔宋墓》，《考古》2000年第9期。

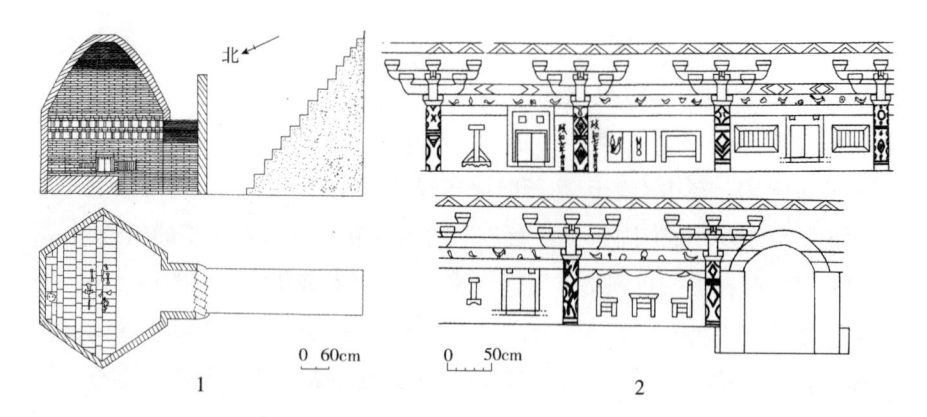

1. 邯郸磁县双庙 M42（《磁县双庙墓群考古发掘报告》，第 136 页）
2. 保定曲阳南平罗墓（《文物》1988 年第 11 期）

图 7　冀中南地区北宋晚期墓例的"六分式"壁面布局

区流行的六边形、八边形墓葬之滥觞。北宋晚期，墓葬形制受到佛教经幢地宫等因素的影响，再加上建墓工匠对于建筑效率的追求，平民阶层所使用的圆形墓各壁面逐渐平直，原本带弧度的壁面被直壁所代替，进而出现了六边形和八边形砖室墓葬，六边形墓葬的时代应略早于八边形墓葬。

进入金代之后，圆形墓的做法大大减少，多边形墓葬数量增多，逐渐开始流行"六分式""八分式"壁面布局，壁面有时会在砖雕基础上绘出复杂的纹饰，题材基本延续了之前的做法，以邯郸龙城小区 M14、石家庄平山两岔 M2、邯郸连城别苑 M4、邯郸北张庄 M3 为代表[①]，这些墓例壁面布局情况见图 8、表 12。其中，邯郸龙城小区 M14 和邯郸北张庄 M3 分别出土了八边形瓷枕和白釉瓷钵，均与观台磁州窑址第三期的典型器物比较相似[②]，可以判断应为 12 世纪中叶海陵王迁都之后的墓葬。它们所代表的墓葬平面形制和壁面布局应该可以反映金代墓葬的基本情况。

---

①　邯郸市文物保护研究所：《邯郸市龙城小区墓葬发掘简报》，《文物春秋》2004 年第 6 期；河北省文物研究所：《河北平山县两岔宋墓》，《考古》2000 年第 9 期；邯郸市文物保护研究所：《邯郸市连城别苑古墓发掘简报》，《文物春秋》2004 年第 6 期；河北省文物研究所、邯郸市文物管理处：《河北邯郸北张庄金墓发掘简报》，《文物春秋》2001 年第 1 期。

②　北京大学考古学系、河北省文物研究所、邯郸地区文物保管所：《观台磁州窑址》，文物出版社 1997 年版，第 462—502 页。

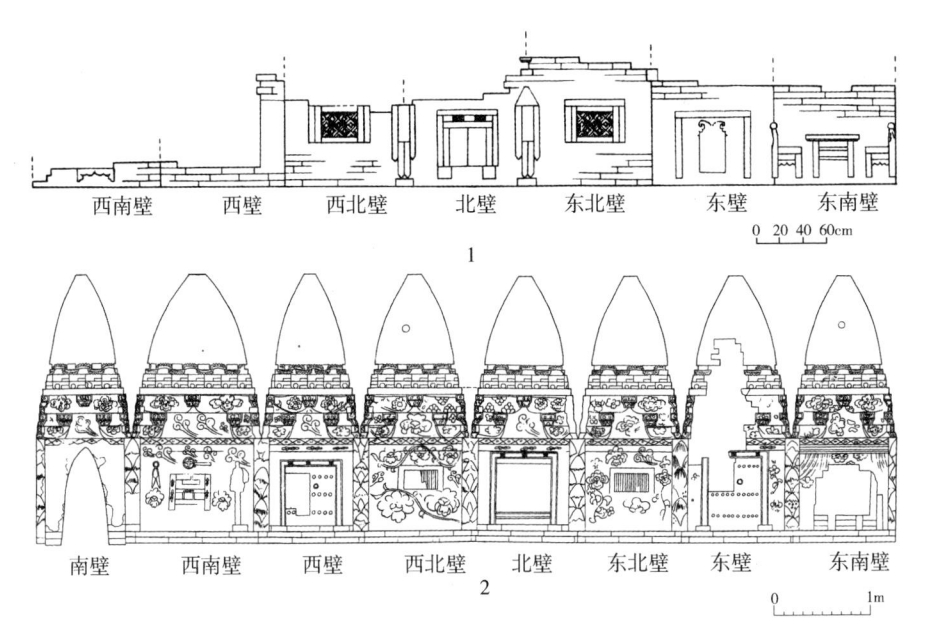

第三章　砖室墓的时代和区域特征　49

1
西南壁　西壁　西北壁　北壁　东北壁　东壁　东南壁
0　20　40　60cm

2
南壁　西南壁　西壁　西北壁　北壁　东北壁　东壁　东南壁
0　　　1m

1. 邯郸北张庄 M3（《文物春秋》2001 年第 1 期）
2. 石家庄平山两岔 M2（《考古》2000 年第 9 期）

图 8　冀中南地区金代墓例

表 12　　　　　　　冀中南地区金代典型墓例的壁面布局情况

墓例	北壁	西北壁	东北壁	西壁	东壁	西南壁	东南壁	南壁
邯郸龙城小区 M14（六边形）	假门	一桌二椅	条几			灯檠	牌位	券门
石家庄平山两岔 M2（八边形）	假门	窗	窗	假门	假门	灯檠	平台	券门
邯郸连城别苑 M4（八边形）	假门	窗下桌	窗下桌	一桌二椅	柜子	灯檠	牌位	券门
邯郸北张庄 M3（八边形）	假门	窗	窗	不详	浅龛	不详	一桌二椅	券门

　　由于纪年墓葬数量较少[①]，对金代砖室墓具体时代特点的判断较为困难，只能通过墓葬演变的规律对其加以简要概括。整体看来，冀中南地区

---

① 目前公布详细资料的冀中南地区金代纪年墓葬有两座，分别为大定二十九年（1189）邢台柳林村 M2 和崇庆元年（1212）保定曲阳涧磁村 M8。前者为圆形砖室墓，壁面布局和装饰技法更接近于山东地区金元墓葬，孝行图像与北壁"夫妇对坐"题材的做法均在冀中南地区较为少见；后者为石砌，无壁面装饰。参见邢台市文物管理处、信都区文物保管所、河北省文物考古研究院《河北邢台柳林村发现金代墓葬》，《文物春秋》2022 年第 5 期；河北省文化局文物工作队《河北曲阳涧磁村发掘的唐宋墓葬》，《考古》1965 年第 10 期。

金墓壁面布局依旧基于北宋晚期"六分式""八分式"圆形墓的形式，壁面呈现"假门+家具"和"假门+假门"的组合，"假门+家具"应该略早于"假门+假门"的组合。

综合上述讨论，大致可以梳理出冀中南地区宋金仿木砖室墓的时代特征和发展脉络。自晚唐至北宋中期，本区砖室墓变化较为稳定，以圆形墓居多，墓室多为"四分式"的壁面布局，墓葬装饰呈现砖雕为主、彩绘逐渐增多的趋势，壁面题材主要为"假门+家具"组合。北宋晚期至宋金之际，圆形墓室呈现"六分式"，其后也有了"八分式"的壁面布局，并出现向六边形墓葬转变的趋势；壁面题材复杂化，除前述家具题材之外，"假门+假门"组合也增多。进入金代，墓葬的整体平面形制逐渐发生了改变，这种变化在12世纪中叶之后表现得最为明显，圆形墓被六边形、八边形墓所取代，但仍旧保留原来的"六分式"和"八分式"壁面布局和题材（图9、表13）。

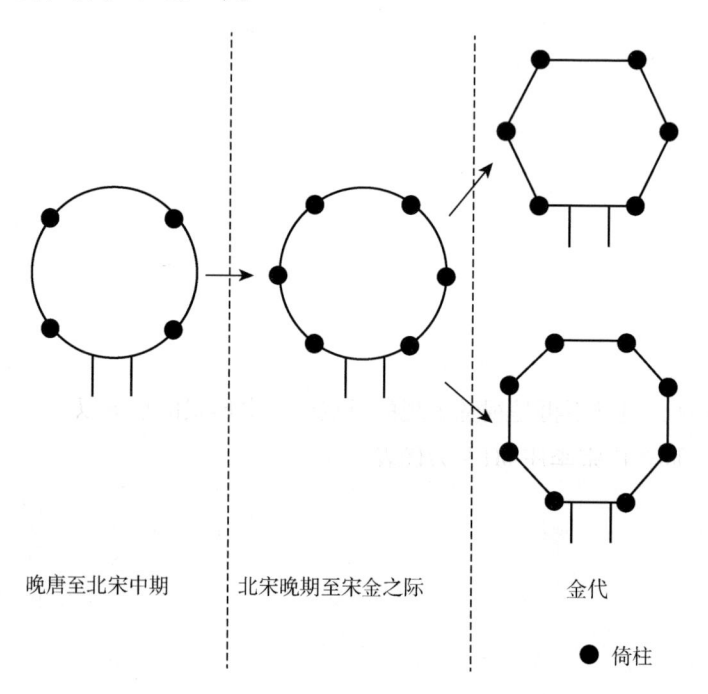

图9　冀中南地区宋金仿木砖室墓变化趋势示意

表 13　　　　　　　冀中南地区宋金仿木砖室墓变化趋势

墓葬时段	平面形制	壁面布局	题材组合
北宋早、中期	圆形	"四分式"	"假门+家具"
北宋晚期	圆形为主，有部分六边形、八边形墓葬	"六分式""八分式"	"假门+家具""假门+假门"兼有
金代	六边形、八边形为主，圆形墓葬比重降低		"假门+假门"

（二）区域特征

自中晚唐以来，本区墓葬愈加呈现与中原地区不同的特点，形成了独特的区域文化特征，这在宋金时期依旧表现得较为明显，并在一定程度上引领了北方墓葬文化的整体变动。可从壁面题材组合、简单圆形墓等方面进行讨论。

1. 壁面题材组合的转型

冀中南地区宋金砖室墓的壁面装饰简单，砖雕和壁画也不复杂，壁画所占壁面装饰的比重相对小，呈现出与其他区域不同的特征。如前所述，本区砖室墓的装饰格局可分为两种形式：其一，以北壁假门和侧壁桌椅为核心，表现出箱柜、衣架、灯檠等"假门+家具"的组合，还包括剪刀、熨斗等小型用具，以及桌上的碗、注子、瓶等饮食器，这类形式的墓葬以衡水武邑龙店 M2、衡水武邑崔家庄 M2 为代表；其二，表现出"假门+假门"的组合，北壁和侧壁均做出假门或门楼，侧壁可能雕绘桌椅、箱柜等家具，但已不再是视觉表现的重点，这类形式的墓葬以石家庄平山两岔 M2、邢台广宗李庄 M1[①] 为代表。

根据相关资料整合可知，对于本区大多数砖室墓而言，壁面装饰重点表现出"假门+家具"组合的墓葬时代应该稍早，重点表现出"假门+假门"组合的墓葬时代稍晚，而时代更晚的墓葬中几乎仅见假门窗和侧壁假门，很少表现除灯檠以外的家具雕饰（表14）。

---

① 邢台市文物管理处、广宗县文物保管所：《邢台广宗县李庄宋代砖室墓的发掘》，载河北省文物研究所编《河北省考古文集》（五），科学出版社 2014 年版，第136—145页。

表 14　　　　　　冀中南地区部分宋金仿木砖室墓例的壁面布局

墓例	墓室平面	壁面布局	时代	备注
衡水武邑龙店 M2	圆形	北壁假门，西壁衣架、柜子、剪刀、熨斗，东壁一桌二椅，南壁西侧假门	1042	"假门＋家具"组合
衡水武邑崔家庄 M2	圆形	北壁假门，西北壁柜子、剪刀，东北壁一桌一椅、一几，西壁条案，东壁一桌二椅，西南壁灯檠，东南壁牌位	推测为北宋晚期	"假门＋家具"组合
保定曲阳南平罗墓	圆形	北壁一门二窗，西北壁熨斗、剪刀、橱，东北壁灯檠、假门，西南壁灯檠、假门，东南壁一桌二椅	1117	"假门＋假门"组合，侧壁仍雕砌家具
邢台广宗李庄 M1	圆形	北壁门楼，西壁门楼、一桌二椅、一奁，东壁门楼、桌、柜、卷轴	推测为北宋晚期	"假门＋假门"组合，侧壁仍雕砌家具，假门位于侧壁的中心位置
石家庄平山两岔 M2	八边形	北壁假门，西北壁窗，东北壁窗，西壁假门，东壁假门，西南壁灯檠，东南壁平台	推测为宋金之际或金代	"假门＋假门"组合，假门位于侧壁的中心位置

可以看出，冀中南地区宋金仿木砖室墓装饰布局有由"假门＋家具"向"假门＋假门"演变的趋势，侧壁的假门由无至有，并逐渐出现在侧壁的中心位置。北宋仿木砖室墓多为圆形，早、中期壁面被划分的数量少，需要表现的壁面装饰不多，侧壁的中心地位不明显，此时也不流行侧壁假门；而北宋晚期至金代，砖室墓壁面划分为六边形乃至八边形，需要表现的壁面装饰增多，凸显了侧壁的中心地位，而侧壁也出现了假门，并逐渐移到了侧壁的中心。

秦大树指出，在中原北方地区宋代仿木砖室墓中，河南、山东地区的墓内装饰似将墓葬表现为一个居室，河北、山西中部和东部地区的墓内装饰似将墓葬表现为一座院落[①]。之所以在视觉意味上产生了"居室"和"院落"的区别，实际上是和墓葬壁面题材组合表现为"假门＋家具"或"假门＋假门"的差异有关。根据前文对题材组合的分析，笔者认为，冀中南地区宋金墓葬的装饰格局兼有"居室"和"院落"两种形式，"居

---

① 秦大树：《宋元明考古》，文物出版社 2004 年版，第 143—144 页。

室"的表现形式应该相对早于"院落"。

这种情况的出现，与唐宋时期仿木砖室墓的整体发展状况和区域间的文化交流有着本质关联。唐宋之际，冀中南地区作为当时仿木砖室墓的发展中心，墓葬壁面组合沿袭了中晚唐墓葬中流行的桌椅、柜架、灯檠等家具题材；而到了宋金河北、河南战乱频发之际，邻近的山西地区受波及相对小，当地自北宋中期流行仿木砖室墓的做法以来①，常在侧壁雕绘假门窗或做出耳室的形式，这种墓葬传统越过太行山进入冀中南地区，在本区形成了"假门+假门"的流行趋势，这也是"院落"的表现形式在宋末金初开始流行于整个中原北方地区的重要原因。墓室的侧壁装饰题材从桌椅、柜架等家具到假门、假窗的转变，既是宋金时期冀中南地区墓葬壁面布局转型的重要表现，也反映出山西等外地墓葬文化因素对本地墓葬传统的冲击和影响。

2. 简单圆形墓的盛行

如前所述，圆形墓是冀中南地区宋金砖室墓的重要形制之一，这与本区唐代以来的风格一脉相承。自初唐以来，圆形砖室墓一直盛行于河北地区②，五代时期依旧保持了这种特色。进入宋金时期，圆形墓是河北地区墓葬中应用数量最多、范围最广的墓葬平面布局形式，方形、六边形、八边形砖室墓的数量相对较少。圆形墓的形制也在北宋前期以制度化的形式传入中原地区，被北宋皇族成员和官员广泛采用。

本区砖室墓的平面形制在宋金之际有所转变，自圆形墓逐渐发展为六边形、八边形，这一趋势在壁饰较复杂的砖室墓上体现得更加明显。相较而言，壁饰简单的仿木墓葬较多地保留了圆形的形制。换言之，即壁饰简单的小型圆形仿木墓葬在宋金时期较为流行。这一类圆形墓的材料多以墓群的形式集中公布，比较重要的简单圆形仿木墓葬墓例包括保定博野刘陀店墓群和保定徐水西黑山墓群，均位于冀中地区。保定博野刘陀店墓群分为四区，共发现61座墓葬，其中圆形墓

---

① 至和三年（1056）运城夏县上牛墓是山西地区目前发现的北宋最早纪年墓葬。参见运城市河东博物馆、夏县文物旅游局《山西夏县宋金墓的发掘》，《考古》2014年第11期。

② 齐东方：《中国北方地区唐墓》，载北京大学考古文博院、大阪经济法科大学编《7—8世纪东亚地区历史与考古国际学术讨论会论文集》，科学出版社2001年版，第8—15页。

44座，墓葬形制相似、尺寸大体相当，多数没有仿木雕作，发掘者认为其时代为北宋中后期至金代[①]。保定徐水西黑山墓群为金元时期墓葬，发掘者判断墓地北部和中部区域应不晚于金代晚期，包括26座墓葬，其中有22座圆形墓[②]。前述墓地的时代判断均依据出土器物或地层关系的比较，有一定的参考意义，其中比较有代表性墓葬的尺寸和壁饰情况见表15。

表15　　　冀中南地区宋金壁饰简单的圆形砖、石室墓例

墓例	直径（单位：米）	形制	壁饰
博野刘陀店 M1	2.5	砖筑	西南壁砌灯檠
博野刘陀店 M19	2.2	砖筑	壁面砌四倚柱
博野刘陀店 M38	2.6	砖筑	无
徐水西黑山 M24	2.55—2.92	砖筑	北壁砌假门，西壁砌灯檠
徐水西黑山 M27	2.67—2.72	砖筑	无
徐水西黑山 M46	2.69—2.85	砖石混筑	无
徐水西黑山 M23	2.4—2.52	石筑	无
徐水西黑山 M49	2.25—2.41	石筑	无

这类壁饰简单的圆形墓大多为砖筑、石筑或砖石混筑，墓室直径一般小于3米，壁面布局相对简单，常不作出斗栱和砖雕等壁饰，基本没有彩绘壁画，有时会雕砌灯檠和假门。目前看来，宋、金墓葬的差别不大，不易从墓葬形制上加以区分，其建造过程不太复杂，应是该时期稍有财力的平民所采用的通常做法，并形成了独特的地区传统，到了元代依旧在区域内流行。需要注意的是，尽管其壁面装饰相对较简单，但灯檠和假门的位置相对固定，倚柱的数量和分布符合北宋中后期的时代特点，可以在一定程度上反映出区域墓葬发展的大趋势（图10）。

简单圆形仿木墓葬在唐、宋、金、元各时期呈现出普遍流行的态势。在唐代河北地区，圆形墓在官员阶层的带动之下成为本地区的特殊

---

① 河北省文物研究所：《河北省博野县刘陀店宋金墓群发掘简报》，载河北省文物研究所编《河北省考古文集》（二），北京燕山出版社2001年版，第296—306页。

② 南水北调中线干线工程建设管理局、河北省南水北调工程建设委员会办公室、河北省文物局：《徐水西黑山：金元时期墓地发掘报告》，文物出版社2007年版。

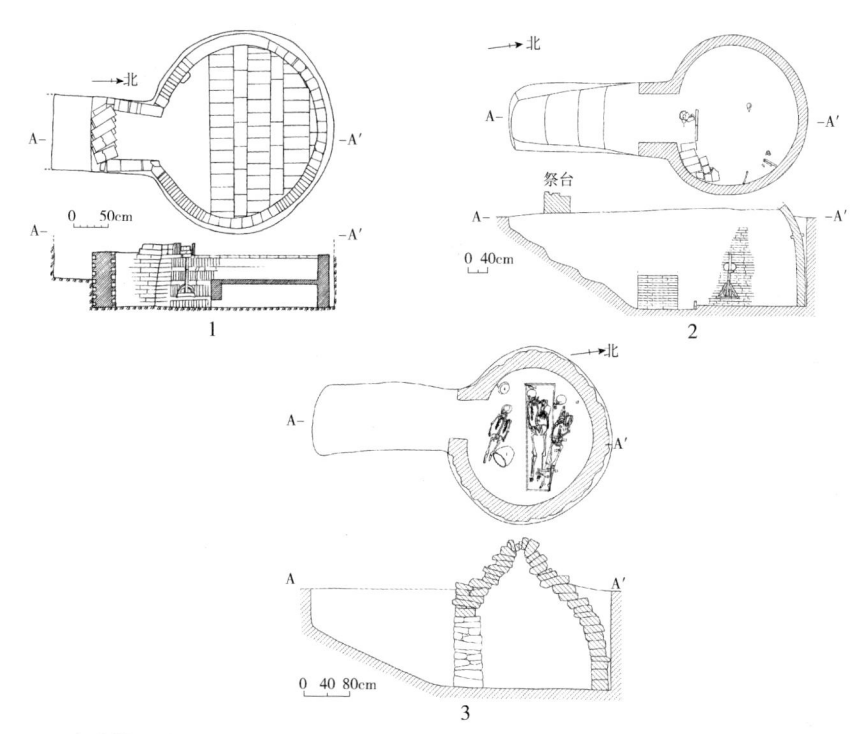

1. 保定博野刘陀店 M1 (《河北省考古文集》第 2 辑，第 298 页) 2. 保定徐水西黑山 M24 (《徐水西黑山》，第 169 页) 3. 保定徐水西黑山 M49 (《徐水西黑山》，第 295 页)

图 10 冀中南地区宋金壁饰简单的圆形砖、石室墓例

文化符号[1]，被社会各阶层广泛采用，直迄于宋。宋金之际，仿木墓葬的形制整体上呈现出向多边形转变的走向，但是简单圆形墓依然持续流行于冀中南地区的民间，这种现象既显示出了这种墓葬形制旺盛的生命力，也反映了建筑技术和墓葬文化在民间的相对稳定与传承。

（三）小结

冀中南地区是唐宋社会变革的重要地区之一。谭凯指出："从丧葬物质文化的角度来看，唐宋变革的戏剧性之一体现于核心地区的唐墓与宋墓竟然截然不同。"[2] 谭凯所指的"截然不同"应为仿木墓葬在唐代两京地

---

[1] 沈睿文：《北朝隋唐圆形墓研究述评》，载中国社会科学院历史研究所、马克思主义史学理论与史学史研究室编《理论与史学》第 2 辑，中国社会科学出版社 2016 年版，第 122—129 页。

[2] ［瑞士］谭凯：《晚唐河北人对宋初文化的影响——以丧葬文化、语音以及新兴精英风貌为例》，载荣新江主编《唐研究》第十九卷，北京大学出版社 2013 年版，第 255—286 页。

区极少出现,而在宋代汴洛地区大规模流行的现象。唐宋"核心地区"的地理区位基本相似,为何墓葬面貌发生如此大的差异呢?如将视野扩展开来,可发现冀中南地区墓葬文化的传播是其中的关键环节。唐代冀中南地区在藩镇统治下保持了不同于京畿的独特风格,在五代和宋初随着精英阶层从河北进入河南,而给中原地区带来了新的墓葬文化。河北唐墓的仿木构、圆形墓等要素,都传入了宋代中原地区。因此,冀中南地区既是唐代仿木砖室墓产生和流行的重要地区,也对宋金时期北方地区墓葬的整体面貌产生了较大的影响。

进入北宋后,在为中原地区带来新的墓葬文化因素的同时,冀中南地区自身的墓葬面貌也处于继续演进之中。北宋早中期的仿木墓葬沿袭了晚唐的传统,充分反映了本区域文化传统的深度影响;北宋晚期至金代,墓葬则受邻近地区的影响而发生了变动,显示出本土传统和地区间墓葬文化因素的相互联系。以冀中地区和冀南地区为例,冀中地区除仿木砖室墓之外,还发现了一些少见于其他地区的石室墓葬,时代多为金代,可能受到金中都地区皇陵和贵族的石函墓、石椁墓等的影响;冀南地区仿木墓葬砌筑方式相对单一,进入金代后壁面布局的特征与豫北地区基本相近,体现出与相邻区域的互动。

冀中南地区金代墓葬文化与相邻区域之间的交流互动相对频繁,与当时的历史背景有关。金军攻灭北宋之时,冀中南地区遭受到"坟无大小,启掘略遍,郡县为之一空"[1]的浩劫。金太宗天会六年(1128),为恢复本区域的社会稳定和经济复苏,"迁洛阳、襄阳、颍昌、汝、郑、均、房、唐、邓、陈、蔡之民于河北"[2],此后持续组织女真及其他民族的猛安谋克户迁入冀中南地区,"今日屯田之处,大名府路、山东东西路、河北东西路、南京路、关西路,四路皆有之,约一百三十余千户……所居止处,皆不在州县,筑寨处村落间,千户、百户虽设,官府亦在其内"[3],以加强

---

[1] (宋)徐梦莘:《三朝北盟会编》卷87《靖康中帙六十二》,上海古籍出版社1987年版,第647页。

[2] (元)脱脱等:《金史》卷74《列传第十二》,中华书局1975年标点本,第1697页。

[3] (宋)徐梦莘:《三朝北盟会编》卷244《炎兴下帙一百四十四》,上海古籍出版社1987年版,第1754页。

对本区的控制。在这一系列大规模的人口迁徙过程中，来自山西、河南、冀北等区域的墓葬文化因素与本区域形成了交融。

自中晚唐至宋金时期，河朔人群形成了"质厚少文，多专经术，大率气勇尚义，号为强忮"①的地域性格，呈现出较为独立的文化面貌。唐宋之际，基于上层社会的政治流动和人群迁移，本区文化对其他地区产生较大影响，成为北方地区文化发展脉络的关键一环；金代官方组织的大规模移民的迁入也导致区域内出现了深入的文化融合。就墓葬而言，冀中南地区墓葬文化同样具备相对独立性与长时段延续性，以仿木砖室墓的特征及影响力较为突出。在区域内墓葬随葬品数量普遍较少、纪年墓葬缺乏的情况下，通过仿木砖室墓的形制及壁面布局来探索其时代特征和发展轨迹，对讨论本区乃至整个中原北方地区的宋金墓葬文化脉络都有一定意义。

二 忆昔繁华：豫中南地区宋金砖室墓

豫中南地区指今河南省境内黄河以南的区域，北接河朔，南连江淮，东通齐鲁，西邻秦川，西北与山西地区隔山相望，地理位置重要，是北宋的政治经济中心和金代的重要统治区，北宋东京开封府、西京河南府、南京应天府和金代南京开封府都位于本区。区域内呈西高东低之势，西部属豫西山地，中、东部属华北平原，南部属南阳盆地，形成了若干小的地理分区。本区公布的宋金墓葬分布于郑州、许昌、平顶山、洛阳、三门峡、开封、周口、南阳、驻马店等地市的范围内。

北宋时期，本区是赵宋王朝统治的核心区域，中央政府控制力较强，社会经济繁荣，大部分时间内极少受到战争的侵扰。北宋宣和七年（1125）和靖康元年（1126），金兵两次南下中原，"纵兵四掠，东及沂、密，西至曹、濮、兖、郓，南至陈、蔡、汝、颍，北至河朔，皆被其害，杀人如刈麻，臭闻数百里，淮泗之间亦荡然矣"②，"士民至是，悉驱而北，舍屋焚蓺殆尽，东至柳子、西至西京、南至汉上、北至河

---

① （元）脱脱等：《宋史》卷86《地理二》，中华书局1985年标点本，第2130页。
② （宋）李心传：《建炎以来系年要录》卷4，上海古籍出版社1992年版，第76—77页。

朔，皆被其毒"①。北宋灭亡后，区域内义军四起，战乱仍在继续，金太宗于天会六年（1128）将豫中南地区百姓迁往河北，更加速了本区的破败和衰退。贞元元年（1153），海陵王迁都燕京后，本区经济和社会得以逐渐复苏。贞祐二年（1214），蒙古军队南下，金宣宗被迫迁都南京，统治范围缩减到河南、淮北和关中一带。天兴三年（1234），金朝灭亡，豫中南地区基本被大蒙古国所控制。

豫中南地区宋金墓葬的考古材料和相关研究成果均比较丰富，学界对本区关注最多。区域内皇族成员和官员墓葬分布相对集中，带有明确纪年的墓葬数量较多，一些砖室墓的壁画和砖雕保存较好、题材多样，并公布了比较翔实的考古报告和简报，这使得考古学和美术史等领域的学者可以进行相关的学术研究。针对本区宋金墓葬的研究和讨论可以分为三类：其一为以豫中南地区砖室墓为中心，对北方宋金墓所进行的考古学分区和分期讨论，如徐苹芳、陈朝云、秦大树、俞莉娜、郝军军等人所做的工作②；其二为针对北宋皇族成员和官员墓葬的等级制度研究，《北宋皇陵》③等考古材料的公布为其提供了重要条件，比较重要的研究包括刘毅、秦大树等人所做的工作④；其三为以区域内宋金墓葬为中心的砖雕壁画布局、题材及营造等相关问题而进行的考古学和美术史研究，举例如韩

---

① （宋）徐梦莘：《三朝北盟会编》卷87《靖康中帙六十二》，上海古籍出版社1987年版，第647页。

② 徐苹芳：《五代两宋》《辽金元明》，载中国科学院考古研究所编《新中国的考古收获》，文物出版社1961年版，第104—119页；徐苹芳：《宋代墓葬和窖藏的发掘》《金元墓葬的发掘》，载中国社会科学院考古研究所编《新中国的考古发现与研究》，文物出版社1984年版，第597—601、605—609页；徐苹芳：《宋元明时代的陵墓》，载中国大百科全书总编辑委员会《考古学》编辑委员会、中国大百科全书出版社编辑部编《中国大百科全书：考古学》，中国大百科全书出版社1986年版，第489—490页；陈朝云：《我国北方地区宋代砖室墓的类型和分期》，《郑州大学学报》（哲学社会科学版）1994年第6期；秦大树：《宋元明考古》，文物出版社2004年版，第143—145、213—214页；俞莉娜：《宋金时期墓葬仿木构建筑史料研究——以河南中北部、山西南部地区为例》，硕士学位论文，北京大学，2015年，第27—81页；郝军军：《金代墓葬的区域性及相关问题研究》，博士学位论文，吉林大学，2016年，第197—213页。

③ 河南省文物考古研究所：《北宋皇陵》，中州古籍出版社1997年版。

④ 刘毅：《宋代皇陵制度研究》，《故宫博物院院刊》1999年第1期；秦大树：《试论北宋皇陵的等级制度》，《考古与文物》2008年第4期。

小囡、邓菲、刘未等人所做的工作①，这部分研究成果数量最多，视角多样。在受到广泛关注的同时，豫中南地区宋金墓葬的相关研究还存在提升的空间，仍然需要对墓葬整体脉络进行重新梳理。

根据区域地形和墓葬特点的差异，可将豫中南地区的宋金墓葬分为三个小区，即大部分位于山地的豫西地区、位于华北平原的豫中和豫东地区、以南阳盆地为区域中心的豫南地区。由于区域内的北宋皇族成员和官员墓葬数量较多，第二章已对中原地区北宋墓葬等级制度等问题做了梳理和重点探究，因此本节不再讨论皇族成员和官员墓葬，而将关注重点落在有财力的平民所建造的砖室墓之上，并结合其他类型的墓葬进行综合讨论。笔者将结合纪年墓葬和其他材料，对豫中南地区宋金墓葬的时代和区域特点进行整体研究。

（一）时代特征

豫中南地区的砖室墓发掘和报道出来得较多，所承载的考古学信息相对丰富，发展脉络也比较明显，可以体现出本区宋金墓葬的时代差异。本节将以区域内有财力的平民所建造的砖室墓为中心进行讨论。

五代后唐至宋初，各政权的皇族多起家于河北或河东北部，来自河北地区的政治精英在朝中的政治地位逐渐凸显，所担任的中央高级官员职位比重最大②，其文化传统也随之传入都城所在的豫中南地区。以五代时期的重要都城洛阳附近的墓葬为例，洛阳伊川孙璠墓为圆形砖室墓，墓室直径5.02—5.08米，八根仿木倚柱环绕墓室壁面，把头绞项造，一字形棺床，各壁面雕绘假门窗、桌柜、灯檠等，根据墓志可知墓主人为葬于后晋天福五年（940）的官员孙璠③。洛阳伊川孙璠墓是仿木结构圆形砖室墓，

---

① 韩小囡：《宋代墓葬装饰研究》，博士学位论文，山东大学，2006年，第70—137页；邓菲：《图像与仪式——宋金仿木构砖雕壁画墓图像题材探析》，载巫鸿、郑岩主编《古代墓葬美术研究》第1辑，文物出版社2011年版，第285—312页；刘未：《门窗、桌椅及其他——宋元砖雕壁画墓的模式与传统》，载巫鸿、朱青生、郑岩主编《古代墓葬美术研究》第3辑，湖南美术出版社2015年版，第227—252页。

② ［瑞士］谭凯：《晚唐河北人对宋初文化的影响——以丧葬文化、语音以及新兴精英风貌为例》，载荣新江主编《唐研究》第十九卷，北京大学出版社2013年版，第255—286页。

③ 四川大学历史文化学院考古系、洛阳市第二文物工作队：《洛阳伊川后晋孙璠墓发掘简报》，《文物》2007年第6期。

与其结构和壁面特征比较相似的五代时期墓葬还包括洛阳伊川李俊墓、洛阳孟津新庄墓、洛阳龙盛小学墓、洛阳邙山镇营庄村墓、洛阳苗北村墓等[①]，这些墓例与唐代以来冀中南地区墓葬所流行的圆形墓平面和壁面布局比较相似，应该是沿用了该地区所传来的墓葬传统。需要注意的是，这些墓葬的规模均比较大，墓室直径达4—6米，墓室壁面砖雕和壁画相对复杂，壁面布局为"假门＋家具"组合，仿木倚柱数量的规律性暂不明显（图11、表16）。目前在豫中南地区并未公布明确为平民阶层的五代时期砖室墓材料，前述这类大型仿木结构单室砖墓可能为当时部分官员所采用的墓葬形制。

表16　　　　洛阳地区五代时期仿木结构圆形砖室墓规模

墓例	墓室直径（单位：米）	墓室仿木倚柱数量（单位：个）
洛阳伊川孙璠墓	5.02—5.08	8
洛阳伊川李俊墓	5.4	12
洛阳孟津新庄墓	5.9	4
洛阳龙盛小学墓	4.34—4.7	6
洛阳邙山镇营庄村墓	4.75	8
洛阳苗北村墓	4.6—4.9	12

北宋早期，豫中南地区这种仿木结构砖室墓的使用阶层和具体特点出现了变化。皇族成员和官员墓葬逐渐制度化，形成了圆形仿木结构单室砖墓的做法，这承袭了五代时期洛阳地区官员墓葬的特点，其制度化的过程和表现在第二章已有详述。豫中南地区现在尚未发现带有明确纪年的北宋早期平民砖室墓例，仅有位于豫北的焦作刘智亮墓可供参考，该墓为圆形砖室墓，把头绞项造，倒凹形棺床。墓室北壁砌一门二窗，西北壁砌箱子，东北壁砌一桌二椅，西南壁砌桌子，东南壁砌假门、拐杖，南壁券门东侧砌灯檠，墓室内出土墓志上书"太平兴国五年

---

① 谢虎军、张剑编：《洛阳纪年墓研究》，大象出版社2013年版，第576—579页；洛阳市文物考古研究院：《洛阳孟津新庄五代壁画墓发掘简报》，《洛阳考古》2013年第1期；洛阳市文物考古研究院：《洛阳龙盛小学五代壁画墓发掘简报》，《洛阳考古》2013年第1期；洛阳市文物考古研究院：《洛阳邙山镇营庄村北五代壁画墓》，《洛阳考古》2013年第1期；洛阳市文物考古研究院：《洛阳苗北村壁画墓发掘简报》，《洛阳考古》2013年第1期。

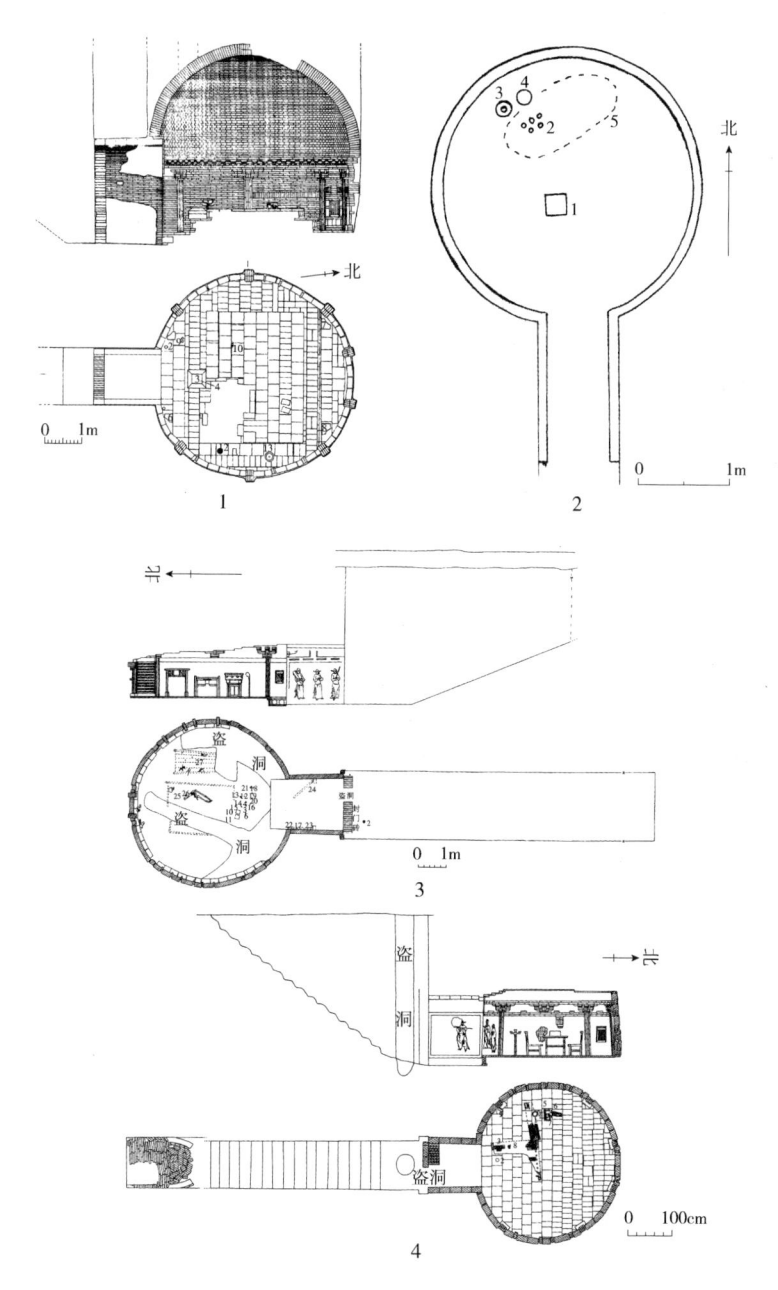

1. 洛阳伊川孙瑶墓（《文物》2007年第6期） 2. 洛阳伊川李俊墓（《洛阳纪年墓研究》，第576页） 3. 洛阳孟津新庄墓（《洛阳考古》2013年第1期） 4. 洛阳龙盛小学墓（《洛阳考古》2013年第1期）

图11 洛阳地区五代时期砖室墓例

(980)"①。根据墓葬形制演变规律和其他相关墓葬材料来看,本区一些有财力的平民应该也仿效上层阶级,逐渐开始采用了砖室墓的做法,墓室内壁有仿木倚柱、斗栱、门窗、桌椅等装饰,与皇族成员和官员墓葬相异的是,平民墓葬的墓室规模大大减小。

北宋中期,平民砖室墓的形制有所改变,壁面布局则大致延续了北宋早期的趋势。以郑州南关外墓为例,墓室平面形制为方形,边长1.97—2.03米,四根仿木倚柱环绕墓室壁面,把头绞项造,倒凹形棺床。墓室北壁砌一门二窗、西壁砌一桌二椅、灯檠,东壁砌衣架、梳妆台、箱、熨斗、剪刀,南壁为券门,甬道两侧各绘一侍者、一马,墓室内出土买地券上书"至和三年(1056)"的字样②。与郑州南关外墓平面形制和壁面布局较为相似的砖室墓还包括郑州第十四中学墓、郑州卷烟厂M46和M54、驻马店泌阳M3、郑州北二七路M88和M66、郑州二里岗墓等③,其时代大致都应处于北宋早、中期,上述墓例见图12、表17。

表17　　　　豫中南地区北宋早、中期典型墓例的壁面布局

墓例	墓葬形制	北壁	西壁	东壁	南壁及甬道
郑州第十四中学墓	弧方形,边长3.5—3.8米	一门二窗	一桌二椅	衣架、柜、灯檠	券门
郑州卷烟厂M46	弧方形,边长1.66—1.9米	一门二窗	一桌二椅	衣架、灯檠	券门
驻马店泌阳M3	弧方形,边长2—2.1米	一门二窗	一桌二椅	矮足柜、剪刀、尺子、熨斗、灯檠	券门
郑州北二七路M88	弧方形,边长2.72—2.9米	一门二窗	一桌二椅、柜	衣架、熨斗、剪刀、尺子、梳妆台、灯檠	券门

---

① 焦作市文物勘探队:《河南焦作宋代刘智亮墓发掘简报》,《中原文物》2012年第6期。
② 郑州市文物考古研究所:《郑州宋金壁画墓》,科学出版社2005年版,第12—16页。
③ 郑州市文物考古研究院、荥阳市博物馆:《河南郑州市第十四中学砖雕墓发掘简报》,《中原文物》2016年第3期;郑州市文物考古研究院:《郑州卷烟厂两座宋代砖雕墓简报》,《中原文物》2014年第3期;驻马店市文物考古管理所:《河南泌阳县宋墓发掘简报》,《华夏考古》2005年第2期;郑州市文物考古研究院:《郑州市北二七路两座砖雕宋墓发掘简报》,《中原文物》2012年第4期;郑州市文物考古研究所:《郑州宋金壁画墓》,科学出版社2005年版,第8—12页。

续表

墓例	墓葬形制	北壁	西壁	东壁	南壁及甬道
郑州卷烟厂M54	弧方形，边长2.2—2.4米	不详	一桌二椅、灯檠	梳妆台、衣架、剪刀、熨斗、尺、鐎斗	券门西侧灯檠、东侧盆架和盆
郑州南关外墓（1056）	方形，边长1.97—2.03米	一门二窗	一桌二椅、灯檠	衣架、梳妆台、箱、熨斗、剪刀	券门，甬道两侧各绘一侍者、一马
郑州北二七路M66	方形，边长2—2.2米	一门二窗	一桌二椅	柜、衣架、剪刀、熨斗、灯檠	券门
郑州二里岗墓	方形，边长约1.1米	一门二窗	一桌二椅、长颈壶、绘一人	衣架、灯檠、柜	券门西侧井、东侧绘一人

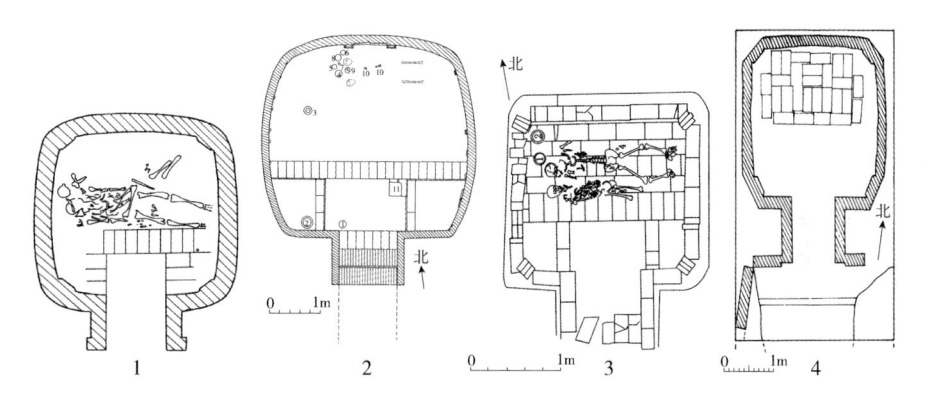

1. 郑州南关外墓（《郑州宋金壁画墓》，第 12 页）　2. 郑州第十四中学墓（《中原文物》2016 年第 3 期）　3. 郑州卷烟厂 M46（《中原文物》2014 年第 3 期）　4. 驻马店泌阳 M3（《华夏考古》2005 年第 2 期）

图 12　豫中南地区北宋早、中期墓例

北宋早、中期的平民砖室墓特点相对一致，墓室平面多由圆形转变为弧方形和方形，弧方形砖室墓的时代应该略早于方形，可能承继了唐代流行弧方形墓葬的传统。表 17 所列墓例的壁面布局也比较相似，北壁均砌一门二窗，西壁均砌出一桌二椅，东壁多砌出衣架、梳妆台等家具，形成了比较稳定的"假门+家具"壁面题材组合，壁面装饰也以朴素为主，壁画和彩绘的比重相当小。

北宋晚期，豫中南地区平民砖室墓的发现数量远多于其他时期，并呈现出了新特点，主要表现在墓室平面和壁面装饰等方面。在这一时期，平民阶层砖室墓的墓室平面多不再采用简单的方形或弧方形，而以相对复杂的"六边形""八边形"代之，还出现了砌筑出前后室的独特墓例；墓室的壁面装饰日趋复杂绚丽，有些地区的墓葬采用分层设色的布局，砖雕和壁画装饰结合得更加紧密，壁面上出现了墓主人夫妇对坐的形象，还采用了备侍、备宴、伎乐、孝行、升仙、花卉等新题材，有学者将之总结为"一堂家庆"的温馨生活气息[1]。如邓州赵荣墓为六边形砖室墓，墓室直径约2.16米，六根仿木倚柱环绕墓室壁面，倚柱上砌柱头铺作一朵，四铺作。墓室北壁砌假门，西北壁砌假窗、一桌一椅，东北壁不详，西南壁砌一桌二椅，东南壁砌灯檠，甬道西壁绘牵马图、东壁绘侍女图，出土契石上有元祐元年（1086）的纪年[2]。又如登封黑山沟墓为八边形砖室墓，墓室直径2.45米，八根仿木倚柱环绕墓室壁面，倚柱上砌柱头铺作一朵，五铺作单杪单下昂，倒凹形棺床。墓室北壁砌假门，西北壁绘夫妇对坐、一侍女，东北壁绘一妇人侍儿、二侍女，西壁绘伎乐、备酒，东壁绘侍女备寝，西南壁绘二侍女备宴，东南壁绘侍女备洗，栱眼壁绘八幅孝行图，铺作之上绘八幅升仙图，出土买地券上书"绍圣四年（1097）"的字样[3]。又如禹州白沙M1为前后室砖室墓，前室为方形，后室为六边形，墓室直径约1.95米，后室六根倚柱环绕墓室壁面，倚柱上砌柱头铺作一朵，五铺作单杪单下昂，倒凹形棺床。后室北壁为"妇人启门"，西北壁窗侧绘猫、矮几、瓶罐、熨斗、剪刀，东北壁窗侧绘灯檠，西南壁绘侍洗，东南壁绘进奉；过道西壁窗下绘瓶、剪刀等，东壁窗下绘粮罐、粮袋；前室西壁绘夫妇对坐，东壁绘乐舞，南壁两侧均绘备侍；甬道西壁绘数人与马、东壁绘数人；据出土砖券知墓葬年代为元符二年（1099）[4]。再如新密平陌墓为八边形砖室墓，墓室直径2.36米，八根仿木倚柱环绕墓室壁面，

---

[1] 李清泉：《"一堂家庆"的新意象——宋金时期的墓主夫妇像与唐宋墓葬风气之变》，《美术学报》2013年第2期。

[2] 南阳市文物研究所、邓州市文化馆：《河南省邓州市北宋赵荣壁画墓》，《中原文物》1997年第4期。

[3] 郑州市文物考古研究所：《郑州宋金壁画墓》，科学出版社2005年版，第88—116页。

[4] 宿白：《白沙宋墓》，生活·读书·新知三联书店2017年版，第25—84页。

倚柱上砌柱头铺作一朵，四铺作单杪，倒凹形棺床。墓室北壁砌假门，西北壁绘妇人书写、一侍女、桌子、屏风，东北壁绘梳妆，西壁绘夫妇对坐、二侍者，东壁绘四人备宴，西南壁绘妇女梳妆，东南壁绘妇女读书、一侍女，栱眼壁绘八幅花卉图，铺作以上绘八幅孝行图及升仙图，出土买地券书有"大观二年（1108）"字样①。上述纪年墓的基本情况见图13、表18。

1. 登封黑山沟墓（《郑州宋金壁画墓》，第92—95页） 2. 新密平陌墓（《郑州宋金壁画墓》，第43页）

图13 豫中南地区北宋晚期墓例

① 郑州市文物考古研究所：《郑州宋金壁画墓》，科学出版社2005年版，第41—54页。

表 18　　　　　　　豫中南地区北宋晚期纪年砖室墓例的基本情况

墓例和年代	墓室平面和直径（单位：米）	备注
邓州赵荣墓（1086）	六边形，2.16	四铺作。未绘墓主像，砖雕占墓室壁面比重大，壁面题材为"假门+家具"
登封黑山沟墓（1097）	八边形，2.45	五铺作。绘墓主像，壁画占墓室壁面比重大，拱眼壁与铺作之上均绘制壁画，壁面题材为"假门+家具"
禹县白沙 M1（1099）	前室方形，后室六边形，后室约1.95	前后双室，前室四铺作、后室五铺作，有补间铺作。绘墓主像，壁画占墓室壁面比重大，壁面题材为"假门+家具"
新密平陌墓（1108）	八边形，2.36	四铺作。绘墓主像，壁画占墓室壁面比重大，拱眼壁与铺作之上均绘制壁画，壁面题材为"假门+家具"

　　北宋晚期的豫中南地区墓葬平民砖室墓存在较多的一致性。其一，墓室规模相对较小，平面主要为六边形和八边形，方形和圆形墓葬较为少见。其二，墓室内有丰富的砖雕和壁画等装饰，壁画占墓室壁面的比重越来越大，甚至取代了部分砖雕题材，壁面的彩绘更加繁缛，使得墓室内部变得极其华丽。其三，墓室壁面装饰题材种类日趋多样，但其与北宋早、中期的砖雕所表现的题材有明显承继关系，在砖雕假门、家具的基础之上，多以壁画的形式表现出人物、动物、器物、花卉、云气等素材和背景细节，其本质上仍为"假门+家具"的壁面组合。作为壁面装饰的核心内容，一桌二椅砖雕题材也发生了变化，椅上逐渐开始绘制出墓主夫妇的形象。其四，墓室内部的仿木斗栱变得更加复杂，较少出现比较简单的把头绞项造，而多为四铺作、五铺作的做法，有些墓葬内壁出现了补间铺作。这种复杂的仿木结构也和绚丽的壁面布局相照应，共同把墓室表现为一个华美的居室。

　　北宋晚期的平民砖室墓还出现了另一种形式（②类），与前述多边形砖室墓（①类）不同，其壁面布局也有差异。如洛阳宜阳西赵村墓为方形砖室墓，墓室内有斗栱，壁面装饰包括"格子门、妇人启门、夫妇宴饮"等，墓葬的年代为宣和二年（1120）[1]。该材料具体布局状况与洛阳

---

[1] 朱世伟、徐婵菲主编：《砖画青史：洛阳古代艺术博物馆藏宋金雕砖》，河南美术出版社2007年版，第163页；王炬：《宜阳县西赵村宋代壁画墓》，载中国考古学会编《中国考古学年鉴2017》，中国社会科学出版社2018年版，第340—341页。

新安古村墓、洛阳新安宋村墓[①]较为相似，详见图 14、表 19。

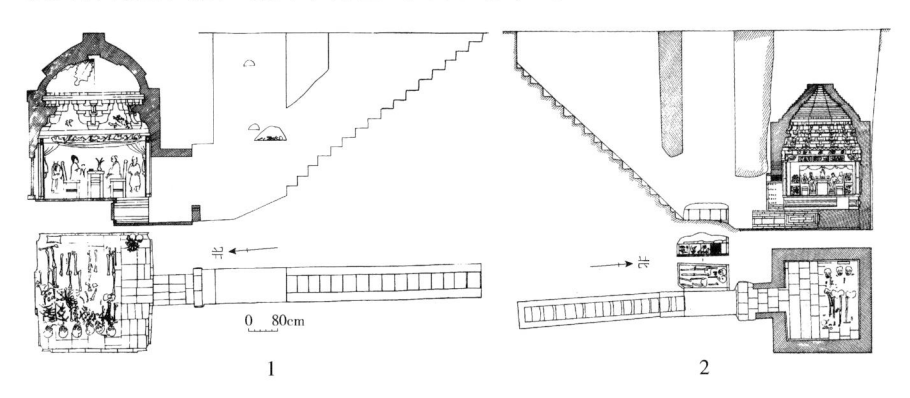

1. 洛阳新安古村墓（《华夏考古》1992 年第 2 期）
2. 洛阳新安宋村墓（《考古与文物》1998 年第 3 期）

图 14　豫中南地区北宋晚期方形砖室墓例

表 19　　　　　　豫中南地区北宋晚期方形砖室墓例的基本情况

墓例	墓室平面	北壁	西壁	东壁	南壁	备注
洛阳新安古村墓	方形	"妇人启门"，二窗	格子门	夫妇对坐	券门两侧有窗	四铺作单杪
洛阳新安宋村墓	方形，天井西壁长方形侧室	格子门	夫妇对坐	假门，两侧格子门	券门两侧有门吏、格子门	五铺作单杪单下昂
洛阳宜阳西赵堡村墓（1120）	方形	"妇人启门"，两侧格子门	假门，两侧格子门	假门，两侧格子门	券门一侧有夫妇对坐	四铺作单杪

这些墓的墓室平面均为方形，北壁为假门，侧壁为格子门或夫妇对坐题材，墓室内部仿木结构复杂，壁画占据墓室的比重较大。目前看来，这类砖室墓数量不多，主要出现于洛阳地区，仿木结构、壁画比重等特征均与同时期的多边形砖室墓相似，而其壁面布局情况有较大差异。这种方形砖室墓承接了北宋早、中期的墓葬平面形制，也是最早出现侧壁假门题材的墓葬，其形制特征可能延续至金代，假门与夫妇对坐题材所在的壁面常

---

① 洛阳市文物工作队：《河南新安县古村北宋壁画墓》，《华夏考古》1992 年第 2 期；洛阳市文物工作队：《河南新安县宋村北宋雕砖壁画墓》，《考古与文物》1998 年第 3 期。

东西相对，比较值得关注。

豫中南地区平民砖室墓的装饰题材和艺术水平在北宋晚期基本达到了最高峰，这一时期的墓葬平面和壁面布局也逐渐吸收邻近地区文化因素，而开始产生了新的变化。以北宋末期的洛阳新安石寺李村 M1 为例，其为八边形砖室墓，墓室边长 1.12—1.24 米，八根仿木倚柱环绕墓室壁面，倚柱上砌柱头铺作一朵，六铺作双杪单下昂，有补间铺作。墓室北壁绘夫妇对坐，西北壁窗下绘交租图，东北壁窗下绘备宴图，西壁砌格子门，东壁砌格子门，西南壁窗下绘假山、牡丹，东南壁窗下绘五男子，甬道两侧各砌二孝子雕砖，墓门顶部铭砖上书"宣和八年（1126）"字样①（图15）。北宋末期，平民砖室墓的壁面布局有了显著调整，即东西侧壁均构筑假门，假门代替家具等题材而占据了壁面的核心位置，壁面开始呈现轴对称的整体布局。结合整体的情况来看，这种现象应该是下一时期墓葬的先声，可能在一定程度上吸收了山西地区的墓葬文化因素。

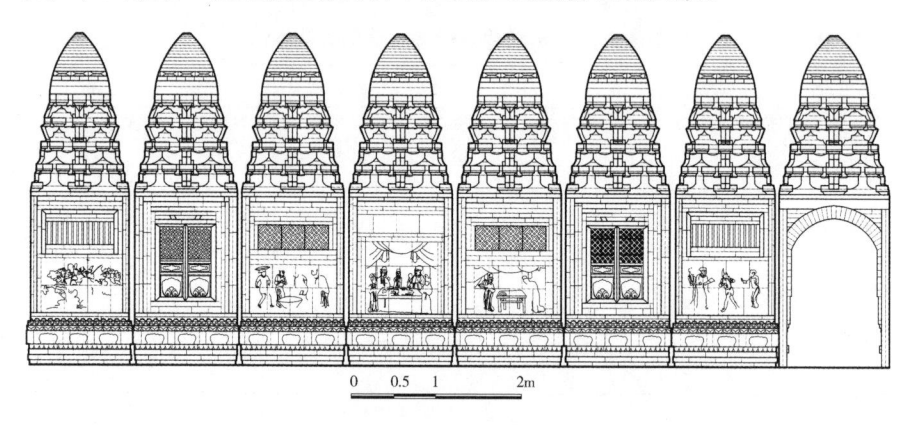

（《故宫博物院院刊》2016 年第 1 期）

图 15　洛阳新安石寺李村 M1

北宋末期至金代早期，豫中南地区政局动荡不安、社会局势混乱、百姓流离失所，区域内遭受到巨大打击，目前未发现带有明确纪年的平民砖室墓，直至金代中期，本区经济才逐渐恢复，砖室墓的数量有所增加，可

---

① 北京大学考古文博学院、洛阳古代艺术博物馆：《新安县石寺李村北宋宋四郎砖雕壁画墓测绘简报》，《故宫博物院院刊》2016 年第 1 期。

以依照墓室平面的差异将其时代划分为前后两段。前段的砖室墓承袭了北宋末期洛阳新安石寺李村 M1 的一些墓葬特点，以三门峡崤山西路 M1 为例，该墓为八边形砖室墓，墓室直径约 2.39 米，八根仿木倚柱环绕墓室壁面，倚柱上砌柱头铺作一朵，四铺作单杪，倒凹形棺床。墓室北壁壁龛两侧各绘一侍童，西北壁、东北壁、西壁、东壁、西南壁、东南壁均砌壁龛，棺床上砌供台有"大定七年（1167）"字样①。与该墓平面相近的墓例包括洛阳嵩县北元村墓、洛阳洛龙区关林庙墓、禹州坡街墓、洛阳涧西七里河墓、洛阳道北墓、洛阳涧西区王湾村墓、洛阳涧西 M15、禹州电厂 M121 等②，这批非纪年墓葬的壁面布局特征类似，且符合豫中南地区墓葬演变的整体脉络，应该都属于北宋末期至金代中期前段的墓葬，前述墓例见图 16、表 20。

表 20　　豫中南地区北宋末期至金代中期前段典型墓例的壁面布局

墓例	墓室平面	北壁	西北壁；东北壁	西壁；东壁	西南壁；东南壁	备注
洛阳新安石寺李村 M1（1126）	八边形	夫妇对坐	窗下绘交租图；窗下绘备宴图	格子门；格子门	窗下绘假山、牡丹；窗下绘五男子	甬道两侧各砌二孝行雕砖
三门峡崤山西路 M1（1167）	八边形	壁龛、两侧各绘一侍童	壁龛；壁龛	壁龛；壁龛	壁龛；壁龛	僧人合葬墓
洛阳嵩县北元村墓	八边形	版门、左右门扇下各单桌椅、单墓主	窗；窗	版门；版门	窗；窗	拱眼壁分上下层绘十五幅孝行图

---

① 三门峡市文物工作队：《三门峡市崤山西路发现三座古墓》，《华夏考古》1993 年第 4 期。
② 洛阳市第二文物工作队：《嵩县北元村宋代壁画墓》，《中原文物》1987 年第 3 期；洛阳市文物工作队：《洛阳洛龙区关林庙宋代砖雕墓发掘简报》，《文物》2011 年第 8 期；河南省文物研究所、禹州市文管会：《禹州市坡街宋壁画墓清理简报》，《中原文物》1990 年第 4 期；北京大学中国考古学研究中心、北京大学考古文博学院、洛阳古代艺术博物馆：《洛阳涧西七里河仿木构砖室墓测绘简报》，《考古与文物》2015 年第 1 期；洛阳市第二文物工作队：《洛阳道北金代砖雕墓》，《文物》2002 年第 9 期；洛阳市文物考古研究院：《洛阳市涧西区王湾村南金代砖雕墓发掘简报》，《洛阳考古》2017 年第 2 期；洛阳博物馆：《洛阳涧西三座宋代仿木构砖室墓》，《文物》1983 年第 8 期；曹桂岑、王龙正：《禹州龙岗电厂汉唐宋墓》，载中国考古学会编《中国考古学年鉴 1997》，文物出版社 1999 年版，第 178—179 页。

续表

墓例	墓室平面	北壁	西北壁；东北壁	西壁；东壁	西南壁；东南壁	备注
洛阳洛龙区关林庙墓	八边形	格子门	杂剧；散乐、备宴	"妇人启门"；版门	窗；窗	阑额饰孝行雕砖23幅
禹州坡街墓	八边形	格子门、两侧二侍女	格子门、两侧二侍女；格子门、两侧二狮子	窗；窗	绘庭院备马、绘桌、屏风、二侍女	
洛阳涧西七里河墓	八边形	格子门	格子门；格子门	格子门；格子门	格子门；格子门	
洛阳道北墓	八边形	版门	格子门；格子门	格子门；格子门	窗；窗	
洛阳涧西区王湾村墓	八边形	格子门	格子门；格子门	版门；版门	窗；窗	
洛阳涧西M15	八边形	格子门	版门；版门	格子门；格子门	窗；窗	
禹州电厂M121	前后室。前室方形，后室六边形	后室北壁妇人启门，西北壁假门，东北壁假门，西南壁和东南壁分别为备侍和戏曲雕砖；前室西壁、东壁为砖雕假门					

在表20所列北宋末期至金代中期前段的墓葬中，洛阳新安石寺李村M1在墓室北壁采用夫妇对坐题材的做法，在本区相对较少，可以体现出北宋末期墓葬文化交流过程中装饰题材的探索与尝试，洛阳嵩县北元村墓的基本布局与这座墓也很相似；三门峡崤山西路M1为僧人合葬墓，因此该墓周壁砌出壁龛，与其他墓葬有所区别。除此之外，表20所列砖室墓的主要特征比较一致。其一，墓葬平面均为多边形，八边形占据此时期的主流，与北宋晚期有直接的承继关系。其二，墓室壁面题材出现了"假门＋假门"的新面貌，侧壁的家具题材比重降低乃至逐渐消失，与前述北宋时期墓葬截然不同，墓室内部的装饰格局由表现居室转为表现院落。其三，以墓葬南北壁为中轴线，墓室壁面呈现出轴对称的样式，东西两侧的壁面格局和题材基本相一致，这也和侧壁假门、假窗的出现有关。其四，墓室装饰形式以砖雕为主，砖雕占墓室壁面的比重愈来愈大，壁画的比重

南壁　西壁　北壁　东壁　0　1m

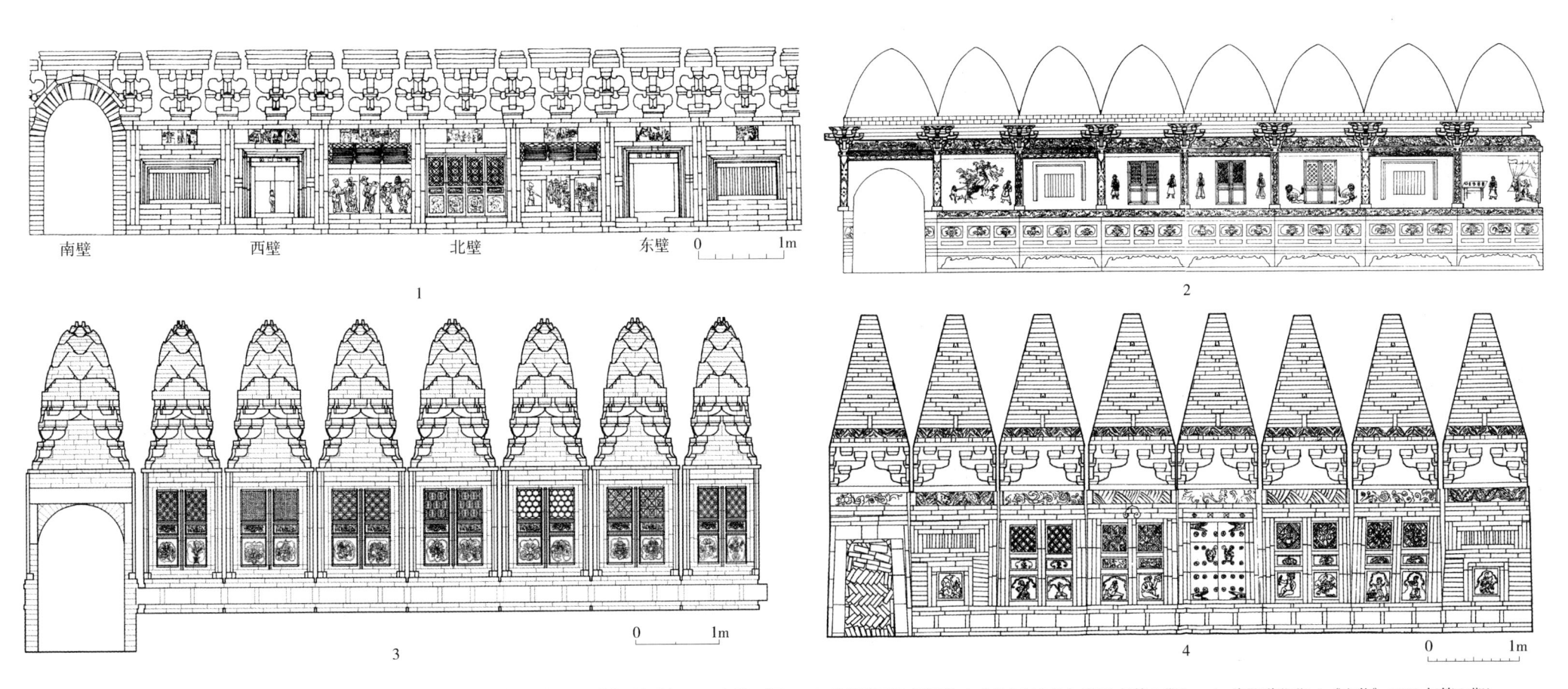

1. 洛阳洛龙区关林庙墓（《文物》2011年第8期）　2. 许昌禹州坡街墓（《中原文物》1990年第4期）　3. 洛阳涧西七里河墓（《考古与文物》2015年第1期）　4. 洛阳道北墓（《文物》2002年第9期）

图16　豫中南地区北宋末期至金代中期前段墓例

相对降低。

金代中期后段，豫中南地区砖室墓的平面形制有了新的调整。如三门峡上阳路墓为方形砖室墓，边长1.98—2.53米，墓室四角有四根仿木倚柱，倚柱上砌柱头铺作一朵，四铺作单杪，倒凹形棺床，有补间铺作。墓室北壁砌格子门，西壁砌一门二窗，东壁砌一门二窗，南壁券门两侧各砌一窗，墓室拱顶发现刻有"大定二十八年（1188）"的墓砖[①]。又如洛阳宜阳墓为方形砖室墓，边长1.84—1.88米，墓室四角有四根仿木倚柱，倚柱上砌柱头铺作一朵，四铺作单杪，倒凹形棺床，有补间铺作。墓室北壁砌格子门、两侧各绘一侍者，西壁砌版门、窗，东壁砌版门、窗，南壁券门西侧绘二人竹下对饮、东侧绘二人对弈，甬道东侧有朱书"明昌五年（1194）"的题记[②]。再如三门峡技工学校M6为方形砖室墓，边长1.82—2.36米，墓室四角有四根仿木倚柱，倚柱上砌柱头铺作一朵，四铺作单杪，倒凹形棺床，有补间铺作。墓室北壁砌格子门，西壁砌一门二窗，东壁砌一门二窗，南壁券门两侧各砌一窗，出土绿釉瓷枕上墨书"泰和元年（1201）"字样[③]。与上述三座砖室墓特征相近的墓葬还包括洛阳偃师酒流沟水库墓、洛阳伊川墓、三门峡化工厂M49等[④]，应均属金代中期后段的墓例（图17、表21）。

表21　豫中南地区金代中期后段典型墓例的壁面布局

墓例	墓室结构	北壁	西壁	东壁	南壁
三门峡上阳路墓（1188）	方形，有补间铺作	格子门	一门二窗	一门二窗	券门两侧各一窗
洛阳宜阳墓（1194）	方形，有补间铺作	格子门两侧各一侍者	版门、窗	版门、窗	券门西侧二人对饮、东侧二人对弈

---

① 王光有、宁文阁：《三门峡上阳路金墓发掘简报》，载许海星、李书谦主编《三门峡文物考古与研究》，北京燕山出版社2003年版，第111—114页。

② 洛阳市第二文物工作队：《宜阳发现一座金代纪年壁画墓》，《中原文物》2008年第4期。

③ 史智民、贾永寿、宁文阁：《三门峡市技工学校三座金墓发掘简报》，载许海星、李书谦主编《三门峡文物考古与研究》，北京燕山出版社2003年版，第115—122页。

④ 董祥：《偃师县酒流沟水库宋墓》，《文物》1959年第9期；洛阳市第二文物工作队：《洛阳伊川雕砖墓发掘简报》，《文物》2005年第4期；三门峡市文物考古研究所：《河南三门峡市化工厂两座金代砖雕墓发掘简报》，《中原文物》2015年第4期。

续表

墓例	墓室结构	北壁	西壁	东壁	南壁
三门峡技工学校M6（1201）	方形，有补间铺作	格子门	一门二窗	一门二窗	券门两侧各一窗
洛阳偃师酒流沟水库墓	方形，有补间铺作	伎乐、备宴雕砖	一门二窗	一门二窗	券门
洛阳伊川墓	方形，有补间铺作	假门两侧各一侍者雕砖	格子门，壸门内有孝行图	格子门，壸门内有孝行图	券门两侧各一窗
三门峡化工厂M49	方形，有补间铺作	一门二窗	一门二窗	一门二窗	券门

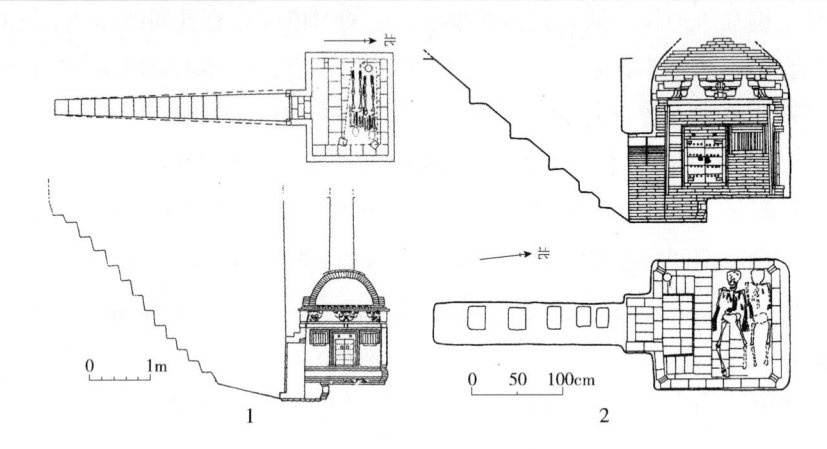

1. 三门峡上阳路墓（《三门峡文物考古与研究》，第112页）
2. 洛阳宜阳墓（《中原文物》2008年第4期）

图17　豫中南地区金代中期后段墓例

　　豫中南地区金代中期后段的砖室墓葬平面有所变化，多为方形墓室。墓葬壁面依然多为"假门+假门"的题材，将墓室表现为一个院落，东西壁布局为轴对称的样式。墓室以砖雕为主要装饰形式，常使用补间铺作的做法，仿木结构比较复杂。

　　金代晚期，豫中南地区砖室墓内的仿木斗栱逐渐趋于消失，壁面装饰的复杂程度也不如以前。如荥阳插阎村墓为八边形砖室墓，墓室内无仿木斗栱，各壁浮雕奔鹿和走狮，出土了泰和四年（1204）石棺[①]；义马狂口

---

① 河南省文物考古研究所、荥阳市文物保管所：《河南荥阳金墓发掘简报》，《华夏考古》1997年第3期。

村墓为方形砖室墓，墓室内斗栱为四铺作，北壁"妇人启门"，西壁砌五杂剧砖雕，东壁砌夫妇对坐、侍女砖雕，南壁墓门两侧各砌一窗、绘一孝行图，墓顶绘一周仙鹤，砖墓志书"大安元年（1209）"字样[1]；三门峡化工厂M18为方形砖室墓，墓室内无仿木斗栱，北壁砌格子门，西壁砌版门、窗，东壁砌版门、窗，墓壁上有"贞祐二年（1214）"字样[2]；义马新市区南郊墓为方形砖室墓，墓室内斗栱为把头绞项造，北壁版门两侧各砌二花卉砖雕，西壁砌四杂剧砖雕，东壁砌夫妇对坐砖雕，墓志上书"贞祐四年（1216）"[3]。这些墓例的仿木结构大多比较简单，或无斗栱，应该是这一时期砖室墓的重要特点。进入元代，豫中南地区仿木结构砖室墓的比重逐渐降低，土洞墓的数量和使用品级有所上升，应该可以和前述金代晚期的墓葬情况有所照应。

综合上述讨论，大致可以梳理出豫中南地区宋金平民砖室墓的时代特征和发展脉络。五代时期，豫中南地区的洛阳附近出现了使用大型仿木结构圆形砖室墓的做法，壁面布局为"假门+家具"组合，可能多被官员采用，应该受到了晚唐五代河北地区墓葬文化的影响。北宋早、中期的砖室墓特点比较一致，墓室壁面布局承袭了五代时期圆形砖室墓的"假门+家具"组合形式，而墓室多为弧方形、方形，且墓葬规模较小。北宋晚期，豫中南地区仿木结构砖室墓发展到了最高峰，墓室平面多为六边形、八边形，仿木斗栱结构复杂，壁画和砖雕绚丽华美，壁画所占装饰方式的比重较大，壁面装饰题材多样，本质上仍为"假门+家具"的组合；在这一时期，墓室平面为方形的平民墓葬依然存在于洛阳地区，其斗栱结构、装饰方式等均与同时段多边形砖室墓比较相似，而在侧壁开始出现假门题材。北宋末期至金代中期前段，八边形的墓室平面仍为区域砖室墓的主流，墓室壁面呈现出"假门+假门"的新题材面貌，侧壁假门占据壁面

---

[1] 三门峡市文物考古研究所：《河南义马狂口村金代砖雕壁画墓发掘简报》，《文物》2017年第6期。

[2] 三门峡市文物考古研究所：《河南三门峡市化工厂两座金代砖雕墓发掘简报》，《中原文物》2015年第4期。

[3] 三门峡市文物工作队、义马市文物管理委员会：《义马市金代砖雕墓发掘简报》，《华夏考古》1993年第4期。

的核心位置，整个墓室以南北壁为中轴线形成轴对称的壁面布局，墓葬装饰以砖雕为主。金代中期后段，砖室墓逐渐多采用方形的墓室平面，墓室常使用补间铺作的做法，壁面布局仍以砖雕为主，壁面整体布局和题材与金代中期前段差别不大。金代晚期，区域内砖室墓呈现衰退之势，仿木结构趋于简单或消失，多数墓葬壁面无斗栱。

（二）区域特征

豫中南地区是北宋与金代统治的核心地区，是重要的政治和文化中心，墓葬文化的区域特征明显，并对其他区域产生了重要影响。本区是宋金墓葬材料公布数量较多的地区，墓葬类型多样，壁饰也比较复杂，内部各小区的特点相对显著而易于讨论。此外，本区石棺的发现数量比较集中，也可以进行一定程度的研究。

1. 各小区砖室墓特征存在差异

根据地理分区，区域内可以分为豫西、豫中、豫南和豫东地区。就砖室墓而言，豫西地区以三门峡、洛阳为中心，豫中地区以郑州为中心，豫南地区以南阳为中心。由于豫东地区的墓葬材料相对较少，暂不予以讨论。

豫西地区砖室墓在保持豫中南地区墓葬传统的基础上，逐渐融合了山西地区墓葬文化因素。该区域位于豫西山地，与山西地区毗邻且交流密切，墓葬特征受到的影响较大，这种影响在宋金之交表现得尤为显著。在洛阳地区，北宋早、中期的平民砖室墓发现较少，北宋晚期出现了平面为方形的砖室墓（②类），墓室壁面装饰以壁画为主，侧壁出现了假门和夫妇对坐题材，这是侧壁假门题材在豫中南地区的最早墓例。这类墓葬目前仅发现于同时期的洛阳地区，区域性显著，可能和与山西地区的交流互动有较大关系，集中表现出本区墓室象征意义由居室向院落的转变趋势，变化的节点相当重要。在此之后，这一转变趋势愈加明显，集中体现于北宋末期的洛阳新安石寺李村 M1 和洛阳嵩县北元村墓之上，墓室侧壁的假门占据了核心位置，而夫妇对坐所表现的桌椅等家具题材则转移到了北壁。这种在墓室北壁安置家具题材的壁面布局形式仍是本区墓葬变革过程中不稳定性的产物，很快就于本区消失不见，但影响了金代晋中南地区的墓葬壁面布局。进入金代，洛阳地区墓室壁面主要呈现出"假门＋假门"的题材布局，表明这一布局形式逐渐得到稳定（表22）。这一时期，三门峡地区墓葬数量增多,且形成了自身特点,表现为方形墓室平面布局的采用,这也和邻近晋中南地区墓葬的文化因素一脉相承。总体来看,豫中南地区北宋至金代的墓葬表现形式和象征意义出现了较大的转变,这一转变的来源应为晋中南地区的墓葬。而位于山西地区和豫中南地区这两大墓葬文化中心之间的豫西地区则是转变的"桥头堡",墓葬平面形制和壁面布局等特征相对杂糅,其转变的趋势也相对略早于豫中南地区墓葬的总体发展情况。

表22　　洛阳地区宋金之际平民砖室墓象征意义的转变趋势

时段	发展趋势	墓例	备注
北宋晚期	方形平面,墓室侧壁分别为假门和夫妇对坐(家具)题材,壁画为主	洛阳宜阳西赵堡村墓、洛阳新安宋村墓	墓葬转型的早段,象征意义由居室向院落转变
北宋末期	八边形平面,墓室北壁为夫妇对坐(家具)题材,侧壁假门占据核心位置,砖雕为主	洛阳新安石寺李村M1、洛阳嵩县北元村墓	墓葬转型的晚段,象征意义由居室向院落转变
金代早、中期	八边形和方形平面,墓室侧壁假门占据核心位置,砖雕为主	洛阳洛龙区关林庙墓、洛阳偃师酒流沟水库墓	墓葬定型期,象征意义为院落

豫中地区宋代砖室墓的发展脉络较为清晰。该区域位于北宋东、西京的中间地带,地位比较特殊,北宋皇陵即位于本区,还有众多皇族成员和官员墓葬,这些应该都对平民墓葬特征的形成和演变产生了一定影响。在豫东地区北宋东京城附近墓葬发现较少的前提之下,对距离较近的豫中地区墓葬进行综合研究就显得格外重要。本区的郑州地区能够体现豫中南地区宋代砖室墓的整体演变脉络,而金代墓葬相对较少发现。北宋早、中期,郑州地区砖室墓数量较多,基本代表了豫中南地区墓葬的整体特征,即方形墓室采用"假门+家具"题材的壁面布局,砖雕的装饰比重较大。进入北宋晚期,郑州地区砖室墓呈现繁荣之势,多采用多边形的墓室平面,以壁画和砖雕装饰出华丽的墓室。值得提及的是,本区壁画常为分层布局的形式,在墓室下方各壁面、仿木斗栱的拱眼壁处、斗栱与垂花饰之间、垂花饰以上常遍布绚丽的壁画,壁画的题材种类繁多,包括夫妇对坐、梳妆、备洗、备宴、伎乐、侍儿等,这些题材都是家居生活的展现。金代之后,郑州地区砖室墓逐渐

走向衰退。

豫南地区宋代砖室墓最显著的特点是其墓室平面多为六边形（图18）。这一墓葬特点以南阳、驻马店为中心，其影响范围可达郑州、平顶山、许昌等地市的南部区域，典型墓葬如南阳南召鸭河口水库墓、驻马店泌阳M1、登封唐庄M2、平顶山郏县仝楼村M1、禹州白沙M2等①。本区域宋代砖室墓的墓葬壁面相对简单，壁画所占比重一般较小，砖雕常作家具题材。进入金代后，砖室墓的发现数量相对少，墓室平面多为八边形，壁面布局也向"假门+假门"的形式转变。

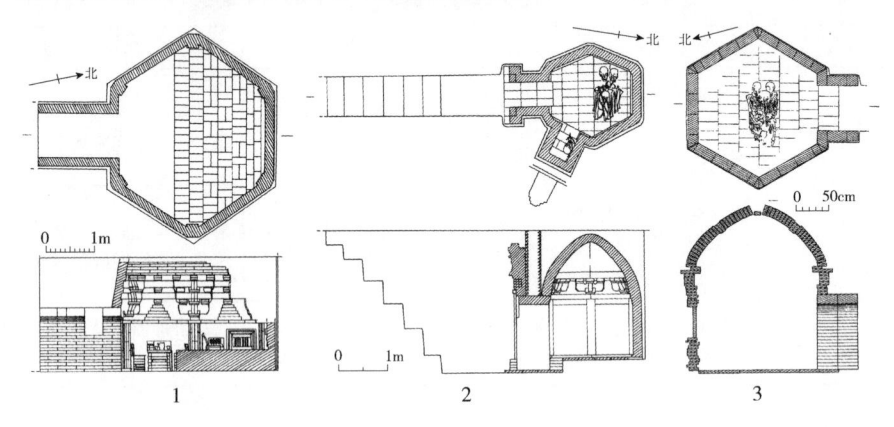

1. 驻马店泌阳M1（《华夏考古》2005年第2期） 2. 登封唐庄M2（《文物》2012年第9期） 3. 平顶山郏县仝楼村M1（《华夏考古》1999年第4期）

图18 豫南地区墓例

综上所述，在豫中南地区宋金墓葬整体演变逻辑相对统一的基础之上，豫西、豫东、豫中各小区之间的砖室墓特征存在较大差异。

2. 部分平民使用石棺

宋金时期，由于朝廷对平民的墓葬装饰没有进行过多的约束，部分平民使用了石棺作为葬具。根据现有材料，豫中南地区的石棺数量相对多且

---

① 杨有申、李保胜：《河南南召鸭河口水库清理宋墓一座》，《文物》1959年第6期；驻马店市文物考古管理所：《河南泌阳县宋墓发掘简报》，《华夏考古》2005年第2期；郑州市文物考古研究院、登封市文物局：《河南登封唐庄宋代壁画墓发掘简报》，《文物》2012年第9期；河南省文物考古研究所：《河南郏县仝楼村三座宋墓发掘简报》，《华夏考古》1999年第4期；宿白：《白沙宋墓》，生活·读书·新知三联书店2017年版，第85—103页。

比较集中，可以稍加总结以概述平民石棺墓的发展情况。

本区的石棺墓大多出现于北宋哲宗以后，徽宗时期进入了高峰期，金代发现较少。较为典型的例子如荥阳槐西村石棺、洛阳张君石棺、洛阳洛宁大宋村乐重进石棺、洛阳宜阳石棺、巩义鲁庄镇石棺、洛阳王十三秀才石棺、巩义西村石棺、荥阳插阎村石棺等[1]，其中大多数有明确纪年，将其基本情况简要列为下表（表23）。

表23　　豫中南地区北宋晚期至金代典型石棺的基本情况

石棺及年代	尺寸（单位：米）	前挡	后挡	两侧	备注
荥阳槐西村石棺（1096）	长1.93、宽1.02、高0.62—0.93	一门二窗式门楼，两侧有阶梯	二鹿二虎	左侧为墓主人夫妇并坐、杂剧、备侍、庖厨，右侧为送葬、院落	砖室墓。棺盖竖镌题刻，棺楯浮雕庑殿顶。石棺周围刻栏杆
洛阳张君石棺（1106）	长2.2、宽0.85—1.1、高1.04—1.3	"妇人启门"，两侧各一窗、二侍。上方刻墓主人夫妇、持幡者、二侍女，下有云气	4幅孝行图	左右两侧均为10幅孝行图	棺盖镌刻墓志铭，棺楯阴刻花盆、牡丹。石棺下部浮雕仰覆莲，四隅各一托棺力士
洛阳洛宁大宋村乐重进石棺（1117）	长2.25、宽0.83—0.95、高0.61—0.7	一门二窗，墓主人正中端坐，乐伎表演。两侧各一屏风，侍女分别备茶、备酒	"妇人启门"，其上2幅孝行图	左右两侧均为10幅孝行图	棺盖刻鹿、狮子、凤鸟，棺楯刻三飞天
洛阳宜阳石棺	长1.79、宽0.7—0.9、高0.29—0.35	墓主人夫妇对坐，两侧各二侍者	一门二窗，三男子肩扛重物进门	左右两侧均为5幅孝行图	土洞墓。棺盖刻缠枝牡丹

---

[1] 吕品：《河南荥阳北宋石棺线画考》，《中原文物》1983年第4期；黄明兰、宫大中：《洛阳北宋张君墓画像石棺》，《文物》1984年第7期；李献奇、王丽玲：《河南洛宁北宋乐重进画像石棺》，《文物》1993年第5期；洛阳市第二文物工作队、宜阳县文物管理委员会：《河南宜阳北宋画像石棺》，《文物》1996年第8期；赵向青、李靖宇：《巩义鲁庄镇发现一北宋纪年石棺墓》，《中国文物报》1997年11月16日第1版；杨大年：《宋画象石棺》，《文物参考资料》1958年第7期；黄明兰：《洛阳出土北宋画像石棺》，《考古与文物》1983年第5期；巩县文物管理所、郑州市文物工作队：《巩县西村宋代石棺墓清理简报》，《中原文物》1988年第1期；河南省文物考古研究所、荥阳市文物保管所：《河南荥阳金墓发掘简报》，《华夏考古》1997年第3期。

续表

石棺及年代	尺寸（单位：米）	前挡	后挡	两侧	备注
巩义鲁庄镇石棺（1122）	长2.3、宽0.82—1.14、高0.78—0.82	不详	不详	不详	土洞墓
洛阳王十三秀才石棺（1123）	长2.35、宽0.83—1、高0.75—0.91	一门二窗，两侧刻童男女、狮子，上部刻二飞天	2幅孝行图	左侧为7幅孝行图，右侧为6幅孝行图	棺盖竖镌题刻
巩义西村石棺（1125）	长2.13、宽0.7—0.85、高0.85—0.9	一门二窗，"妇人启门"	镌题刻	左右两侧均为12幅孝行图	土洞墓。棺盖刻宝相花
荥阳插阎村石棺（1204）	长1.65、宽0.6—0.7、高0.27—0.33	"妇人启门"	无	左右两侧均为4幅孝行图	砖室墓。棺椁正面刻牡丹、二鹿，盖顶阴刻花草纹。石棺四隅各一托棺力士，棺床正面浮雕兽头

这一时期的石棺多位于郑州、洛阳地区，其长度超过1.7米，宽度超过0.6米，体量相对较大。依照尺寸来看，石棺内足以容纳两具或更多完整尸骨。砖室墓和土洞墓中都出土过石棺，说明石棺与所属墓葬形制的关系不大。石棺表面常雕刻墓主人、伎乐和孝行等图像，制作精美，表明其使用人群主要应为有一定财力的平民。

值得注意的是，石棺的前后挡多雕刻出假门图像，似将石棺各壁视为一个空间。石棺和砖室墓均是逝者的容身之所，其壁面布局情况和脉络有一定的相似性。可以把石棺为载体的空间和砖室墓内部相类比，来观察雕刻题材在各壁面上的转变。北宋哲宗年间的石棺仅荥阳槐西村石棺一例，其壁面雕刻布局比较特殊，墓主题材位于石棺左侧，两侧还包括伎乐、送葬等题材；徽宗年间的石棺则发生了短暂的改变，墓主题材转至前挡，两侧出现了孝行图，以洛阳张君石棺、洛阳洛宁大宋村乐重进石棺、洛阳宜阳石棺等最为典型；其后，石棺前挡的墓主题材消失，左右两侧仍为孝行题材且愈加稳定，直至金代依旧没有变化。

石棺除了较为集中于北宋徽宗年间以外，北宋哲宗和金代分别只有一例，仍需更多的考古发现加以支持。金代石棺较多发现于山西地区，这也是砖室墓发展的整体趋势所致。此外，石棺的制造和运输成本均决定了其使用人群应多为有一定财力的平民，并非常人经济实力所能及。可以推测，一般平民应该有使用木棺的做法，木棺上的题刻、图像等可能与石棺壁面比较类似。石棺、木棺和砖室墓的壁面上相似题材和布局的变化，不仅指明了其发展趋势和特点，也提供了多角度研究墓葬空间和壁画题材的可能性，更加值得重视。

在豫中南地区，石棺在北宋哲宗以后发展并于徽宗年间达到顶峰，其被大量使用的过程有其渊源。北宋早期，尺寸相对较小的石棺已出现在郑州地区，这类石棺尺寸难以容纳完整的逝者躯体，应为火葬后贮存骨殖之用，蕴含了较多的佛教因素。例如建于开宝九年（976）的郑州开元寺塔基地宫石棺的棺座上铭刻了修塔施主和僧人姓名、施舍物品、各种舍利等，石棺下雕须弥座，有壸门、伎乐人物、四隅各二力士，应为世俗社会的施主为佛门荼毗事仪所造①；同样建于开宝九年的郑州市博物馆略小石棺公布资料较少，其须弥座与前所述石棺的样式较为近似②；时代应为北宋早期的洛阳经三路石棺也雕刻出须弥座，棺身雕刻莲花、莲瓣纹③。根据以上发现，豫中南地区宋代石棺的早期使用人群可能多为僧人。

除了北宋早期，这类尺寸较小的石棺在宋金之际也有发现，例如三门峡崤山西路 M2 推测为僧人合葬墓，出土两具石棺、五个陶罐和一具木棺，均放置尸骨或骨殖，其中四具尸骨为火葬④。可将前述这些尺寸较小的石棺列表如下（表24）。

表24　　　　　豫中南地区宋金尺寸较小石棺的基本情况

石棺及年代	尺寸（单位：米）	前挡	后挡	两侧	备注
郑州开元寺塔基地宫石棺（976）	长 1.05、宽 0.37—0.5、高 0.4—0.53	假门两侧各浮雕一力士	假门	左右两侧均为五弟子送葬和一狮子	塔基地宫。棺盖镌题刻，缠枝牡丹花纹。石棺下雕须弥座，有壸门、伎乐人物、四隅各二力士

① 郑州市博物馆：《郑州开元寺宋代塔基清理简报》，《中原文物》1983年第1期。
② 宫大中：《洛都美术史迹》，湖北美术出版社1991年版，第604页。
③ 洛阳市文物考古研究院：《洛阳经三路宋代石棺墓发掘简报》，《洛阳考古》2013年第2期。
④ 三门峡市文物工作队：《三门峡市崤山西路发现三座古墓》，《华夏考古》1993年第4期。

续表

石棺及年代	尺寸（单位：米）	前挡	后挡	两侧	备注
郑州市博物馆略小石棺（976）	不详	不详	不详	人物故事，具体不详	棺盖镌墓志铭。石棺下雕须弥座，有壸门、伎乐人物、神兽、四隅各一力士
洛阳经三路石棺	长0.53、宽0.36、高0.42	一门二窗	一门二窗	左右两侧均为菱形、莲花、莲瓣纹	砖室墓。棺盖为莲花、莲瓣纹。石棺下雕须弥座
三门峡崤山西路M2石棺1	长0.41、宽0.3、高0.28	罗汉、莲花纹	不详	左侧不详，右侧为罗汉、莲花纹	僧人石棺
三门峡崤山西路M2石棺2	长0.41、宽0.21—0.23、高不详	莲花纹	莲花纹	左右两侧均为莲花纹	僧人石棺。棺盖为莲花纹

总之，北宋早期石棺多为僧人所用，尺寸较小，蕴含丰富的佛教因素。随着佛教不断趋于世俗化和平民化，其影响也深入到了丧葬领域，以石棺为葬具的做法逐渐被豫中南地区部分平民所认可和采用，直至北宋晚期迎来发展的顶峰，至金代仍有延续。这些有财力的平民一般不使用火葬的形式，而是将完整的躯骨葬入棺中，因此石棺的尺寸也增大，所雕刻的墓主、孝行等题材也更加贴近世俗生活，寄托了对逝者的哀思。

（三）小结

总体来看，豫中南地区位于北宋和金代统治的核心区域，宋金墓葬形制布局的变化速率最快，官员墓与平民砖室墓共存，其内部也形成了几个特征差异比较明显的小区，墓葬的整体情况比较复杂。但由于本区官员墓葬的等级制度和发展规律性可以结合文献进行探讨，且平民纪年墓数量较多、既往研究基础较好，便于研究者区分并梳理出各类人群、各个小区墓葬发展的情况和特点。就各个小区而言，豫西地区宋金砖室墓在保持豫中南地区墓葬传统的基础上，逐渐融合了山西地区墓葬文化因素；豫中地区宋代砖室墓的发展脉络较为清晰，北宋晚期壁画常为分层布局的形式；豫南地区宋代砖室墓最显著的特点是其墓室平面多为六边形。

尽管各小区内部自有其特点，但豫中南地区宋金墓葬的整体发展脉络比较一致，集中体现在有一定财力的平民砖室墓之上，大概可以分为三个发展阶段。五代至北宋中期为第一阶段，这一时期砖室墓逐渐出现在平民阶层中，墓室的壁面题材为比较纯粹的"假门+家具"组合，墓葬空间与地上居室较为相似；而墓葬平面则多为方形、弧方形，延续了唐代砖室墓的形制。北宋晚期为第二阶段，这一时期的砖室墓有两种模式，即墓室平面为多边形、壁面题材为"假门+家具"的模式（①类）和墓室平面为方形、侧壁出现假门的模式（②类），应该处于墓葬象征意义由居室发展为院落的中间环节，也达到了本区墓葬壁面装饰的高峰；北宋末期至金代为第三阶段，墓葬平面形制由八边形向方形演变，壁面布局题材则为稳定的"假门+假门"组合，使得墓葬作为院落的象征意义得到最终确定，金代晚期平民砖室墓出现了整体衰落的情况。上述趋势在各时段中的变化见表25。

表25 豫中南地区宋金平民砖室墓平面形制和壁面布局、题材的变化趋势

时段	墓葬平面形制	壁面题材
五代（官员墓葬）	圆形	"假门+家具"
北宋早、中期	方形、弧方形	
北宋晚期	①类：六边形、八边形；②类：方形	①类："假门+家具"；②类：侧壁假门出现
北宋末期至金代中期前段	八边形	"假门+假门"
金代中期后段	方形	
金代晚期	较为复杂	趋于消失

三 薪尽火传：晋中南地区宋金砖室墓

晋中南地区指今山西省境内长城以南的地区，地处黄土高原东翼，地势较高，被太行山、吕梁山、中条山包围，自然地理上属于相对封闭的地区。区域内北部主体为太原盆地、西南部为汾河下游谷地、东南部为周山环绕的盆地地形，整体东北高西南低，起伏异常显著，也形成了不同的地理分区。本区公布的宋金墓葬分布于长治、晋城、临汾、运城、太原、阳泉、晋中、忻州、吕梁等地市的范围内。

北宋时期，晋中南地区和辽境接壤，与辽朝控制的幽云地区持续对峙，至澶渊之盟后得以维持和平。北宋宣和七年（1125），金兵从山西北

部南下,"自西京入太原"①,本区虽遭受到战争的冲击,但不是宋金交战、金兵掳掠的重点区域,晋南、晋东南地区战乱较少,保持了相对安定的局面。进入金代,尤其是海陵王迁都燕京之后,本区经济和社会持续稳定发展。金贞祐二年(1214),蒙古军队南下中原,金宣宗被迫迁都南京,本区局势开始动荡。正大七年(1230),蒙古窝阔台汗再次伐金,攻下河中府,晋中南地区基本被大蒙古国控制。

晋中南地区的宋金墓葬材料相对较为丰富,且多为带有复杂壁饰的仿木结构雕砖壁画墓,墓葬内蕴含的信息较多,得到了考古学和美术史领域的学者相当多的关注。本区发现了数量较多的纪年墓葬材料,可以通过排比来研究这一时期墓葬的整体情况。但需要注意的是,晋中南地区地理环境封闭,外来文化因素的影响相对较弱,在宋金政权交替之际也未受到大的侵扰,文化面貌得以长时间延续。这一情况与其他地区都不太相同,也导致了本区墓葬的区域特征比较显著、容易分区,阶段特征变化较小、不易分期。因此,尽管关于晋中南地区墓葬时空框架的研究数量较多,不少学位论文也将本区作为讨论重点,但研究总体呈现出两种态势:其一,针对墓葬平面形制和壁面布局的分期研究相对较难进行,比较值得注意的是俞莉娜通过仿木构建筑史料的排比而得出的分期结论②;其二,针对墓葬区域性特征的研究成果较多,如刘耀辉、秦大树、郝军军等人的研究③。此外,许多考古学和美术史学者以晋中南地区宋金墓葬的随葬器物、壁面装饰、建筑艺术、丧葬习俗为研究对象进行具体问题的探讨,取得了诸多成果④,此处不再赘述。

根据区域地形和墓葬特点的差异,可将晋中南地区的宋金砖室墓分为三个小区,即以太原、吕梁为中心的晋中地区,以运城、临汾为中心的晋

---

① (元)脱脱等:《金史》卷3《本纪第三》,中华书局1975年标点本,第53页。

② 俞莉娜:《宋金时期墓葬仿木构建筑史料研究——以河南中北部、山西南部地区为例》,硕士学位论文,北京大学,2015年,第82—163页。

③ 刘耀辉:《晋南地区宋金墓葬研究》,硕士学位论文,北京大学,2002年,第7—11页;秦大树:《宋元明考古》,文物出版社2004年版,第143—145、214—220页;郝军军:《金代墓葬的区域性及相关问题研究》,博士学位论文,吉林大学,2016年,第214—318页。

④ 秦大树、钟燕娣:《宋元时期山西地区墓葬的发现和研究》,载上海博物馆编《壁上观——细读山西古代壁画》,北京大学出版社2017年版,第170—225页。

南地区和以长治为中心的晋东南地区。笔者将结合典型纪年墓葬和其他材料，对晋中南地区宋金墓葬的区域和时代特点进行整体研究。

（一）时代特征

晋中南地区暂时没有发现北宋早期的纪年砖室墓例。北宋中期左右，本区砖室墓大量出现。目前所发现最早的纪年墓是位于晋南地区的运城夏县上牛墓，呈刀把长方形，长3.12、宽1.75米，北壁四铺作单杪、其余壁面把头绞项造。墓室北壁三开间、砌假门，西壁三开间、砌一门二窗，东壁三开间、砌一门二窗，南壁墓门西侧绘竹画，墓门东侧有"嘉祐元年（1056）"的题记[1]。位于晋东南地区的长治故县村M2时代稍晚，为长方形多室墓，主室长1.71、宽1.4米，四铺作单杪，有繁密的补间铺作。北壁耳室两侧各砌一窗，上部绘帷幔、武士和神兽，两侧有侍者；西壁砌一门二窗，上部绘飞天和卷帘，两侧有侍者；东壁耳室两侧各砌一窗，上部绘青龙、卷帘和飞天，两侧有侍者；南壁墓门上部绘朱雀，两侧各绘武士舂米、牛羊、推碾、牵驼、牵马等图。出土砖志上书"元丰元年（1078）"字样[2]。长治五马村墓为长方形砖室墓，长2.66、宽2.1米，四铺作单杪，棺床在东侧。墓室北壁砌一门二窗、二狮子、一孝子砖雕，西壁砌一门二窗、数块孝子和生活图等砖雕，东壁一门二窗、数块孝子和生活图等砖雕，南壁墓门两侧各砌一武士砖雕。出土墓志上书"元丰四年（1081）"字样[3]。前述晋南、晋东南北宋中期纪年砖室墓的基本情况见图19、表26。

表26　晋南、晋东南地区北宋中期纪年砖室墓例的基本情况

墓例和年代	墓室平面和尺度（单位：米）	备注
运城夏县上牛墓（1056）	刀把长方形墓，长3.12、宽1.75	北壁四铺作单杪、其余壁面把头绞项造。有壁画。壁面题材为"假门+假门"
长治故县村M2（1078）	长方形多室墓，主室长1.71、宽1.4	四铺作单杪，有密集补间铺作。壁画比重大。壁面题材为"假门+假门"

---

[1] 运城市河东博物馆、夏县文物旅游局：《山西夏县宋金墓的发掘》，《考古》2014年第11期。
[2] 朱晓芳、王进先：《山西长治故县村宋代壁画墓》，《文物》2005年第4期。
[3] 王进先、石卫国：《山西长治市五马村宋墓》，《考古》1994年第9期。

续表

墓例和年代	墓室平面和尺度（单位：米）	备注
长治五马村墓（1081）	长方形墓，长2.66、宽2.1	四铺作单杪。有人物和故事雕砖，无壁画。壁面题材为"假门+假门"

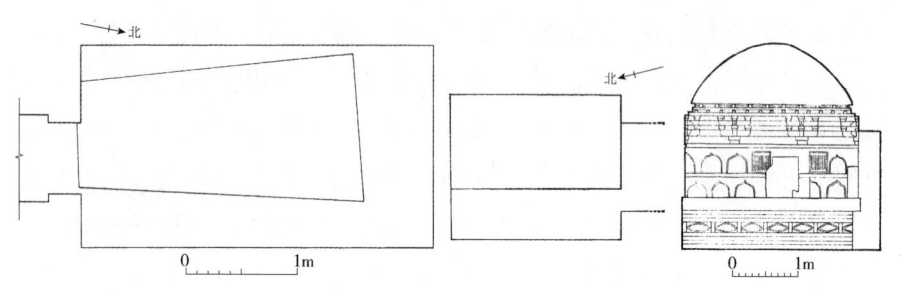

1. 运城夏县上牛墓（《考古》2014年第11期）　2. 长治五马村墓（《考古》1994年第9期）

图19　晋南、晋东南地区北宋中期墓例

尽管晋中南地区砖室墓从北宋中期才开始出现，但是其总体发展速度比较快。与同时段豫中南、冀中南等地的砖室墓相比，本区墓葬的仿木建筑技术比较高，墓室内出现了四铺作和繁密的补间铺作，专门烧制的人物和故事雕砖在一定程度上取代了部分壁画，是此后砖构技术繁荣的先声。本区墓葬壁面上还出现了最早的孝子图像，为方砖雕刻后烧制而成。另外，本区墓室的壁面布局题材均为"假门+假门"的形式，将墓室表现为一个院落，这种表现形式在宋金时期一直持续存在，应该是晋中南地区砖室墓的总体区域特征。

由于不同小区之间地域差异较大，晋中南地区这一时期砖室墓的共同特征比较少，值得注意的是墓室平面形制的情况。晋南和晋东南地区墓葬的墓室多为纵向长方形，南北向的长度与东西向的宽度有较大差异，这一特征与北宋晚期至金代的绝大多数墓葬不同，应该是本时段墓葬的共同特征。

北宋晚期的纪年平民砖室墓主要发现于晋南和晋东南地区。这一时期的墓葬依旧表现为院落的形式，墓室平面有转变为方形的趋势，长度与宽度渐趋等长。仿木斗栱的工艺日趋复杂，壁面出现五铺作的做法。如长治壶关南村墓为方形多室墓，主室为方形，边长1.82米，五铺作双杪。墓室北壁面阔二间、每间砌一耳室，西壁砌耳室、左侧砌窗、绘一侍女和砌孝子砖雕，西壁砌耳室、右侧砌窗、绘一侍女和砌孝子砖雕，南壁墓门两侧各绘一武士、砌若干孝子砖雕，出土陶经幢上刻"元祐二禩（1087）"的题记①（图20）。

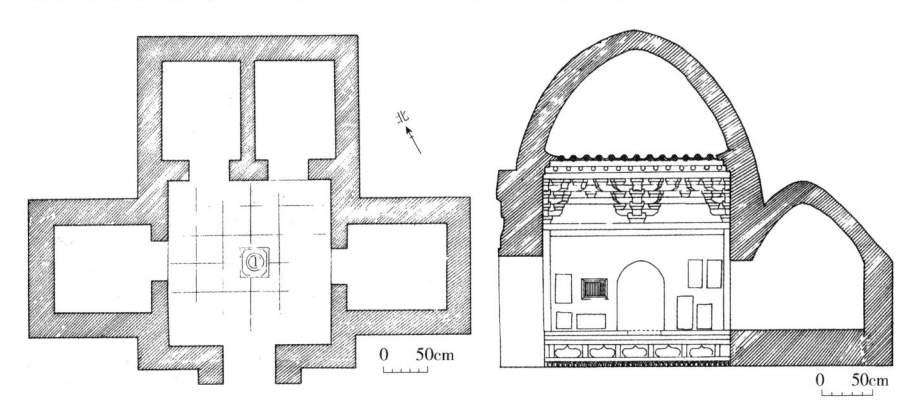

（《文物》1997年第2期）

图20 长治壶关南村墓

有金一代，晋中南地区的砖室墓总体上更加复杂。不同于北宋中、晚期墓葬的长方形平面，晋南、晋东南的砖室墓常呈方形。墓室的装饰题材更加丰富，例如孝行、社火、八仙、杂剧等题材均表现于壁面，砖雕变得繁缛而华美，壁画的比重下降。但其区域特征明显，且经济持续繁荣，与其他地区相比，本区的墓葬文化传统没有明显的断裂。

金代早期，晋中南地区墓室的壁面布局出现了新特点，即墓主人形象出现于墓室北壁中心位置。这一墓葬特征在金代中期也依旧广泛存在并延续，如位于晋中地区的阳泉盂县皇后村墓，位于晋东南地区的长治屯留宋村1999年1月墓、长治长子石哲墓、长治长子小关村墓，位于晋南地区的侯马牛村M1、临汾曲沃西南街墓等②，各墓北壁的具体情况见表27。

---

① 长治市博物馆、壶关县文物博物馆：《山西壶关南村宋代砖雕墓》，《文物》1997年第2期。

② 赵培青：《山西盂县皇后村宋金壁画墓》，《文物世界》2015年第1期；王进先、杨林中：《山西屯留宋村金代壁画墓》，《文物》2003年第3期；山西省考古研究所晋东南工作站：《山西长子县石哲金代壁画墓》，《文物》1985年第6期；长治市博物馆：《山西长子县小关村金代纪年壁画墓》，《文物》2008年第10期；山西省考古研究所侯马工作站：《侯马两座金代纪年墓发掘报告》，《文物季刊》1996年第3期；孙永和、孙丽萍、张红勤：《山西曲沃西南街发现金代安法师墓》，《中国文物报》2005年2月9日第2版。

表 27　　晋中南地区金代早、中期部分纪年墓例的墓室北壁情况

墓例	纪年	墓室北壁	备注
长治屯留宋村1999年1月墓	1135	砌假门，门内绘夫妇对坐，两侧各砌一窗、窗下绘妇人针线	晋东南地区
侯马牛村 M1	1151	砌假门，门内刻男墓主端坐、一供桌，两侧各刻一幡、一侍者	晋南地区
临汾曲沃西南街墓	1156	绘假门，门内绘男墓主端坐、二侍者，左右各砌一格子门	晋南地区
长治长子石哲墓	1158	三开间，明间绘三男三女并坐、二侍者、二猫一犬，左次间砌门、内通壁龛，右次间砌门、内通壁龛	晋东南地区
阳泉盂县皇后村墓	1168	绘墓主夫妇并坐、二侍者	晋中地区
长治长子小关村墓	1174	砌一门二窗，门内通耳室、左右两侧分绘墓主夫妇端坐、后各绘侍者、屏风等	晋东南地区
附：豫中南地区相关墓例			
洛阳新安石寺李村 M1	1126	绘夫妇对坐、侍者、屏风等	豫中南地区
洛阳嵩县北元村墓	不详	砌假门，左右门扇下分绘墓主夫妇端坐	豫中南地区

据上表知，金代早、中期，晋中南地区普遍出现了墓室北壁表现墓主形象的做法。这种墓葬传统在晋中和晋南地区一直存在，直至金代晚期，持续时段相当长。实际上，这类做法应来源于北宋末期豫中南地区洛阳附近的地方传统，可在洛阳新安石寺李村 M1、洛阳嵩县北元村墓[①]中窥得一斑。与晋中南地区不同的是，这种做法在洛阳附近持续时间不长，金代后便基本消失不见。墓主形象出现在北壁中心位置的现象，应该是墓葬壁面布局发展的一个重要节点，前节已有简述，这直接影响着两地墓主像渊源和假门象征意义的研究，值得继续关注。

金代晚期，晋中南地区墓葬的壁面布局呈现两种不同的态势，发展轨迹迥异。在晋中地区，构造比较繁缛的墓葬逐渐消失，仿木斗栱和壁面装饰趋于衰落；晋南和晋东南地区砖室墓的繁荣则长时间得以持续，壁面装

---

① 北京大学考古文博学院、洛阳古代艺术博物馆:《新安县石寺李村北宋宋四郎砖雕壁画墓测绘简报》,《故宫博物院院刊》2016 年第 1 期；洛阳市第二文物工作队:《嵩县北元村宋代壁画墓》,《中原文物》1987 年第 3 期。

饰题材更加丰富多彩，人物故事题材较多出现，直至金亡。这是由当时的时代背景所决定的。成吉思汗发动蒙金战争，于贞祐年间南下中原，晋中地区处于前线，受到了两国摩擦和战争的冲击较早，经济出现震荡，民众无心再去营造华美的墓室；而十余年之后的窝阔台灭金之役，则将一向安定封闭的晋南和晋东南地区卷入战火中。进入元代，本区发达的砖雕装饰渐趋衰落，壁画在墓室装饰中的比重日渐加大，装饰布局也以场景化的图像题材为主。自此之后，晋中南地区的仿木结构雕砖壁画墓便不复以往的繁荣了。

综合上述讨论，大致可以梳理出晋中南地区宋金砖室墓的时代特征和发展脉络。北宋中期，本区使用砖室墓的做法得到普及，仿木建筑技术较高，匠人采用雕砖和壁画的形式共同构建了华丽的墓室，晋南和晋东南地区的砖室墓常为长方形的平面布局。北宋晚期，晋南和晋东南地区的墓室平面有转变为方形的趋势，砖构技术日趋发达。进入金代，本区的仿木构技术达到了顶峰，壁画比重有所降低，有些墓完全使用砖雕构筑，装饰题材更加多样且充满民间生活氛围，晋南和晋东南地区的墓室平面多呈方形。此时经济持续繁荣，文化传统未受到大的影响，砖室墓的时段差异不明显，不易分期。金代早、中期，晋中南地区普遍出现了墓室北壁表现墓主形象的做法，这种文化因素应源自北宋末期的洛阳地区。尽管晋中南地区墓葬的区域性相当显著，各小区之间面貌特征迥异，但在宋金时期本区墓葬的整体壁面布局均呈现"假门+假门"的题材面貌，自始至终将墓室表现为一个院落。这也是笔者将晋中南地区视作一个独立墓葬文化区的原因。

（二）区域特征

如前所述，晋中南地区地理环境相对封闭，区域内地形面貌也有较大差异，可以分为晋中地区、晋南地区和晋中南地区。下文将对这三个小区宋金砖室墓的内部特征进行具体分析。

1. 晋中地区

晋中地区位于今山西省中部地区，包括太原、吕梁、阳泉、晋中和忻州市。本区地貌类型复杂多样，东西两侧各有太行山和吕梁山围绕，汾河水系自北向南穿过中部的太原盆地，整体形成了以太原盆地为中心的山区地形。

本区目前未发现明确为北宋时期的平民砖室墓。太原娄烦下龙泉村墓群公布了五座砖室墓的材料，墓葬坐南朝北，平面均为圆形，直径2.04—2.2米不等，墓顶有塔式建筑，六根仿木倚柱环绕墓室壁面，倚柱上砌柱头铺作一朵，把头绞项造，一字形棺床，墓室内壁均有仿木门窗雕饰，有些墓葬壁面有墓主像、侍者、衣架、箱子等装饰，惜其资料公布不完整，壁面具体布局不详。根据发掘者资料，太原晋祠宾馆和太原晋祠镇青阳村各发现一座五代时期纪年墓，其墓葬平面均呈圆形[1]，可推断太原娄烦下龙泉村墓群承袭了相关做法，时代可能为北宋早中期。

北宋晚期，晋中地区平民砖室墓的情况可以根据当地出土的官员墓葬进行推测。晋中左权赵武墓为上下层长方形石室墓，边长4.1—4.2米，上层室内中央一木桌、四周各一椅、椅后各一屏风，下层室内一椁二棺，墓室壁面无装饰，墓主为北宋供备库副使赵武，归葬于元祐四年（1089）[2]。该墓为石室墓，情况较为特殊，室内布局似乎还原了墓主日常起居情况。忻州田子茂墓为八边形砖室墓，直径3.4—3.5米，墓前有石像生，墓室内有独立棺床，壁面无装饰，墓主田子茂为北宋武功大夫，葬于政和四年（1114）[3]（图21）。该墓未做出壁饰的原因可能与官员等级制度有关，而其墓室平面也提示我们，这一时期平民砖室墓的墓室可能为八边形平面，而不同于太原娄烦下龙泉村墓群墓室的圆形平面布局。由于材料的缺乏，更多关于墓葬壁面布局的信息无法推测。

宋金之际，由于战火波及本区，社会动荡，砖室墓的数量不多，金代早期的纪年墓葬材料依旧缺乏。直至金代中期海陵王迁都之后，社会经济才逐渐重新繁荣，砖室墓重新大量出现。如汾阳东龙观M3为六边形砖室墓，墓室长3.08、宽2.7米。坐南朝北，四铺作单下昂。墓室北壁砌假门、上砌灯檠，西北壁砌窗，东北壁砌窗，西南壁砌四扇格子门，东南壁砌四扇格子门。墓室附近出土正隆六年（1161）买地券，随葬品还包括陶钵、陶魂瓶、地心砖、瓷碗、铁牛、铁棺环等[4]（图22）。阳泉盂县皇

---

[1] 裴静蓉：《娄烦下龙泉村宋代家族墓发掘简报》，《文物世界》2016年第5期。
[2] 姜杉、冯耀武：《山西左权发现宋代双层墓》，《文物世界》2005年第5期。
[3] 冯文海：《山西忻县北宋墓清理简报》，《文物参考资料》1958年第5期。
[4] 山西省考古研究所、汾阳市文物旅游局、汾阳市博物馆：《汾阳东龙观宋金壁画墓》，文物出版社2012年版，第68—77页。

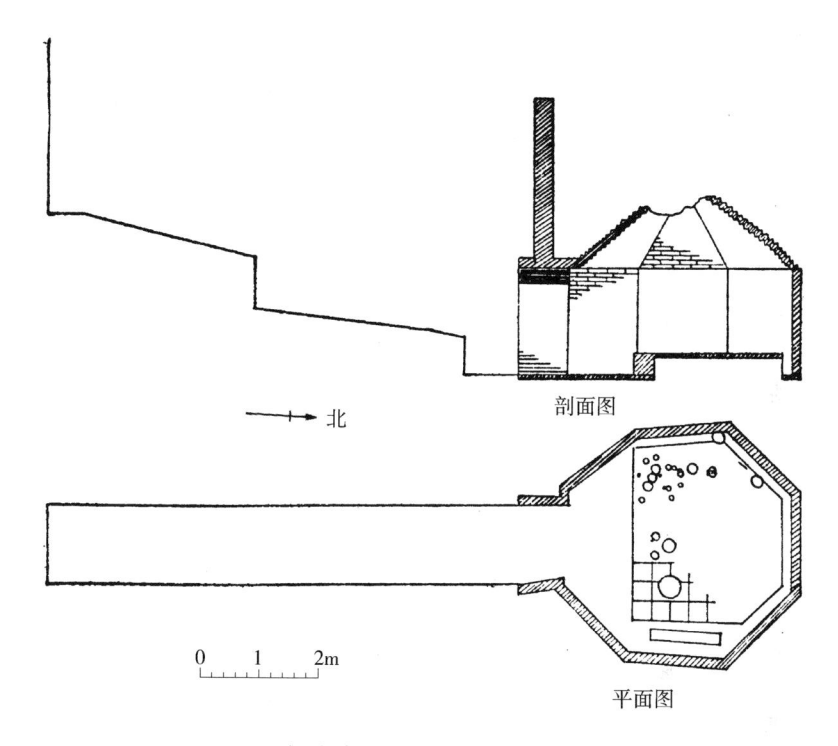

（《文物参考资料》1958 年第 5 期）

图 21　忻州田子茂墓

后村墓在前文已有简介，为八边形砖室墓，墓室长 2.66、宽 2.6 米，四铺作单杪，一字形棺床。墓室北壁绘墓主人并坐、二侍者，西北壁绘一妇人，东北壁绘二侍女，西壁表现"妇人启门"，东壁绘备宴庖厨、一侍女，西南壁绘帷幔和猫，东南壁砌灯檠、绘侍女，墓顶绘日月星辰。墓室内墨书"大定八年（1168）"字样，出土铜钗、铜耳环、腰带板、瓷盏等随葬品。阳泉盂县后元吉墓为八边形砖室墓，墓顶绘制日月星辰，随葬品包括枕、碟、灯盏、铜钱等，墓壁墨书"大定十五年（1175）"，其余记载不详[①]。太原娄烦常家坡墓为八边形砖室墓，北壁砌小龛、东西壁各砌半启假门，南壁墓门侧砌灯檠，墓葬通体绘制人物和花卉壁画，为大定十六年（1176）所建，出土瓷碗、瓷盘、瓷钵等，其余记载不详[②]。晋中昔阳中

[①] 阳泉市地方志编纂委员会编：《阳泉市志》，当代中国出版社 1998 年版，第 1185 页。
[②] 山西省娄烦县地方志编纂委员会编：《娄烦县志》，中华书局 1999 年版，第 541 页。

医院 M3 为八边形砖室墓，把头绞项造。墓室北壁砌假门，西北壁绘庖厨，东北壁为夫妇对坐题材，西壁砌假门，东壁砌假门，西南壁砌窗、绘牧童放牛羊，东南壁砌窗、绘粮仓磨盘和鸡笼等。墓葬为大定十七年（1177）所建①。上述墓葬均为金代中期前段的纪年砖室墓例，其基本情况见表28。

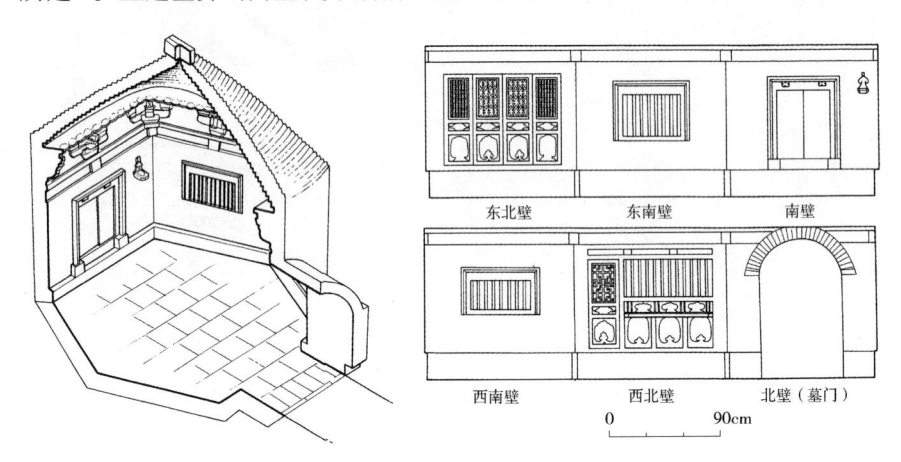

（《汾阳东龙观宋金壁画墓》，第72—73页）

图22　吕梁汾阳东龙观 M3

表28　　　　　　　　晋中地区金代中期前段纪年墓例的壁面布局

墓例和年代	墓室平面	北壁	西北壁；东北壁	西壁；东壁	西南壁；东南壁	备注
汾阳东龙观 M3（1161）	六边形	假门，上砌灯檠	窗；窗		格子门；格子门	
阳泉盂县皇后村墓（1168）	八边形	墓主人并坐、二侍者	一妇人、二侍女	"妇人启门"；备宴庖厨、一侍女	帷幔和猫；灯檠和侍女	墓顶绘日月星辰
阳泉盂县后元吉墓（1175）	八边形	不详	不详	不详	不详	墓顶绘日月星辰
太原娄烦常家坡墓（1176）	八边形	小龛	不详	半启门；半启门	不详	通体绘制人物和花卉。墓门侧砌灯檠

---

①　刘岩、史永红：《四面栏杆彩画檐——山西昔阳宋金墓的发现与保护》，《中国文物报》2015年6月5日第8版。

续表

墓例和年代	墓室平面	北壁	西北壁；东北壁	西壁；东壁	西南壁；东南壁	备注
晋中昔阳中医院 M3（1177）	八边形	假门	庖厨；夫妇对坐	假门；假门	窗下绘放牧，窗下绘粮食、养殖	

金代中期前段，晋中地区砖室墓的墓室平面多为六边形、八边形，随葬品数量比较多，与晋南和晋东南地区不同。这一时期的墓葬装饰兼有砖雕和壁画两种形式，墓室内呈现"假门+假门"的题材面貌。北壁一般做出假门，偶见墓主像等题材，前文已有介绍。墓室东西壁的重点位置凸显了假门窗的存在，虽然侧壁还表现出备宴、庖厨、备侍等居室内部的场景，但是假门窗占据了核心位置，并辅之以其他壁画题材，整体将墓葬表现为院落的景象。晋中地区墓葬在这一时期达到了发展高峰，砖室墓的数量较多，墓室内的装饰和布局都较为繁缛华丽，墓葬建筑技术也较高。

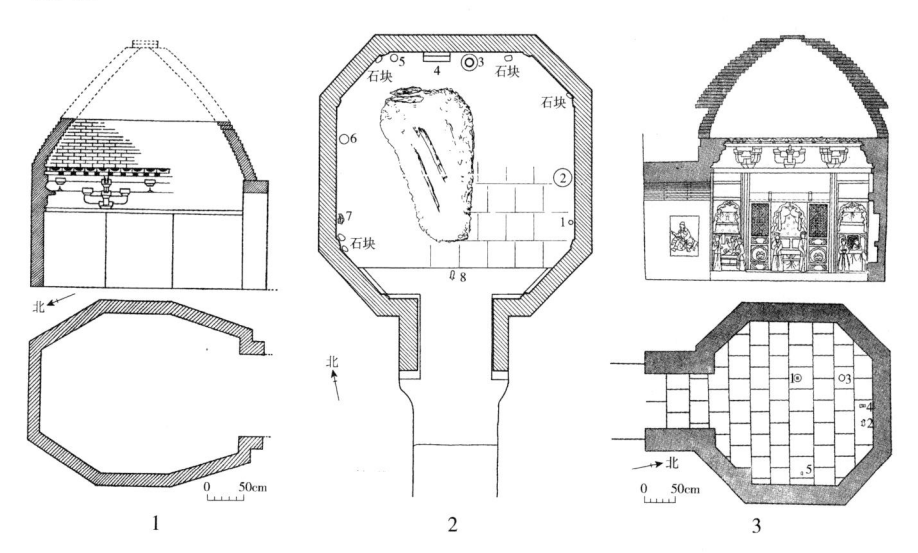

1. 太原义井村墓（《考古》1965年第1期） 2. 汾阳东龙观 M5（《汾阳东龙观宋金壁画墓》，第82页） 3. 孝义下吐京东北墓（《考古》1960年第7期）

图 23 晋中地区金代中期后段墓例

金代中期后段，晋中地区砖室墓的墓室平面发生了变化，产生了新特点（图23）。如太原义井村墓为扁八边形砖室墓，长2.78、宽2.16米，五铺作单杪单下昂。墓室北壁砌假门、两侧各绘一人，西北壁砌窗，东北壁砌窗，西壁绘一男一马，东壁绘二妇人，西南壁绘文吏，东南壁砌灯檠，墓壁有墨书题记"大定十五年（1175）"[1]。汾阳东龙观M5为类方八边形砖室墓，直径2.8米，四铺作单杪。墓室北壁墓主夫妇端坐、二侍者、两侧为格子门，西北壁自名"香积厨"、二侍女，东北壁自名"茶酒位"、二侍者，西壁绘换钞图，东壁砌格子门，西南壁绘"妇人启门"，东南壁窗下绘猫狗，南壁墓门两侧各绘一侍者、一鸟。甬道两侧各一执剑武士，墓室内出土买地券上书"明昌六年（1195）"的字样[2]。孝义下吐京东北墓为类方八边形砖室墓，长2.61、宽2.66米，四铺作单杪。墓室北壁雕墓主夫妇并坐、一侍女、两侧为格子门，西北壁雕男墓主端坐、一侍女，东北壁门框下二侍女、一侍童，西壁中间床、两侧各一侍女、格子门，东壁"妇人启门"、妇人牵儿童，西南壁门框内女墓主梳妆、二侍女，东南壁窗下男墓主写字，南壁墓门侧有灯檠、侍者、狗等。甬道两侧各一老者。墓室内有墨书"承安三年（1198）"字样[3]。孝义经济开发区墓的墓室平面为类方八边形，边长0.8—1.4米，无仿木斗栱，无壁饰，出土买地券上书"大安元年（1209）"[4]。

这一时期砖室墓的壁面布局情况和金代中期前段墓葬的差别不大。墓壁依旧主要表现"假门+假门"的题材，墓葬空间近似为院落，墓室北壁以墓主题材为核心的做法愈加常见。墓葬砖雕和壁画结合日趋紧密，砖雕制作精良考究，壁画内容更加丰富和自由，不局限于常规题材。

与前阶段正八边形的墓室平面相比，这一时期最显著的变化是墓室平

---

[1] 代尊德：《山西太原郊区宋、金、元代砖墓》，《考古》1965年第1期。

[2] 山西省考古研究所、汾阳市文物旅游局、汾阳市博物馆：《汾阳东龙观宋金壁画墓》，文物出版社2012年版，第80—93页。

[3] 山西省文物管理委员会、山西省考古研究所：《山西孝义下吐京和梁家庄金、元墓发掘简报》，《考古》1960年第7期。

[4] 康孝红：《山西孝义市发现一座金墓》，《考古》2001年第4期。

面产生了扁八边形和类方八边形等变体形式。所谓扁八边形，即墓室的南北长度明显大于东西宽度，使得墓室平面形成"被压扁"的视觉效果；所谓类方八边形，即八边形墓室的西北、东北、西南、东南四壁的长度较小，形成了类似方形抹角的平面做法，这种类方八边形的做法也使得墓葬壁面的视觉中心更集中于墓室的北、西、东、南四壁，而另外四个壁面则由于面积较小，基本不安排重要题材，处于次要地位。这种情况的产生可能受到了晋南、晋东南等地区的方形砖室墓的影响，墓室平面布局逐渐与之趋同。

金代晚期，砖室墓的平面布局有了进一步发展，方形砖室墓逐渐出现于本区。尽管没有发现相关类型的纪年墓葬，但既往研究结论[1]可以辅助证明这种发展逻辑。这类墓葬以汾阳东龙观 M4、汾阳高级护理学校 M4、太原寨沟村墓[2]为代表，其基本情况见表29。

表29 晋中地区金代晚期方形砖室墓例的基本情况

墓例	墓室平面和尺度（单位：米）	备注
汾阳东龙观 M4	长方形，长1.5、宽1.26	坐西朝东。无斗栱。北、西、东三壁彩绘花草，似炕围图案
汾阳高级护理学校 M4	长方形，长2.2、宽1.5	坐西朝东。单斗支替。北壁绘床榻，西壁绘一门二窗、一妇人，东壁绘一门二窗、一妇人
太原寨沟村墓	方形，边长1	无斗栱。北壁砌假门

金代晚期的方形砖室墓尺度一般不大；仿木铺作不复杂，或无斗栱；墓室内壁布局比较简单，常以壁画进行装饰，砖雕的比重减少。前述特征也表现在同时期仍存在的八边形砖室墓上。前文已介绍的大安元年（1209）孝义经济开发区墓即是一例，无仿木斗栱，无壁饰；又如阳泉盂

---

[1] 郝军军：《金代墓葬的区域性及相关问题研究》，博士学位论文，吉林大学，2016年，第225—231页。

[2] 山西省考古研究所、汾阳市文物旅游局、汾阳市博物馆：《汾阳东龙观宋金壁画墓》，文物出版社2012年版，第77—80页；山西省考古研究所、汾阳县博物馆：《山西汾阳金墓发掘简报》，《文物》1991年第12期；代尊德：《山西太原郊区宋、金、元代砖墓》，《考古》1965年第1期。

县西城武墓为直径2.5米的八边形砖室墓，壁绘2幅石墨画、3幅水墨画，有墨书"泰和（1201—1208）"字样[1]；再如时代更晚的晋中北田镇墓同为八边形砖室墓，把头绞项造，壁面绘卷轴画、书诗词，出土正大五年（1228）买地券[2]。总体来看，晋中地区砖室墓在这一时期走向衰落，尽管随葬品还保留一定数量，但无论是墓葬形制还是墓葬装饰都远不如前一时段，壁画题材有了大幅度改变，仿木结构砖室墓的传统逐渐淡化，应为受到蒙金战争影响所致。

综上所述，晋中地区宋金砖室墓的壁面布局和表达意象与晋南、晋东南地区相近，均自始至终将墓葬表现为一个院落。但是其墓葬平面和仿木结构的整体发展轨迹与前述两小区迥然相异。北宋较早时期可能采用了圆形砖室墓的做法，仿木铺作相对简单。北宋晚期，墓室平面应该出现了八边形的形式，由于纪年材料的数量有限，无法推测更多特征。金代早期，战乱频仍，砖室墓材料不多。金代中期前段，砖室墓进入繁荣时期，墓室平面主要为六边形和八边形，墓葬以砖雕和壁画共同装饰，仿木结构复杂，墓室装饰绚丽。金代中期后段，墓室平面产生了扁八边形和类方八边形等变体形式，这种现象可能受到晋南、晋东南等邻近地区文化因素的影响。金代晚期，本区再次受到战争影响，砖室墓走向衰落：一方面，墓室平面出现方形的做法，体现出晋南、晋东南地区影响的深化；另一方面墓葬整体尺度减小，仿木构和砖雕技术应用减少，壁面布局趋于简单，壁画题材有所改变。上述趋势在各时段中的变化的简要归纳见表30。

表30　晋中地区宋金砖室墓平面形制和壁面布局、题材的变化趋势

时段	墓葬平面形制	壁面题材
北宋中期	圆形	不详
北宋晚期、金代早期	六边形、八边形	
金代中期前段	六边形、八边形	"假门+假门"
金代中期后段	六边形、八边形、扁八边形、类方八边形	
金代晚期	八边形、扁八边形、类方八边形、方形	趋于消失

---

[1]　盂县史志编纂委员会编：《盂县志》，方志出版社1995年版，第551页。
[2]　王俊、闫震：《山西晋中发现金代正大五年墓》，《中国国家博物馆馆刊》2013年第10期。

2. 晋南地区

晋南地区位于今山西省西南部地区，包括运城和临汾市。本区位于汾河下游，主要为盆地地形，西南侧越过黄河与渭河平原相接，周边地区有数条山脉环绕。

北宋中期，晋南地区的砖室墓例比较少，前文曾提及的嘉祐元年（1056）运城夏县上牛墓是为一例，这也是整个晋中南地区目前发现的最早纪年砖室墓。北宋晚期，本区的砖室墓以崇宁四年（1105）运城稷山南阳墓为代表[①]。这两座纪年墓葬基本情况见表31。

表31　　　　　　晋南地区北宋纪年砖室墓例的基本情况

墓例和年代	墓室平面和尺度（单位：米）	壁面布局	仿木斗栱
运城夏县上牛墓（1056）	刀把长方形，长3.12、宽1.75	北壁三开间、砌假门，西壁三开间、砌一门二窗，东壁三开间、砌一门二窗，南壁墓门西侧有竹画和题记	北壁四铺作单杪，其余把头绞项造
运城稷山南阳墓（1105）	刀把长方形，长2.34、宽1.84	北壁作出"妇人启门"、两侧砌窗、窗下绘猫，西壁三开间、作出"妇人启门"、两侧砌窗、窗下绘儿童，东壁与西壁题材相似，南壁两开间、墓门西侧绘墓主夫妇	北壁补间和南倚柱头为五铺作单杪单下昂，其余为五铺作双下昂

尽管晋南地区北宋时期的纪年墓例较少，但仍可归纳出其主要特点。其一，在北宋中、晚期，本区砖室墓主要为刀把长方形的墓室平面，即墓门不位于南侧墓壁的中心位置，延展出的墓道类似于刀把的形状。这种刀把形的墓道样式直至金代晚期依旧存在于本区，应该是宋金时期晋南地区墓葬的区域特征。其二，墓室一般为南北向长方形，长与宽的尺度相差较大，进入金代之后长宽尺度比例有所趋同。其三，常使用倚柱将壁面划分出开间的形式，更加模仿地上建筑。其四，墓室斗栱比较复杂，南北壁与其他壁面的仿木铺作数量有所区分，更加凸显北壁的核心地位。

宋金交替之际，本区发现的砖室墓数量不多。金代海陵王统治时期至金代晚期，砖室墓的数量迅速增加，进入了发展的高峰。这一时期的砖雕

[①] 山西省考古研究所：《稷山南阳宋代纪年墓》，载山西省考古研究所、山西省考古学会编《三晋考古》第四辑，上海古籍出版社2012年版，第510—514页。

墓数量占据了主要优势，壁画墓的数量相对较少，砖构技术极为发达，所表现的装饰题材也比较多样。由于墓葬发展没有出现断层，整体受外界文化因素影响较小，砖室墓的时代特征不明显。本区整体为山地地形，内部微地貌差异显著，在汾河和涑水河的河谷地带分布着临汾盆地、运城盆地等袋状盆地，其内部也形成了若干个小的文化区块，砖室墓的发展轨迹和具体特点不尽相同。

既往学术研究在这方面的着力也不多。有学者将晋南地区金代墓葬按照形制的差别分为侯马、稷山、襄汾、闻喜四个小区域进行详细探讨，各区域特点不同。侯马地区流行方形砖雕墓，壁画墓较少，墓顶均为八角攒尖顶，墓室壁面装饰格局有较为固定的模式，砖雕发达；稷山地区流行长方形砖室墓，棺床通常位于西侧，墓顶一般为覆斗顶，装饰有复杂和简单两种形式，杂剧砖雕较多发现；襄汾地区砖雕墓的平面以方形和多边形为多，并出现了多室墓，装饰布局有一定规律，装饰题材流行乐舞和孝子故事，砖雕制法多为模制；闻喜地区砖雕墓和壁画墓的发现数量较为均衡，装饰布局题材各有特点[1]。其分区细致，可供参考，本书不再详尽讨论，而试图在墓葬梳理的基础之上，从整体的角度概括出晋南地区金代中、晚期墓葬部分特征的发展趋势。这一时期纪年砖室墓的基本情况[2]

---

[1] 郝军军：《金代墓葬的区域性及相关问题研究》，博士学位论文，吉林大学，2016年，第252—291页。

[2] 山西省考古研究所、山西省闻喜县博物馆：《山西省闻喜县金代砖雕、壁画墓》，《文物》1986年第12期；张国维：《绛县发现金代砖雕墓》，载孙进己、苏天钧、孙海主编《中国考古集成·华北卷·北京市、天津市、河北省、山西省·金元》二，哈尔滨出版社1994年版，第831页；山西省考古研究所侯马工作站：《侯马101号金墓》，《文物季刊》1997年第3期；山西省考古研究所侯马工作站：《侯马大李金代纪年墓》，《文物季刊》1999年第3期；山西省考古研究所：《山西稷山金墓发掘简报》，《文物》1983年第1期；山西省考古研究所、汾西县文物旅游局：《山西汾西郝家沟金代纪年壁画墓发掘简报》，《文物》2018年第2期；侯马市志编纂委员会：《侯马市志》，长城出版社2005年版，第844—845页；吕遵谔：《山西垣曲东铺村的金墓》，《考古通讯》1956年第1期；李慧：《山西襄汾侯村金代纪年砖雕墓》，《文物》2008年第2期；山西省考古研究所侯马工作站：《侯马102号金墓》，《文物季刊》1997年第4期；杨及耘、高青山：《侯马二水M4发现墨笔题书的墓志和三篇诸宫调词曲》，《中华戏曲》2003年第2期；山西省考古研究所编著：《侯马乔村墓地（1959—1996）》，科学出版社2004年版，第975—983页；山西省考古研究所侯马工作站：《侯马两座金代纪年墓发掘报告》，《文物季刊》1996年第3期；山西省文管会侯马工作站：《侯马金代董氏墓介绍》，《文物》1959年第6期；山西省文物管理委员会侯马工作站：《山西侯马金墓发掘简报》，《考古》1961年第12期。

见图24、表32。

表32　　晋南地区金代中、晚期纪年砖室墓例的基本情况

墓例和年代	墓室平面和尺度（单位：米）	北壁	西壁；东壁	南壁	备注
侯马牛村 M1（1151）	刀把长方形，长2.14、宽1.91	假门内刻男墓主端坐和供桌，两侧各刻一幡、一侍者	四扇格子门；四扇格子门	墓门右侧窗下一桌二椅	四铺作单杪，棺床在西侧
临汾曲沃西南街墓（1156）	方形，边长2.17	假门内绘男墓主端坐和侍者，左右各砌格子门	四扇格子门；四扇格子门	墓门两侧各一壁龛	四铺作单杪
运城闻喜小罗庄 M1（1156—1161）	方形，边长2.44	"妇人启门"，两侧各一扇格子门	四扇格子门；一桌二椅、两侧各一伎乐雕砖	墓门左侧窗、右侧灯檠，左右侧各一伎乐雕砖	四铺作单杪上接四铺作，一字形棺床。拱眼壁上各二孝行雕砖、二孝行图
运城绛县长杆村墓（1168）	刀把方形，边长约3	伎乐	侍者；孝行	墓门左侧二孝子雕砖	五铺作双下昂，刀把墓道在西侧
侯马牛村 M101（1173）	刀把长方形，长2.1、宽1.96	"妇人启门"，两侧灯笼、花几	四扇格子门；六扇格子门	墓门右侧窗下一桌一椅	转角四铺作单杪、补间四铺作单下昂，棺床在西侧
侯马大李墓（1180）	方形，边长2.2	六扇格子门	六扇格子门；六扇格子门	墓门上方二孝行雕砖，两侧各两扇格子门	五铺作双下昂，倒凹形棺床
运城稷山马村 M7（1181）	刀把长方形，长2.1、宽1.7	小碑	无	墓门	
临汾汾西郝家沟 M1（1182）	八边形，长3.05、宽3.1	北壁假门，西北壁女墓主端坐、侍者、孩童、屏风，东北壁男墓主端坐、侍者，西壁"妇人启门"，东壁"妇人启门"，西南壁窗，东南壁窗，南壁墓门			四铺作单杪
侯马忤逆坟墓（1183）	方形，边长4	假门	窗；窗	墓门	五铺作

续表

墓例和年代	墓室平面和尺度（单位：米）	北壁	西壁；东壁	南壁	备注
运城垣曲东铺村墓（1183）	方形，边长2.2	"妇人启门"，两侧各一窗	墓主夫妇对坐；四扇格子门	墓门两侧各一窗	坐南朝北。四铺作，一字形棺床。栱眼壁12块孝行雕砖
运城闻喜小罗庄M2（1188）	方形，边长2.04	墓主夫妇端坐、侍童	四扇格子门；四扇格子门	墓门两侧各一窗、窗下一孝行雕砖	四铺作单杪上接四铺作，一字形棺床。栱眼壁上各三孝行雕砖
运城闻喜下阳1963墓（1191）	刀把长方形，长2.88、宽2.35	墓主夫妇端坐、侍童	墓主夫妇对坐、"妇人启门"，两侧各一窗、窗上方各一孝行图	墓门、二孝行图	四铺作单下昂，棺床在西侧。墓顶四面坡各二童子
临汾襄汾东侯村墓（1194）	长方形，长2.44、宽2.8	"妇人启门"，两侧各一窗	两扇格子门，两侧各一板门；六扇格子门	墓门两侧各一武士、其上共八伎乐，左角柱上灯檠	五铺作双杪。四壁檐下嵌24孝行雕砖
侯马牛村M102（1196）	前后双室方形，边长均2.3	前室北壁过道上书"庆阴堂"、两侧各一孔雀牡丹，西壁六扇格子门，东壁六扇格子门，南壁墓门两侧各一花瓶、狮子。后室北壁三开间、中间墓主夫妇对坐、侍者、两侧两扇格子门，西壁四人二马出行，东壁六扇格子门，南壁过道顶部买地券，两侧各一窗、花瓶。须弥座装饰牡丹、荷花、童子、仙女等			转角五铺作双杪、补间五铺作双下昂，过道四铺作单下昂，两室均倒凹形棺床
侯马二水M4（1200）	刀把长方形，长2.1、宽2	墨书题记	墨书题记；假窗	墓门侧墨书题记	五铺作双杪
侯马乔村M4309（1202）	刀把长方形，长1.95、宽1.9	墓主夫妇端坐"永为供养"，桌、侍者	四扇格子门；四扇格子门	墓门右侧窗下二孝行雕砖	五铺作单杪单下昂，倒凹形棺。
侯马晋光M1（1210）	刀把长方形，长2.1、宽1.96	墓主夫妇对坐、侍者	六扇格子门；六扇格子门	墓门左侧窗下五戏俑、二狮子	五铺作双杪，倒凹形棺床，刀把墓道在西侧

续表

墓例和年代	墓室平面和尺度（单位：米）	北壁	西壁；东壁	南壁	备注
侯马牛村董氏M1（1210）	长方形，长2.26、宽2.08	三开间，明间上方戏台和戏俑、下方墓主夫妇对坐、两次间屏风，两侧角柱各一侍者	六扇格子门；六扇格子门	墓门上方买地券、两侧狮子、花盆	五铺作单杪单下昂，倒凹形棺床。墓顶八仙砖雕、云鹤
侯马牛村董氏M2（1210）	长方形	不详	不详	墓门两侧各一屏风	
侯马牛村M31（1212）	方形，边长2.1	"妇人启门"	六扇格子门；六扇格子门	墓门上一灯檠、两侧各一窗	四铺作单杪，倒凹形棺床

如前所述，由于晋南地区的特殊性，砖室墓的期段特点不明显，每个小区域内部都形成了自己的发展轨迹，但是总体服膺于晋南地区砖室墓发展的大趋势之下。因此本书可以在前人研究和资料整合的基础上，对晋南地区墓室形制、题材和布局的整体变化趋势加以概述和总结。

根据上表对纪年砖室墓的整理，金代中、晚期晋南地区墓葬依然保持了方形、长方形的平面布局和"假门+假门"的壁面格局，而有如下发展和变化趋势。其一，墓室的北壁出现了墓主形象，并且一直持续到金代晚期，这种现象使得部分墓葬中的祭祀意味愈发凸显。如运城稷山马村M7北壁小碑"修此穴以为后代子孙祭祀之所"的铭文、侯马牛村M102前室北壁过道上"庆阴堂"的墨书、侯马乔村M4309北壁"永为供养"的刻铭，以文字的形式将这种祭祀意向加以明确。而墓室北壁的墓主形象一般为正面向前端坐的姿态，配之以周边的花卉、供桌、幡等，其含义更接近于墓主人的灵位。其二，金代中期前段，墓室内多为东西向的一字形棺床，或因刀把形的墓道形制而导致棺床偏居一侧。而至金代中期后段，棺床的形式则逐渐向倒凹形发展。这种现象的出现与丧葬理念的变化有关。由于本区在金代中期以后逐渐流行家族成员丛葬于一座墓中的风俗，如侯马大李墓出土7具人骨、侯马牛村M102出土11具人骨等，对墓室内的空间利用提出了更多要求，倒凹形棺床的空间利用率较高，因此逐渐得以广泛使用。其三，仿木斗栱在这一时期总体呈现愈加复杂的趋势，一般为四铺作和五铺作的形式，还出现了平座结构。砖雕技术也持续盛行和繁荣，呈现高度模制化的墓葬形式，砖块尺寸多样且采用预制，部分砖块带有浮雕人物和花草纹饰，进行整体拼合后使得墓壁装饰更加丰富饱满，直至元代才渐趋衰落。其四，墓壁装饰题材以砖雕为主，孝行、杂剧、伎乐、花卉等雕砖多为纯粹的装饰性题材，其所在位置根据墓室装饰布局的要求而定，一般不固定，甚至有图案重复的现象。这也使得本区墓室壁面呈现多样化的面貌，墓葬各不相同。其中，孝行题材在金代出现于本区墓葬中，并得以广泛使用；伎乐题材出现较早，但单独的戏台模型则于金代晚期才出现；金代晚期还出现了狮子、八仙等新的世俗题材。其五，金代中期后段，本区墓葬文化和邻近地区的交流逐渐密切，更显世俗化。如八边形的墓室平面与豫中南地区和晋中地区趋同，如临汾汾西郝家沟M1；又如前后双室的墓葬结构和墓室铺作层下方环绕一圈孝行题材的壁面布局特点与晋东南地区极为相近，如侯马牛村M102和临汾襄汾东侯村墓。需要指出的是，不同程度的交流在宋金时期一直存在，而在金代中期之后，这种交流似乎有所加深，使得晋南地区砖室墓呈现出了新的特点。

综上，晋南地区宋金砖室墓的发现数量较多，尤其集中在金代中、晚期。其整体表达意象与晋中和晋东南地区相同，均将墓葬表现为院落。长方形、方形墓室平面和刀把形墓道是本区墓葬形制的重要特点。具体而言，北宋中、晚期砖室墓的墓室主要为长宽差距相对明显的长方形，常使用倚柱将壁面分间。金代早期墓葬发现不多，中、晚期进入发展高峰，墓葬的仿木构技术和砖雕技术格外发达，壁面雕作繁缛，砖雕的使用率大于壁画。这一时期不同区块内墓葬的特点不同，墓葬的变化发展也没有明确的时间节点，而是呈现为动态的发展趋势。区域内不同题材雕砖的装饰性加强，没有固定的位置，一方面使得墓室壁面绚丽多彩，另一方面也使其整体布局特征被掩盖在具体的不同墓例之下。总体来看，在墓葬文化整体连贯发展的基础之上，本区砖室墓呈现显著的区域性特征，甚至在相邻的县级行政区划之间，墓葬的具体特点便存在一定差异。上述趋势在各时段中的变化见表33。

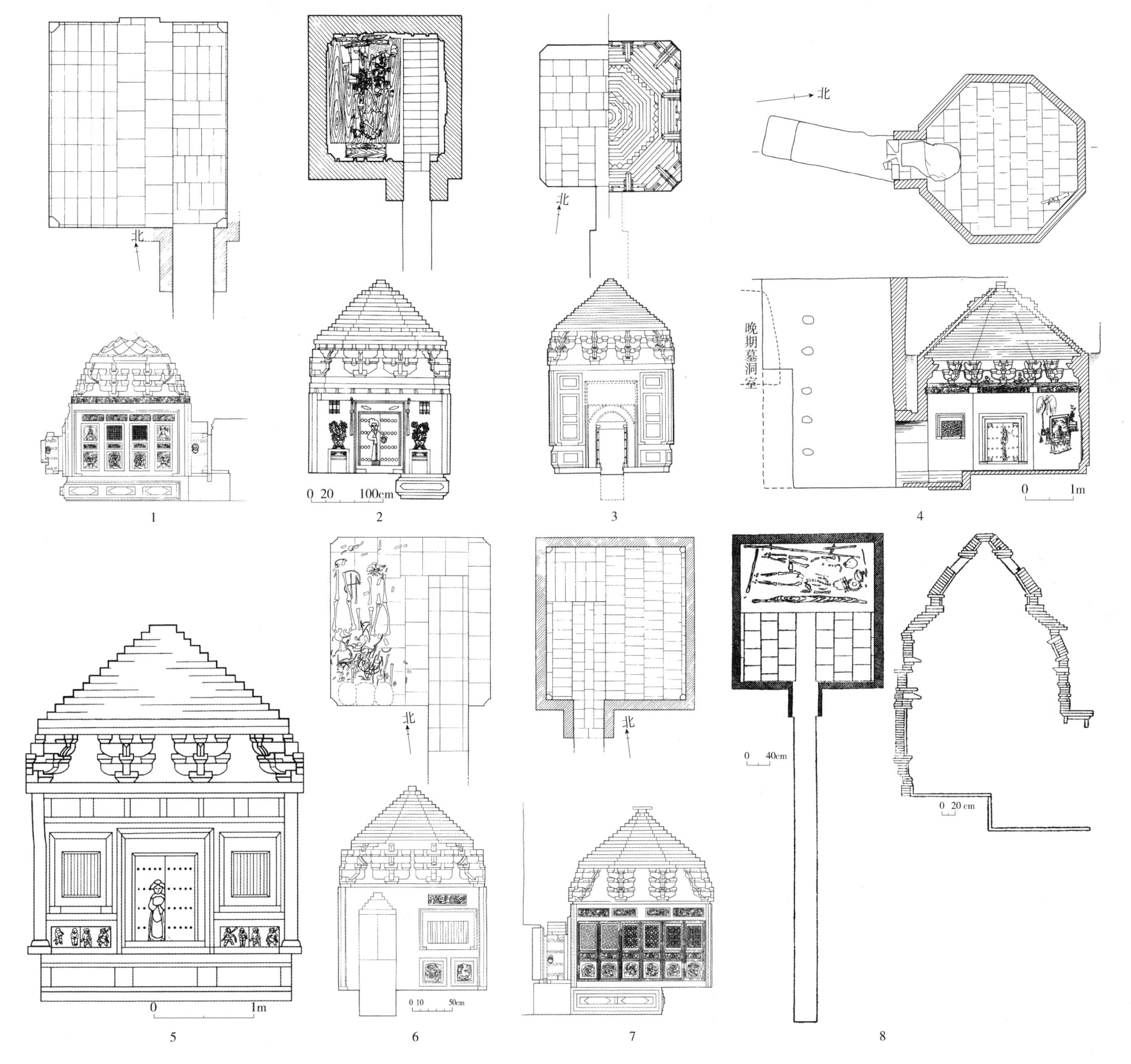

1. 侯马牛村 M1（《文物季刊》1996 年第 3 期）　2. 侯马牛村 M101（《文物季刊》1997 年第 3 期）　3. 侯马大李墓（《文物季刊》1999 年第 3 期）　4. 临汾汾西郝家沟 M1（《文物》2018 年第 2 期）　5. 临汾襄汾东侯村墓（《文物》2008 年第 2 期）　6. 侯马乔村 M4309（《侯马乔村墓地（1959—1996）》，第 977、980 页）　7. 侯马晋光 M1（《文物季刊》1996 年第 3 期）　8. 侯马牛村董氏 M1（《文物》1959 年第 6 期）

图 24　晋南地区金代中、晚期墓例

表33　晋南地区宋金砖室墓平面形制和壁面布局、题材的变化趋势

时段	墓葬平面形制	壁面题材
北宋中、晚期	长方形（长、宽差距大）	"假门+假门"，壁面变化的节点不显著
金代	长方形（长、宽差距小）、方形	

3. 晋东南地区

晋东南地区位于今山西省东南部地区，包括长治和晋城市。本区地处太行山腹地，周边及境内沟壑纵横，整体为山地地形，四面环山，中间有沁河等河流穿过，发育出长治盆地和晋城盆地。

晋东南地区目前发现的北宋纪年墓较多，位于北宋中期的元丰元年（1078）长治故县村M2和元丰四年（1081）长治五马村墓前文已有介绍，可以大致归纳出这一时期的特点。北宋中期，本区流行长方形仿木结构砖室墓，墓室的长宽比例差距相对明显，单室墓和带有耳室、小龛的多室墓并存，仿木结构一般为四铺作，壁面布局主要为一门二窗的形式，壁面装饰形式兼具砖雕和壁画。值得提及的是，长治五马村墓中最早出现了墓葬壁面装饰以孝行题材的做法，各壁面混砌孝行和生活题材砖雕。

北宋晚期，晋东南地区砖室墓的各壁面长度渐趋相同。如元祐二年（1087）长治壶关南村墓为多室墓，主室方形，边长1.82米，前文已有提及。又如长治西白兔村墓为砂石质长方形多室墓，主室长1.85、宽2.09米，四铺作单杪。主室北壁耳室两侧窗，绘九幅孝行图；西壁做出一窗二耳室，有侍者、飞天、仙羊、麒麟、孝行题材；东壁做出一耳室二窗，有侍者、飞天、麒麟、仙羊、孝行题材；南壁墓门两侧窗，左侧绘一守孝人、右侧绘五奔丧人。墓室顶部绘青龙、白虎、天象图，墓内有"元祐三年（1088）"的题刻[①]。再如长治壶关下好牢墓为长方形多室墓，主室长2.3、宽2.2米，南北壁五铺作单杪单下昂、东西壁四铺作单杪。主室北壁做出一耳室二窗、侍女、孝行砖雕，耳室北壁绘水墨山峦；西壁做出一耳室二窗、孝行砖雕，耳室西壁绘水墨山峦；东壁做出一耳室二

[①] 王进先：《长治市西白兔村宋代壁画墓发掘简报》，载山西省考古学会编《山西省考古学会论文集》（三），山西古籍出版社2000年版，第131—137页。

窗、孝行砖雕，耳室东壁绘水墨山峦；南壁墓门两侧各砌武士、孝行砖雕。墓内出土书有"宣和五年（1123）"的墓志铭砖①。前述墓葬的形制和壁面核心题材布局情况见图25、表34。

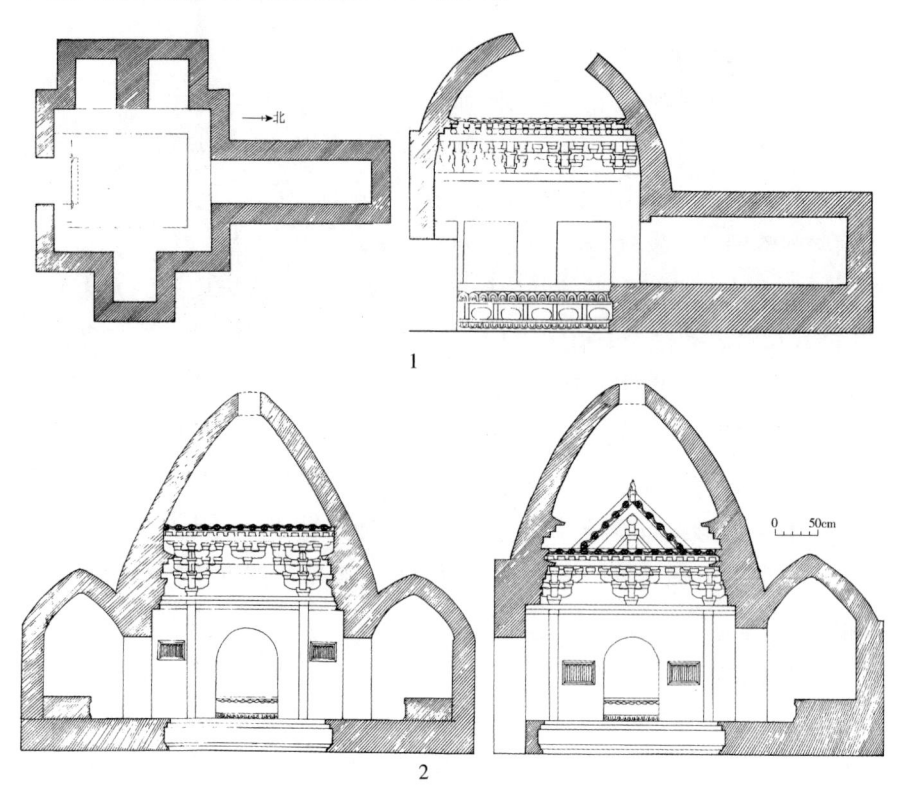

1. 长治西白兔村墓［《山西省考古学会论文集》（三），第131—132页］
2. 长治壶关下好牢墓（《文物》2002年第5期）

图25　晋东南地区北宋晚期墓例

根据表34，可以发现北宋晚期纪年墓葬均为多室墓。除此之外，北宋晚期砖室墓的主室常呈方形或近方的长方形，和北宋中期有所区别。根据宋金时期本区墓葬的整体情况可以判断，主墓室逐渐发展为方形的现象应该是形制发展的整体趋势。另外，这一时期砖室墓的仿木斗栱更趋复杂，出现了五铺作的斗栱装饰，砖雕与壁画题材也更加多样化。墓葬耳室

---

① 王进先:《山西壶关下好牢宋墓》，《文物》2002年第5期。

的出现使得墓室壁面的中心位置被通向耳室的甬道所占据，但核心布局依旧可以视为一门二窗的模式，壁面中心位置的假门题材成为了真正的"门"，使得多室墓的墓室更加表现为院落的形象。

表34　　　　　　晋东南地区北宋晚期纪年砖室墓的基本情况

墓例和年代	墓室平面和尺度（单位：米）	壁面核心题材布局情况			
		北壁	西壁	东壁	南壁
长治壶关南村墓（1087）	多室墓，主室边长1.82	二开间，二耳室	一耳室一窗	一耳室一窗	墓门
长治西白兔村墓（1088）	多室墓，主室长2.09、宽1.85	一耳室二窗	一窗二耳室	一耳室二窗	墓门两侧窗
长治壶关下好牢墓（1123）	多室墓，主室长2.3、宽2.2	一耳室二窗	一耳室二窗	一耳室二窗	墓门

宋金之际，晋东南地区地理封闭，受到外界战火干扰不多，社会相对安定，仍然存在一定数量的砖室墓。金代早期和中期前段的墓葬壁面布局情况比较统一，具有共同的时代特征。如长治屯留宋村1999年1月墓为长方形砖室墓，长2.4、宽2.29米，四铺作单杪。墓室北壁门内绘夫妇对坐，两侧有窗，窗下绘妇人针线；西壁一门二窗，左侧绘喂牛马，右侧绘侍女；东壁一门二窗，左侧绘庖厨，右侧绘挑水；南壁墓门两侧各绘武士、牵马人，上方绘杂剧图。墓室四壁斗栱下绘24幅孝行图，墓内有"天会十三年（1135）"的纪年题记[①]。又如长治魏村墓为长方形砖室墓，长1.75、宽1.99米，五铺作单杪单下昂。墓室北壁做出三壁龛，西壁做出三壁龛，东壁做出三壁龛，南壁墓门左侧绘木碓、右侧绘石磨。券顶绘星宿图，四壁斗栱下绘24幅孝行图，有"天德三年（1151）"的题记[②]。再如长治长子小关村墓为方形砖室墓，边长2.5米，四铺作单杪，倒凹形棺床。墓室北壁做出一门二窗，门内有耳室，门左右两侧绘墓主夫妇、侍者、屏风；西壁做出一门二窗，左侧绘劳作、驴牛，右侧绘夫妇对坐、侍者；东壁做出一门二窗，左侧绘夫妇对坐、侍者、行人，右侧绘

[①] 王进先、杨林中：《山西屯留宋村金代壁画墓》，《文物》2003年第3期。
[②] 长治市博物馆：《山西长治市魏村金代纪年彩绘砖雕墓》，《考古》2009年第1期。

庖厨、水井等；南壁墓门两侧各砌窗，左侧绘送葬，窗下绘车、狗，右侧绘墓主夫妇过仙桥及接引，窗下绘牛羊。券顶绘日月星宿，东、西壁斗栱下各绘 8 幅孝行图，墓内有"大定十四年（1174）"的墨书题记[①]。这一时期的纪年墓葬还包括长治安昌电厂 ZAM8、长治长子石哲墓、长治沁源交口乡正中村墓、晋城陵川玉泉村墓等[②]，其壁面布局情况见图 26、表 35。

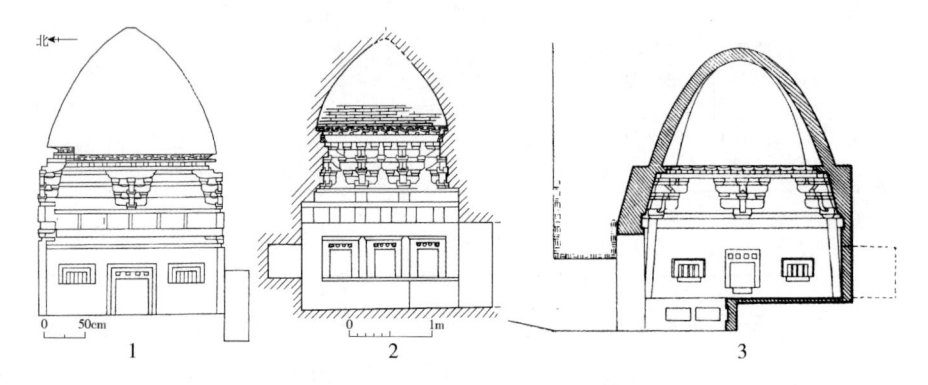

1. 长治屯留宋村 1999 年 1 月墓（《文物》2003 年第 3 期）　2. 长治魏村墓（《考古》2009 年第 1 期）　3. 长治长子石哲墓（《文物》1985 年第 6 期）

图 26　晋东南地区金代早期和中期前段墓例

表 35　　晋东南地区金代早期和中期前段纪年砖室墓的壁面布局

墓例和年代	北壁	西壁	东壁	南壁	备注
长治屯留宋村 1999 年 1 月墓（1135）	一门二窗，门内绘夫妇对坐，窗下绘妇人针线	一门二窗，左侧绘喂牛马，右侧绘侍女	一门二窗，左侧绘庖厨，右侧绘挑水	墓门两侧各绘武士、牵马人，上方绘杂剧图	四壁斗栱下绘 24 幅孝行图

---

① 长治市博物馆：《山西长子县小关村金代纪年壁画墓》，《文物》2008 年第 10 期。

② 商彤流、杨林中、李永杰：《长治市北郊安昌村出土金代墓葬》，《文物世界》2003 年第 1 期；商彤流：《长治市安昌村出土的金代墓葬》，中山大学艺术史研究中心编《艺术史研究》第 6 辑，中山大学出版社 2004 年版，第 407—420 页；山西省考古研究所晋东南工作站：《山西长子县石哲金代壁画墓》，《文物》1985 年第 6 期；崔跃忠、安瑞军：《山西沁源县正中村金代砖室墓壁画摹本考》，《中国国家博物馆馆刊》2020 年第 8 期；商彤流、郑林有：《陵川县玉泉村金代壁画墓》，载中国考古学会主编《中国考古学年鉴 2008》，文物出版社 2009 年版，第 174—175 页。

第三章　砖室墓的时代和区域特征　105

续表

墓例和年代	北壁	西壁	东壁	南壁	备注
长治安昌电厂ZAM8（1143）	三开间，明间和右次间有耳室	三耳室	三耳室	墓门左侧一耳室	
长治魏村墓（1151）	三壁龛	三壁龛	三壁龛	墓门左侧绘木碓、右侧绘石磨	券顶绘星宿，四壁斗栱下绘24幅孝行图
长治长子石哲墓（1158）	三开间，明间三男三女并坐、侍者、猫犬，左右次间门内有壁龛	一门二窗，二侍女，两侧各1幅孝行图	一门二窗，二侍女，两侧各1幅孝行图	墓门两侧绘树和武士，两侧各2幅孝行图	东西壁斗栱下各绘8幅孝行图
长治沁源交口乡正中村墓（1168）	六边形多室墓，坐西朝东。北壁做出耳室；西北壁做出耳室；东北壁做出耳室；西南壁做出耳室，右侧绘夫妇对坐、侍者；东南壁做出耳室，左右侧均绘夫妇对坐、青年夫妇、侍者、儿童或伎乐；南壁墓门两侧绘骑马游猎。墓道两侧绘庄客，栱眼壁绘过仙桥、牡丹、花鸟等				四壁斗栱下绘24幅孝行图
晋城陵川玉泉村墓（1169）	屏风，树下高士	挂轴画雀鸟、备茶	挂轴画雀鸟、备酒	墓门右侧庖厨	四壁斗栱下各绘1幅孝行图
长治长子小关村墓（1174）	一门二窗，门内有耳室，门左右两侧绘墓主夫妇、侍者、屏风	一门二窗，左侧绘劳作、驴牛，右侧绘夫妇对坐、侍者	一门二窗，左侧绘夫妇对坐、侍者、行人，右侧绘庖厨、水井等	墓门两侧各砌窗，左侧绘送葬，窗下绘车、狗，右侧绘墓主夫妇过桥、接引，窗下绘牛羊	券顶绘日月星宿，东、西壁斗栱下各绘8幅孝行图

　　金代早期和中期前段，晋东南地区砖室墓壁面基本保持了一门二窗的布局传统，墓葬多为方形和长方形平面，长治沁源交口乡正中村墓等少数墓葬为六边形或八边形，可能是邻近地区的文化因素所致。除晋城陵川玉泉村墓的壁面布局比较特殊之外，其余墓葬的装饰题材多为夫妇对坐、备侍等生活场景，庖厨、放牧、水井等劳作题材在区域内比较流行。需要注意的是，这一时段流行在北壁表现墓主的形象，并常绘制出数对墓主夫妇。结合本区流行多室墓、墓中常随葬三具以上的人骨来看，应该表现的是家族成员丛葬于一墓的丧葬理念。墓主形象居于墓室北壁的做法，在北

宋时期和金代中期后段以后均较少出现此类表现方式，应该是这一时段本区墓葬壁面布局的重要特点。

本时段，孝行题材在墓壁的位置得以固定，使得墓室壁面呈现出新的布局状态。在北宋中、晚期，孝行题材虽已出现在墓壁上，但其位置一般不固定，有时与生活题材的图像并列，常以砖雕的形式表现。金代早期和中期前段，孝行题材一般表现为壁画的形式，且其均位于墓室四壁斗栱的下部，呈环形绕墓室一周排列；或位于墓室东西部斗栱的下部，在墓室四壁题材的上方集合出现。这些孝行题材最多为24幅图像，可以表现出一套完整的"二十四孝"图式。孝行题材的位置固定，是本时段砖室墓的重要特征之一。

金代中期后段，砖室墓的壁面布局情况出现了新特点。如长治故漳村房基墓为长方形多室墓，长2.75、宽2.5米，北壁五铺作单杪单下昂、其余壁面四铺作单杪。墓室北壁做出一门二窗，侧绘6幅孝行图；西壁做出一耳室二窗，侧绘8幅孝行图；东壁做出一耳室二窗，侧绘8幅孝行图；南壁墓门两侧各绘一门神。墓顶有星象图，墓壁有"大定二十九年（1189）"的题记[①]。又如长治安昌砖窑厂墓为长方形多室墓，长2.25、宽2.1米，北壁五铺作单杪单下昂，其余壁面四铺作单杪。墓室北壁做出一耳室二壁龛，侧绘14幅孝行图；西壁耳室两侧分别做出壁龛和窗，侧绘五幅孝行图；东壁耳室两侧分别做出窗和壁龛，侧绘5幅孝行图。墓顶绘云鹤图，墓内墨书题记为"明昌六年（1195）"[②]。

本时期墓葬平面与前一时段差异不大，墓室北壁的仿木斗栱普遍比其余壁面复杂，可以体现出墓葬营建的某些趋势。除此之外，墓葬壁面布局的特点如下。其一，墓室内壁依旧装饰孝行题材，多为壁画形式。孝行图的位置则不再固定，而是饰于各壁面的门窗两侧。其二，墓室内壁一般不出现墓主形象，劳作场景的题材也很少出现，最主要的题材为门窗、壁龛和孝行图像，壁面的装饰内容呈现简单化的特点。

金代晚期，晋东南地区没有发现纪年墓，其具体特点不详。但根据本

---

① 长治市博物馆：《山西长治市故漳金代纪年墓》，《考古》1984年第8期。
② 王进先、朱晓芳：《山西长治安昌金墓》，《文物》1990年第5期。

区墓葬的发展趋势和邻近地区墓葬的特点，可以推测这一时期墓葬平面形制和壁面布局基本与金代中期后段相类似。元代之后，本区砖室墓则出现了整体衰落的情况。

综上所述，晋东南地区墓葬布局和题材将墓室整体表现为一个院落，与晋中、晋南地区一致。本区砖室墓主要为长方形和方形，墓室北、西、东等壁面一般均有假门，盛行一门二窗的形式。各壁假门所处的位置有时会做出耳室或壁龛，形成多室墓的布局。多室墓在晋中南地区大量出现，应该和家族丛葬的葬俗相关，是本区的独特做法。北宋中期，本区砖室墓平面主要为长宽差距明显的长方形。北宋晚期及以后，这种差距逐渐减小，墓室平面逐渐趋近于方形。金代早期和中期前段，墓室北壁流行表现墓主形象，生活和劳作题材的图像比重较大，墓室四壁斗栱下部常绘制孝行图，呈环形分布墓室一周。墓室壁面题材的增多也挤占了墓室壁面，呈现繁缛之感，但似乎形成了固定的模式。金代中期后段及以后，墓室内壁孝行图的位置不再固定，较少出现生活和劳作题材的图像，壁面布局渐趋简单化。上述趋势在各时段中的变化见表36。

表36　晋东南地区宋金砖室墓平面形制和壁面布局、题材的变化趋势

时段	墓葬平面形制	壁面题材
北宋中期	长方形（长、宽差距大）	"假门+假门"
北宋晚期	长方形（长、宽差距小）、方形	"假门+假门"
金代早期、中期前段	长方形（长、宽差距小）、方形	"假门+假门"，北壁流行墓主形象，孝行题材位置固定
金代中期后段		"假门+假门"

（三）小结

总体来看，晋中南地区宋金砖室墓的发展呈现出两种态势。其一，区域内部形成了三个小区，每一个小区的墓葬都有自己的特点，其发展轨迹和变化节点也都有所差异；其二，本区砖室墓的发展趋势较为平稳而不间断，墓葬平面形制和壁面布局的时段差异不太明显，比较难以总结各期段的时代特征。这两种态势的产生与其地理环境和时代背景有关。在地理环境方面，晋中南地区相对封闭，导致其与外界文化传播和交流受到一定影响，而在内部不同的环境之下孕育出各自独特的墓葬属性；在时代背景方

面，晋中南地区在宋金两朝均不属于王朝的核心区，墓葬文化受到大型城市的辐射和影响较小，且宋金战争带来的冲击程度也有限，使得本区墓葬形制布局的变化速率较慢。

前述已详细介绍晋中南地区内各个小区平面形制和壁面布局、题材的变化趋势，此处不再赘述。就各小区墓葬形制的独特性而言，晋中地区砖室墓的平面形制在北宋晚期和金代大部时期均为八边形，晋南和晋东南地区则普遍为方形和长方形；晋南地区部分墓葬采用刀把形墓道，大约继承了唐代的地区传统；晋东南地区砖室墓的各个壁面一般采取"一门二窗"的布局形式。尽管本区总体地理位置相对封闭，但仍在不同时期受到相邻地区的影响。例如本区墓葬北壁塑造墓主像的表现形式，应该源自豫中南地区的洛阳附近；又如晋中地区墓葬平面形制的发展趋势为"圆形—多边形—方形"，与邻近的冀中南地区较为相似，似乎受到其较大影响。金代中期以降，晋中南地区墓葬文化因素的交流则更加明显，各小区内不同程度地出现了蕴含邻近地区文化因素的墓葬做法，前文已经有所提及。

尽管各小区内部呈现不同特点，但晋中南地区宋金墓葬的整体发展脉络比较一致，尤以金代最为显著。其壁面布局和题材组合一直保持"假门+假门"的形式，将墓葬象征为院落；墓葬的仿木结构和砖雕技术始终较为发达，而在金代中期左右达到了顶峰；墓葬在金代出现了不同程度的"北壁塑造墓主形象"的做法，这类偶像式的做法不仅是壁面布局的新形式，更整体表现出金代砖室墓内的祭祀意味。

四　齐鲁间殊：山东地区宋金砖室墓

山东地区地处黄河下游，北通幽冀，南接淮泗，东抵大海，西与中原地区相邻。北宋时期，山东地区是东京开封府的东部屏障，宋朝统治集团高度重视本区域，视其为"中国根干，畿甸屏蔽"[①]，青、齐、沂、密、郓等州均为时之重镇；北宋为金所灭之后，天会八年（1130），金人册封

---

① （宋）李焘：《续资治通鉴长编》卷159《仁宗庆历六年》，中华书局1995年标点本，第3849页。

原知济南府降官刘豫为"大齐皇帝",建都河北大名,"沿河、沿淮及陕西、山东等路,皆驻北军,由是赋敛甚重,刑法太峻,民不聊生"[①];此后金人认识到山东地区有"名藩巨邑膏腴之地,盐铁桑麻之利"[②],持续组织猛安谋克户迁入,加强了对本区的控制和开发,也客观促进了汉族与少数民族的融合;金贞祐二年(1214),蒙古骑兵大举伐金,攻破山东地区,焚毁无计,本区受到严重破坏。

山东地区地形复杂,位于中部的山东丘陵将山东地区分隔开来,形成若干小的地理分区,主要包括鲁东的半岛、鲁中南的丘陵和鲁西北的平原区域。鲁东地区地处三面环海的山东半岛,被丘陵地形阻隔,形成了独特的墓葬文化面貌;鲁中南地区位于丘陵地带,该地的墓葬特征与淮泗乃至于长江中下游地区比较相似;鲁西北地区相对而言比较复杂,位于地势平缓的河水冲积平原,不仅与冀中南地区地形面貌一致,也与中原地区相毗邻,本地的墓葬面貌受到了两大文化区的双重影响,客观上汇融并形成了自身的墓葬风格。

由此,依据宋金墓葬形制和装饰的差异,并结合地理分区,可将山东地区的宋金墓葬划分为三个小区,即以济南、聊城、淄博为中心的鲁西北地区,以临沂、枣庄为中心的鲁中南地区和以烟台为中心的鲁东地区。本节将以此分区为前提,着眼于墓葬形制与装饰,对山东地区宋金墓葬的时段特征和区域特征进行探索。

(一) 时代特征

山东地区的宋金墓葬包括砖室墓、石室墓、土洞墓等多种形制,其中以带有壁饰的中小型砖室墓最为重要、数量最多,能够体现出本区墓葬的时代差异。由于鲁东地区位于半岛之上,相对比较独立,墓葬的时代特征也与另外两个小区不同,本节暂不讨论鲁东地区的墓葬,而主要对位于山东中西部的鲁西北和鲁中南地区砖室墓进行讨论。

目前看来,本区域发现的北宋早期墓葬包括青州仰天山路墓、临沂药材店 M1、济南山大南校区墓等,大致可以通过这些墓例对山东地区北宋

---

① (宋)李心传:《建炎以来系年要录》卷53,上海古籍出版社1992年版,第717页。
② (宋)徐梦莘:《三朝北盟会编》卷197《炎兴下帙九十七》,上海古籍出版社1987年版,第1421页。

早期砖室墓的主要特征进行观察。青州仰天山路墓为圆形穹窿顶砖室墓，四根仿木倚柱环绕墓室壁面，倚柱上砌柱头铺作一朵，墓室各壁砌出假门窗、桌椅、柜、架、灯檠等仿木结构装饰，发掘者根据出土器物判断其为北宋早期墓葬[①]；临沂药材店 M1 的形制和装饰与青州仰天山路墓近似[②]；建隆元年（960）济南山大南校区墓是带有明确纪年的北宋早期砖室墓，同样为圆形穹窿顶，墓室内壁饰以丰富的彩绘，以影作木构和壁画的形式绘出仿木构件和假门窗、桌椅、柜、架、灯檠等题材，所表现题材和壁面布局与前述二墓类似。本区域北宋早期典型墓例的壁面装饰情况见图 27、表 37。

表 37　　　　　　　山东中西部北宋早期部分墓例的壁面装饰情况

墓例	时代	北壁	西壁	东壁	南壁	备注
青州仰天山路墓	北宋早期	砌假门、柜	砌衣架	砌一桌二椅	券门西侧砌窗、东侧砌窗和灯檠	圆形墓，4 倚柱。彩绘脱落
临沂药材店 M1	北宋早期	砌假门	砌一桌二椅	砌衣架、灯檠	券门	圆形墓，4 倚柱。未见彩绘
济南山大南校区墓	960	绘一门二窗、假门两侧凳上各绘三个纱笼	绘箱架、瓮罐	绘一桌二椅	券门西侧绘二架子、东侧绘灯檠、箱子	圆形墓，4 倚柱。壁面以壁画绘制

表 37 可以大致归纳出本区域北宋早期砖室墓的主要特征。这一时期墓葬多采取圆形穹窿顶的形制，以四根倚柱将墓室壁面分隔，形成"四分式"的壁面布局，侧壁重点雕绘出衣架、柜和桌椅等家具，这些特征与冀中南地区北宋早、中期砖室墓比较相似，应该是区域间密切联系和互动的表现。不过，本区域北宋早期墓葬壁面装饰多以彩绘形式表现，甚至以壁画来代替砖雕，壁面题材形象复杂，有走向繁缛华丽之势，这种现象与冀中南地区差别较大。

进入北宋中期，本区域砖室墓同样倾向于采取绘制壁画的形式来装饰

---

① 庄明军、李宝垒、王岩：《山东青州市仰天山路宋代砖室墓的清理》，《考古》2011 年第 10 期。
② 发掘者认为该墓为唐代晚期墓葬，笔者根据墓葬形制的对比，判断其下限有可能为北宋早期。参见邱播、苏建军《山东临沂市药材站发现两座唐墓》，《考古》2003 年第 9 期。

1. 青州仰天山路墓（《考古》2011年第10期） 2. 临沂药材店M1（《考古》2003年第9期） 3. 济南山大南校区墓（《文物》2008年第8期）

图27 山东中西部北宋早期墓例

墓壁，壁画细节愈加精细、形象愈加生动，具体的纪年墓例包括治平年间（1064—1067）的济南青龙桥西墓和熙宁八年（1075）的济南青龙桥东墓。尽管二墓的具体壁面布局不详，仅知有炊事、旅行等壁画题材，但根据公布的现场照片，仍可看出二墓壁画在墓葬装饰中的比重比较高，且出现了人物的形象①。人物形象与假门、家具等壁面装饰相结合，使得墓室壁面不再是单调的实物罗列，而更加鲜活生动，富有表现力，出行题材的壁画也是首次出现在本区墓葬中。

在北宋晚期至金代早期长达百年的时间内，本区域纪年砖室墓材料出现了缺环。根据相关墓葬材料和相邻的冀中南地区砖室墓壁面布局的演变规律，可以大致归纳出本时期墓葬的基本特点。在这一时期，墓葬平面依旧为圆形，四根倚柱将墓壁分隔成"四分式"的壁面布局，比较符合以上特征的砖室墓例见图28、表38。

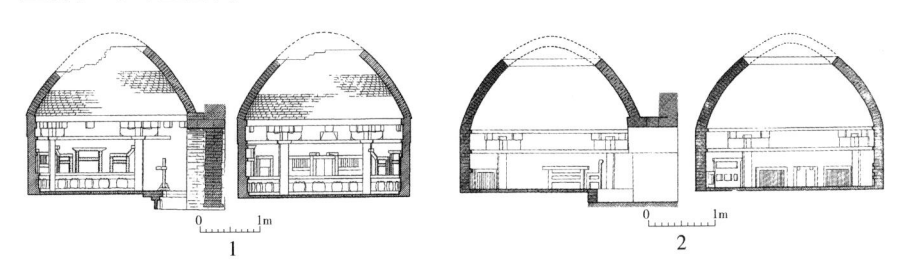

1. 济南洪家楼墓 2. 济南郑家庄墓

（《文物》2005年第11期）

图28　山东中西部北宋至金代早期墓例

表38　山东中西部北宋至金代早期部分砖室墓例的壁面装饰情况

墓例	墓室平面和尺寸（单位：米）	北壁	西壁	东壁	南壁	备注
济南洪家楼墓	圆形，直径2.55	一门二窗	衣架、柜	一桌二椅	券门东侧灯檠	4倚柱，倒凹形棺床，彩绘脱落
济南郑家庄墓	圆形，直径2.6	一门二窗	衣架、箱柜、灯檠	一桌一椅	券门	4倚柱，倒凹形棺床，未见彩绘

---

① 佚名：《济南发现带壁画的宋墓》，《文物》1960年第2期。

续表

墓例	墓室平面和尺寸（单位：米）	北壁	西壁	东壁	南壁	备注
济南实验中学墓	圆形，直径2.3	假门、窗	衣架	一桌一椅	券门东侧镜架	4 倚柱，棺床不详，彩绘不详
济南铁厂墓	圆形，直径不详	假门	橱、方桌	一桌二椅、镜架、茶几	券门两侧各一窗	

济南洪家楼墓出土了带有北宋特征的器物，被发掘者判断为北宋时期墓葬；济南郑家庄墓则被断为金元时期[①]；济南实验中学墓[②]和济南铁厂墓[③]均因附近出土了金代纪年墓葬，而被断为金代。由于缺乏更多的纪年材料以资比对，上述断代结论仍有探讨空间。目前看来，这批砖室墓的形制、装饰特点与北宋早、中期相近，壁面布局和题材没有太大的变化，大致可以说明本区墓葬在北宋晚期至金代早期之间应该保持了较长时间的稳定性。

金代中期，本区域纪年砖室墓葬材料较多，典型墓例包括明昌三年（1192）济南商阜三十五中学墓[④]、承安二年（1197）聊城高唐虞寅墓[⑤]、泰和元年（1201）济南大官庄M1[⑥]等，其特征相对较易总结（图29、表39）。

聊城高唐虞寅墓的尺寸远较其他砖室墓为大，壁面装饰布局也稍有不同，可能受到了墓主官员品级和墓葬等级制度的影响。观察上表所列三座纪年墓，很容易发现其共性，即墓室内壁均作出六根仿木倚柱，呈现出"六分式"的壁面布局。其中，济南商阜三十五中学墓的墓室平面为六边形，使得这种人为划分的壁面布局更加明显。这种"六分式"的壁面布局形式应该源自北宋早、中期的"四分式"。壁面布局形式的改变，是本区域金代中期砖室墓的重要标志之一。

---

① 刘善沂、王惠明：《济南市历城区宋元壁画墓》，《文物》2005 年第 11 期。
② 济南市博物馆、济南市考古所：《济南市宋金砖雕壁画墓》，《文物》2008 年第 8 期。
③ 济南市博物馆：《济南市区发现金墓》，《考古》1979 年第 6 期。
④ 济南市博物馆：《济南市区发现金墓》，《考古》1979 年第 6 期。
⑤ 聊城地区博物馆：《山东高唐金代虞寅墓发掘简报》，《文物》1982 年第 1 期；李方玉、龙宝章：《金代虞寅墓室壁画》，《文物》1982 年第 1 期。
⑥ 济南市博物馆、济南市考古所：《济南市宋金砖雕壁画墓》，《文物》2008 年第 8 期。

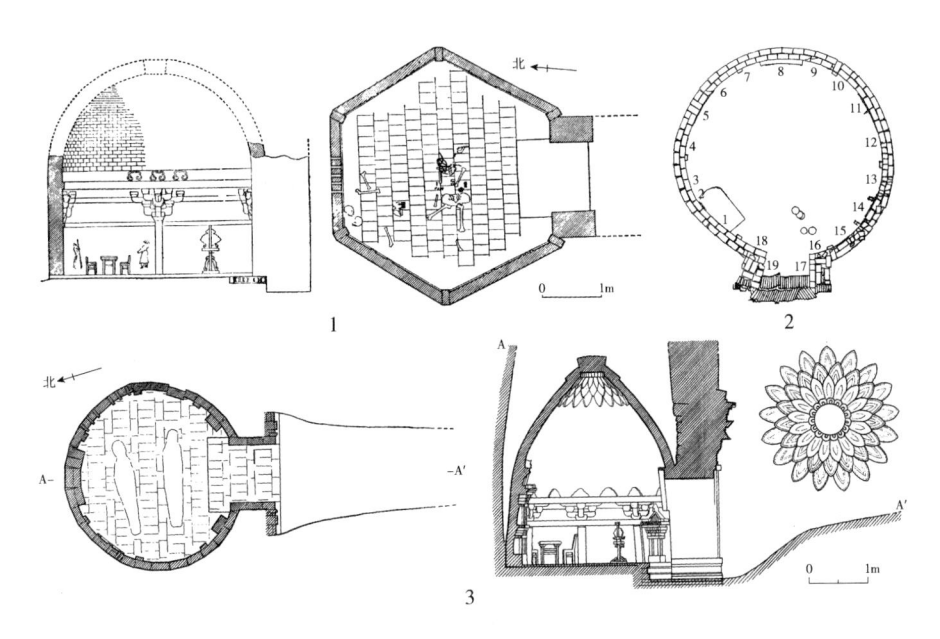

第三章 砖室墓的时代和区域特征　113

1. 济南商阜三十五中学墓（《考古》1979年第6期）　2. 聊城高唐虞寅墓（《文物》1982年第1期）　3. 济南大官庄 M1（《文物》2008年第8期）

图 29　山东中西部金代中期墓例

表39　　　　　山东中西部金代中期纪年砖室墓例的壁面装饰题材

墓例及年代	北壁	西北壁	东北壁	西南壁	东南壁	南壁	备注
济南商阜三十五中学墓（1192）	格子门	不详	一桌二椅	桌、几、侍女	镜台	券门	六边形，6倚柱，四铺作单杪
聊城高唐虞寅墓（1197）	带檐假门	砌窗，绘伎乐和床帐	砌窗，绘桌椅和盆架	灯檠、牵马、备车	屏风、备侍、出行	券门东侧绘骑马	圆形，6倚柱
济南大官庄M1（1201）	二层门楼、"妇人启门"	假门	一桌二椅、夫妇对坐	方桌、衣架、三侍者	灯檠、三侍女	券门两侧各砌一方亭	圆形，6倚柱，把头绞项造。甬道西壁绘牵马、东壁绘赶车。铺作层上砌砖雕和莲花藻井

这一时期，砖室墓的壁面装饰也发生了较大变化。一方面，墓葬装饰样式更加复杂，以北壁的假门为例，便出现了格子门、版门和二层门楼多种样式。但无论样式如何变化，壁面装饰的题材本体基本没有改

变，仍旧在北壁雕绘假门，在侧壁雕绘桌椅、盆架、镜台和灯檠等家具，延续了之前的传统做法。另一方面，墓葬的壁面装饰采取砖雕、彩绘和壁画等多种方式相结合，壁画所占装饰的比重较大，人物形象的塑造使得装饰题材变得更加生动而富有指向性，墓葬的甬道两侧也开始绘制壁画，铺作层上砌出装饰性的砖雕和藻井，共同营造出复杂、华丽的墓葬景象。这也与北宋早、中期砖室墓相呼应，属于本区域宋金墓葬的地区传统。

根据目前的考古发现，区域内金代晚期墓例的数量不多，这可能与蒙元南下的动荡政治形势有关。进入元代之后，本区砖室墓明显出现了新的特点[①]。其一，墓室壁面布局和倚柱的数量有所变化。元代早中期的砖室墓一般以四根倚柱划分壁面，又回到了北宋时期"四分式"的壁面布局，墓室内壁开始出现补间铺作；元代晚期，倚柱趋于消失，但墓壁布局的主体形式仍为"四分式"。其二，墓室壁面题材的基本组合形式发生重大变化。本区域宋金墓葬普遍在墓室正壁表现假门，侧壁雕绘桌椅、箱柜等家具；而元代墓葬则在墓室正壁、侧壁都重点突出假门题材，家具题材所占比重逐渐降低。其三，新增了诸多装饰题材。元代山东地区墓葬装饰更加繁缛，盛行满绘于四壁及墓顶的多层繁密式装饰格局，且出现了粮仓帛库、孝行等壁画题材，侧壁的墓主人像也出现了居中表现的情况，铺作之上常雕绘流苏垂饰和币串。这些都是不见于宋金时期的新特点。

综合上述讨论，结合元代墓葬的情况，大致可以梳理出本区域宋金砖室墓形制与装饰的变化趋势（表40）。北宋早、中期，本区砖室墓以圆形墓居多，墓室多为"四分式"的壁面布局，壁面题材主要表现为"假门+家具"的组合形式，常以壁画和砖雕相结合的形式进行墓壁装饰。北宋晚期至金代前期的墓葬材料不多，可能和北宋早、中期类似，保持了较长时间的稳定性。金代中期，本区墓葬多为圆形和六边形，墓室内壁多作出六根仿木倚柱，呈现出"六分式"的壁面布局，壁面题材变化不大，而墓葬装饰样式更加复杂，壁面装饰采取砖雕、彩绘和壁画等多种

[①] 对山东地区元代墓葬装饰布局情况的详细讨论可参见袁泉《蒙元时期中原北方地区墓葬研究》，文物出版社2020年版，第132—142页。

方式，共同营造出复杂、华丽的墓葬景象。金代晚期的墓例较少。元代墓葬装饰愈加繁缛，逐渐向"四分式"的壁面布局重新靠拢，墓室正侧壁均凸显假门题材的中心地位，家具题材在壁面中的比重降低，孝行图等新的装饰题材在本区开始出现。

表40　　　　山东中西部宋金砖室墓形制与装饰的整体变化趋势

时段	墓葬平面形制	壁面布局	壁面题材组合
北宋至金代早期	圆形为主	"四分式"，有倚柱	"假门+家具"
金代中期		"六分式"，有倚柱	
金代晚期		不详，可能逐渐向"四分式"靠拢	
元代		"四分式"，晚期不见倚柱	"假门+假门"

（二）区域特征

由于唐、五代的墓葬在本区发现较少，对山东地区宋金墓葬传统和渊源的讨论不易展开。就宋金时期墓葬发展的整体趋势而言，本区受到冀中南地区、豫中南地区的文化因素影响，地区间的交流和融会使之形成了相对独特的墓葬区域特征。山东地区的地理分区比较明显，即鲁西北的平原、鲁中南的丘陵和鲁东的半岛，地缘因素影响了不同区域的文化，进而使得本区域内部各小区之间的墓葬差别相当显著。

鲁西北和鲁中南地区宋金砖室墓平面布局、内部格局和壁面装饰题材相对统一，与中原地区和冀中南地区比较接近。墓葬绝大多数为圆形墓，少见六边形墓，方形墓基本不见；墓葬的壁面装饰题材除北壁假门以外，均以桌椅、衣架、箱柜、灯檠等家具为主。这些特征均与相邻的冀中南地区宋代墓葬十分相近，应该是同样受到晚唐以来河朔地区圆形墓传统的影响[①]。就壁面布局而言，宋金时期由以倚柱划分的"四分式"向"六分式"过渡，随后在元代又回归"四分式"的壁面布局，后来倚柱不再出现，这一发展脉络与冀中南地区也很相似。此外，区域内发现了数座石室墓，如济宁嘉祥钓鱼山M2为带石藏的方形石

---

① 参见崔世平《河北因素与唐宋墓葬制度变革初论》，载北京大学中国考古学研究中心编《两个世界的徘徊：中古时期丧葬观念风俗与礼仪制度学术研讨会论文集》，科学出版社2016年版，第282—312页。

室墓①、济南长清崮云湖 M1 和 M3 为圆形石室墓、济南长清崮云湖 M2 为双室方形石室墓②等，这些墓葬形制特殊，分别位于北宋官员家族晁氏和宋氏墓地，可能和墓主人官员身份和品级相关。值得提及的是，一些石室墓重新利用了汉代画像石构件，多将其置于墓室后壁、画面朝向墓内③，可以反映出宋金时期的地区风俗和建墓者心理。

鲁中南地区与淮泗地区相接，一定程度上受到了南方地区墓葬因素的影响。这一地区发现了竖穴土坑墓若干座，均无墓道，土坑内砌筑砖棺或石椁，砖棺顶部偶以石板覆盖，石椁内一般有木棺。如金代承安四年（1199）枣庄滕县苏瑀墓为竖穴土坑墓，土坑内置石椁，椁长2.2、宽0.97米，内有朽棺，随葬纪名石、铜镜、木梳、骨笄、残纸卷、钱币等④；又如临沂沂水县城南 M3 为竖穴土坑墓，土坑内置砖棺，长2.15、宽0.55—0.74米，棺顶以石板覆盖，随葬陶罐、铜头钗、钱币等⑤。进入元代，本区域内的竖穴土坑石椁墓的数量更多。这类墓葬远较鲁西北地区等地的砖室墓简单，而与南方地区更为相似。

鲁东地区的宋金墓葬与前述两个地区差别较大。大概是因地处相对偏远的半岛地区，在一定程度影响了相互联系和交流，使得半岛地区的文化独立性尤其明显。这一区域的宋金墓葬以砖室墓为主，墓室平面经常采用方形或弧方形。如元丰七年（1084）莱州南五里墓为弧方形砖室墓，墓室东西壁绘青龙、白虎，南侧绘伎乐、备宴、备侍、舞蹈等，甬道两壁绘牵马图⑥；又如宣和二年（1120）莱州张家村 M1 为方形砖室墓，墓室北壁砌假门，两侧绘有青龙、白虎，西壁绘一桌二椅、二侍者等⑦；

---

① 山东嘉祥县文管所：《山东嘉祥县钓鱼山发现两座宋墓》，《考古》1986年第9期。
② 济南市考古研究所：《山东济南长清崮云湖宋墓发掘简报》，《文物》2016年第2期。
③ 邹城市文物局：《山东邹城峄山北龙河宋金墓发掘简报》，《文物》2017年第1期。
④ 滕县博物馆：《山东滕县金苏瑀墓》，《考古》1984年第4期。
⑤ 孔繁刚、宋贵宝、秦搏：《山东沂水县金代墓葬》，载考古杂志社编《考古学集刊》第11集，中国大百科全书出版社1997年版，第308—310页。
⑥ 闫勇、张英军等：《胶东地区首次发现宋代纪年墓》，《中国文物报》2013年12月6日第8版。
⑦ 闫勇、张英军、侯建业：《山东莱州发现两座宋代壁画墓》，《中国文物报》2014年7月4日第8版。

再如大安二年（1210）淄博博山区墓为方形砖室墓，墓室北壁为"妇人启门"，西壁砌绘假窗、备马、备侍，东壁砌绘灯檠、夫妇对坐、衣架，南壁绘备马、花卉（图30）①。上述纪年墓葬的墓室壁面装饰情况见表41。

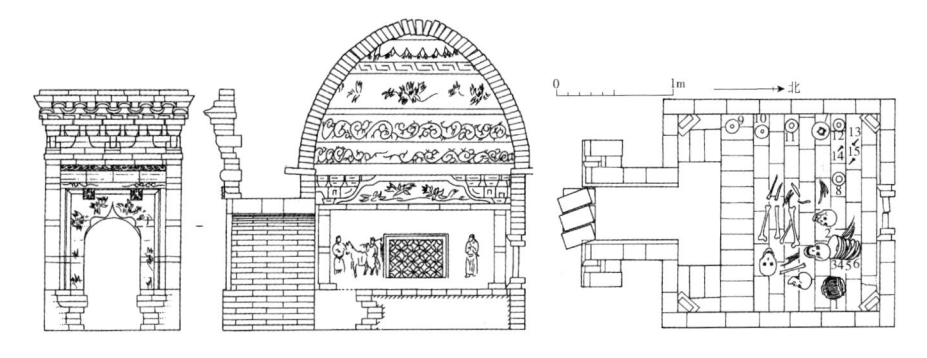

（《考古》2012年第10期）

图30 淄博博山区墓

表41 山东半岛地区部分宋金纪年砖室墓例的壁面装饰题材

墓例和年代	墓室平面及尺寸	北壁	西壁	东壁	南壁	甬道
莱州南五里墓（1084）	弧方形，边长2.65米	不详	白虎、伎乐	青龙、备宴	券门西侧舞蹈、东侧侍女	两侧牵马图
莱州张家村M1（1121）	方形，边长2.5米	假门两侧青龙、白虎	一桌二椅、二侍者			
淄博博山区墓（1210）	方形，边长1.91—1.96米	"妇人启门"，左右各一侍者	砌窗，左侧备马挑担、右侧侍者	砌灯檠，左侧夫妇对坐、右侧衣架	券门西侧牡丹、东侧备马	墨书题记

本区域除墓室平面多为方形之外，墓葬壁面布局和题材也呈现出自身特点。壁画所占墓室装饰的比重相当大，色彩绚丽，分层布局，出现了青龙、白虎等不见于附近地区的题材，墓室南壁常墨书题记和绘制出行、备马图像。区域内还出现了使用圆形墓的做法，如政和六年（1116）栖霞

---

① 李鸿雁：《山东淄博市博山区金代壁画墓》，《考古》2012年第10期。

慕仉墓的墓室平面为圆形，壁面有八根仿木倚柱，墓室斗栱为四铺作（图 31）①，比较特殊，应与墓主身为朝奉大夫的级别身份相关。

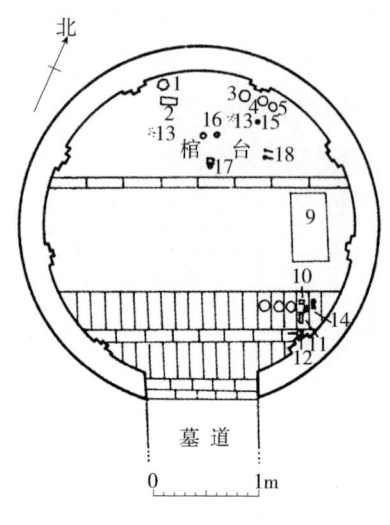

（《考古》1998 年第 5 期）

图 31　栖霞慕仉墓

进入金代，本区墓葬壁面布局和平面形制发生了新变化，如青岛即墨东障 M1、M6 均为六边形砖室墓，墓壁装饰较少②。元代后期到明代，胶东半岛地区流行石塔墓，多以家族墓群的形式成片分布③，这种墓葬也颇具地域特色。由于总体数量发现不多，本小区宋金墓葬演变规律不易总结，但其自身鲜明的特点和与邻近区域的互动情况值得进一步研究和重视。

（三）小结

在对墓葬展开比较研究的时候，如不考虑诸如身份等级、主观意志、偶发事件等相对较为特别的因素，其墓葬面貌出现差异的原因普遍

---

①　李元章：《山东栖霞市慕家店宋代慕仉墓》，《考古》1998 年第 5 期。
②　青岛市文物保护考古研究所、即墨市博物馆：《即墨东障墓地发掘报告》，《中国国家博物馆馆刊》2013 年第 6 期。
③　袁泉：《继承与变革：山东地区元代墓葬区域与阶段特征考》，《考古与文物》2015 年第 1 期。

可以归结于两方面：其一为时代性的差异，其二为区域性的差异。研究历史时期墓葬的时代性和区域性，需要结合纪年标尺材料将不同墓葬进行深度对比，这有助于继续探究墓葬文化及其所反映的深层次问题。总体来看，山东中西部地区宋金砖室墓发展脉络比较清晰，其形制与装饰在不同时段呈现出不同的特点，前文已归纳了其时代特征；鲁西北、鲁中南和鲁东地区的墓葬区域特征比较明显，前文也结合具体墓例逐次进行了介绍。此处将从地缘因素的角度，对山东地区墓葬区域性的形成原因略作探讨。

山东地区宋金墓葬的内部区域性表现得比较明显，不同小区之间的墓葬面貌差别较大。鲁西北地区墓葬特征更趋近于冀中南地区和豫中南地区，鲁中南地区墓葬的文化面貌呈现出融南汇北的特征，鲁东地区墓葬则极具地域特色。这种内部区域性差异的出现和地理环境有较大关系。不同区域的墓葬面貌受到该区域文化传统和区域间文化因素传播的影响，而归根结底与地缘因素密切相关。

地缘因素影响着区域文化传统的定型，形成了不同的墓葬文化分区。中国自古便有"禹贡九州"说法，九州文化各自不同，这种文化分区与地缘因素密切相关。以山东地区为例，山东地区中部的丘陵将其分为鲁西北、鲁中南与鲁东三个区域，"九州"中的兖州、徐州、青州便与前述三个区域的范围大致相合。这种区域划分对文化面貌的形成产生着重要的影响，不同的地理区域催生了不同的文化区域，在山东地区则表现为齐文化与鲁文化彼此共存的格局。现今的山东地区常被称为"齐鲁地区"，人们常以"齐鲁文化"指代山东地区的社会风俗和文化面貌，齐鲁文化也是齐文化与鲁文化相互选择、渗透、交融的结果。但是需要重视的是，齐文化与鲁文化的风习存在着显著的差异，这也导致区域间存在着相异的地域性格，如《宋史·地理志》中记载"兖、济山泽险迥，盗或隐聚。营丘东道之雄，号称富衍，物产尤盛。登、莱、高密负海之北，楚商兼凑，民性愎戾而好讼斗"[1]。前述鲁东、鲁西北地区墓葬面貌截然不同，其应当受到了齐、鲁两地的不同地域文化的影响，本质上是源于地缘因素影响下

---

[1] （元）脱脱等：《宋史》卷85《地理一》，中华书局1985年标点本，第2112页。

的文化分区的差异。

地缘因素还影响着区域墓葬文化因素的传播。随着人群的流动，相邻区域间持续发生文化交流，墓葬的形制与装饰等也在不断融合的基础上形成了自身的特点。在山东地区，前文所述鲁西北、鲁中南地区砖室墓所普遍使用的圆形平面形制和仿木结构装饰等具体做法与冀中南地区墓葬面貌比较相似，一定程度上说明了这些区域间的密切互动。如果将视野回到中晚唐，可以发现地缘位置接近的河北、山东地区同属于藩镇控制的核心地区，位于山东地区的淄青镇与河朔三镇联系密切，相互呼应，结成政治军事联盟，这也使得河朔风俗文化向山东地区传播开来，墓葬文化因素也得到充分的交流。在宋金时期，山东地区是受到冀中南地区墓葬文化影响最大的地区之一，直至元代仍保留了相当程度的宋金传统做法。因此，在讨论唐宋时期冀中南地区墓葬文化因素向外输出的过程之中，山东地区墓葬应当受到更多重视。

五　边陲华彩：陕甘宁地区宋金砖室墓

陕甘宁地区指今陕西省大部、甘肃省东部和宁夏回族自治区南部的地区，北抵横山、南至秦岭、东临黄河、西达青海湖，位于黄土高原中西部。区域内西部与青藏高原相邻、南部为关中平原、中部为典型的黄土高原地貌，地势总体较高，地形比较多样。本区公布的宋金墓葬分布于固原、白银、兰州、定西、临夏、天水、平凉、庆阳、延安、宝鸡、渭南、西安、咸阳等地市的范围内。

北宋时期，陕甘宁地区和西夏、吐蕃等政权接壤。宝元元年（1038），西夏首领李元昊自立为帝，此后宋夏之间战端开启，前后持续近百年，在边境地区展开拉锯战。战争前期，北宋处于被动防御的态势。熙宁四年（1071），北宋击败吐蕃诸部，收复熙、河诸州，建制熙河路，北宋逐渐夺回了宋夏战争的主动权，西夏不断丧师丢地。靖康二年（1127）金灭北宋后，集中力量攻击黄河以北的宋军和抗金义军，于天会八年（1130）击败宋军，基本控制了陕甘宁地区战场的局势。皇统元年（1141），金与南宋达成绍兴和议，陕甘宁地区由金人统治。金人入主中原后，与西夏维持了长时间和平的局面。大安二年（1210），西夏慑于蒙古的威胁，出兵攻打金境，金与西夏关系破裂，次年蒙金战争爆发。正大八年（1231），蒙古军队控制了陕甘宁地区大部，数年后金亡。

陕甘宁地区不处于北宋和金统治的核心地区，地理位置相对偏远，墓葬格局和结构形成了自身的特点。尽管本区砖室墓的壁面布局和题材比较复杂，且存在一定数量的纪年墓，但由于材料刊布简单、总体数量不多、所处范围分散，难以获得考古学和美术史学者的重点关注，相关学术成果较少，较为综合性的探讨有吴敬和郝军军等人的研究①。

根据墓葬特点的差异，可将陕甘宁地区的宋金砖室墓分为三个小区，即以天水、临夏为中心的甘宁地区、以西安为中心的关中地区和地处陕北的延安地区。笔者将结合纪年墓葬和其他材料，对陕甘宁地区宋金墓葬的区域和时代特点进行整体研究。

（一）时代特征

北宋早、中期，陕甘宁地区没有发现带有明确纪年的砖室墓。关中地区发现的土洞墓数量较多，墓中随葬品较为丰富，如乾德二年（964）西安吕远墓、天禧三年（1019）西安李保枢墓、天圣七年（1029）西安李璹墓、景祐元年（1034）西安淳于广墓、熙宁八年（1075）西安范天祐墓等②。这些墓葬的使用人群一般为官员或上层人士，延续了唐代官员墓葬的特点，即多使用土洞墓。甘宁地区和延安地区发现的墓葬相对较少，特点不易讨论。

北宋晚期，陕甘宁地区出现了纪年砖室墓例，主要集中在延安地区和甘宁地区。延安延川墓坐东朝西，墓壁内绘出葬图和迎魂图，根据墓志可知为崇宁三年（1104）所建③。该墓是目前陕甘宁地区发现时代最早的

---

① 吴敬：《宋代西北地区墓葬研究》，载教育部人文社会科学重点研究基地吉林大学边疆考古研究中心编《边疆考古研究》第16辑，科学出版社2014年版，第237—246页；郝军军：《金代墓葬的区域性及相关问题研究》，博士学位论文，吉林大学，2016年，第320—342页。

② 魏遂志：《西安市东郊后晋北宋墓》，载中国考古学会编《中国考古学年鉴1987》，文物出版社1988年版，第269—270页；西安市文物保护考古所：《西安长安区郭杜镇清理的三座宋代李唐王朝后裔家族墓》，《文物》2008年第6期；西安市文物管理处：《西安西郊热电厂基建工地清理的三座宋墓》，《考古与文物》1992年第5期；西安市文物保护考古研究院：《西安北宋范天祐墓发掘简报》，《中国国家博物馆馆刊》2017年第6期。

③ 樊俊成：《延川发现北宋壁画墓》，《中国文物报》1992年6月14日第1版。

北宋砖室墓，惜其具体介绍不详。天水王家新窑墓为长方形砖室墓，长2.6、宽2.58米，坐东朝西，壁面装饰分上下两层，上层四铺作单下昂、下层四铺作单杪，独立棺床。墓室北壁下层做出屏风，上层三开间、明间屏风和歇山顶建筑、两次间各一窗；西壁下层三开间、三组版门，上层明间四人散乐、东西次间版门和窗；东壁下层三开间、三组版门、东次间"妇人启门"，上层明间一桌二椅、二侍者、东西次间版门和窗；南壁墓门两侧窗。出土文字砖上书"大观四年（1110）"的纪年题记①。延安甘泉苗山村墓为多室墓，主室长2.25、宽2.27米，把头绞项造。北壁一门二窗，各壁面纹饰不详。墓葬有政和八年（1118）的纪年②。庆阳镇原墓为长方形砖室墓，长3.5、宽2米。墓室东、西壁做出壁龛。墓壁镶嵌雕砖，题材为武士、骆驼、马、鹿、莲花，墓葬建于宣和五年（1123）③。天水清水白沙乡箭峡墓为长方形砖室墓，长3.6、宽2.6米，无斗栱，一字形棺床。北壁壁龛两侧做出盆架、其上妇人端坐、两侧窗，东西壁假门，上部券顶绘宴饮、游乐、祥云等。各壁面三层雕砖，有飞天、武士、狮子、骏马、花卉、孝行、葡萄等题材，墓葬建筑年代为北宋④。根据上述纪年墓例可以大致看出，北宋晚期陕甘宁地区砖室墓主要呈现为方形或长方形的平面布局，墓葬的仿木斗栱通常不复杂，棺床和壁面装饰等各自相异，墓室壁面布局的具体特点不易归纳（图32）。

　　由于本区长期以来不流行使用砖室墓的地区传统，北宋晚期开始流行的砖室墓的壁面特征较不稳定，而在砌筑方式和表现形式等方面逐渐呈现出独特的地区特点。最突出的表现是墓室壁面常镶嵌雕砖或画像砖，往往分层嵌于壁面上，占据了墓壁的大部分空间。砖上的纹样种类丰富，题材以花卉、植物、动物居多，体现出强烈的装饰意味。这种墓壁装饰布局形式可以追溯至汉唐时期，表现出强烈的区域性特征。部分位于墓壁中心位

---

① 甘肃省文物考古研究所：《甘肃天水市王家新窑宋代雕砖墓》，《考古》2002年第11期。
② 王沛、王蕾编著：《延安宋金画像砖》，陕西人民美术出版社2014年版，第167—171页。
③ 许俊臣：《甘肃镇原县出土北宋浮雕画砖》，《考古与文物》1983年第6期。
④ 南宝生：《绚丽的地下艺术宝库：清水宋（金）砖雕彩绘墓》，甘肃人民出版社2005年版，第37—68页。

1. 延安甘泉苗山村墓（《延安宋金画像砖》，第170页）
2. 天水清水白沙乡箭峡墓［《绚丽的地下艺术宝库：清水宋（金）砖雕彩绘墓》，第68页］

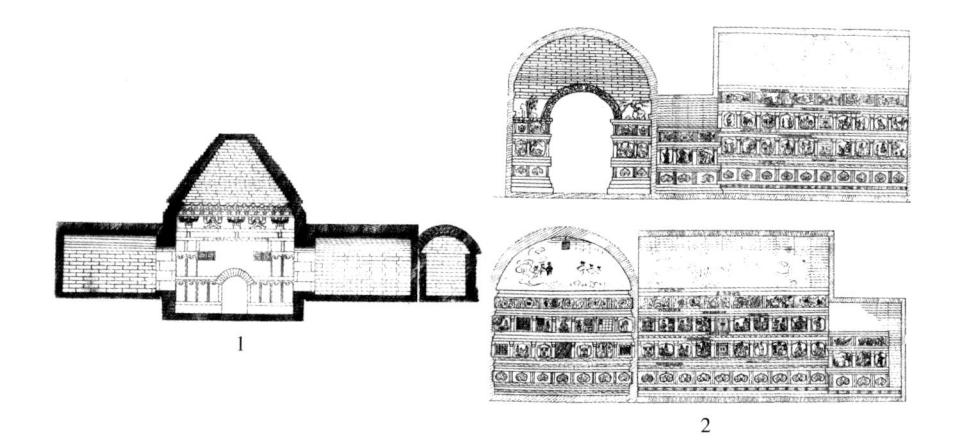

图32　陕甘宁地区北宋晚期墓例

置的装饰砖上做出门窗、桌椅、散乐、侍者等形象，显著模仿了晋中南地区和豫中南地区等地的主要壁面装饰因素。但因为这些装饰砖的体量一般不大，占据壁面空间也不多，因此整个墓室摹拟为居室或院落的意味并不明显。值得注意的是，在天水清水白沙乡箭峡墓中出现了孝行题材，应属本区最早，有"大宋"题记，而具体年代不详，推测应处于宋金交替之际。

在这一时期，宋夏战争中北宋政权处于攻势，宋境内战火相对较少，整体形势逐渐安定，百姓有条件效仿相邻的晋中南等地区，建造花费相对较多的砖室墓。这大概是延安地区和甘宁地区逐渐开始流行砖室墓的原因，所建造的墓葬平面也主要为方形或长方形，与晋南、晋东南地区相近，应该有一定渊源。至于关中地区则依旧主要流行土洞墓，砖室墓的发现数量不多，典型的土洞墓如西安蓝田吕氏家族墓地，共清理29座墓葬，时代自熙宁七年（1074）至政和六年（1116）[①]，不再多做介绍。

---

①　陕西省考古研究院、西安市文物保护考古研究院、陕西历史博物馆：《蓝田吕氏家族墓园》，文物出版社2018年版，第190—876页。

进入金代，尤其是宋金绍兴和议之后，陕甘宁地区砖室墓呈现出稳定发展的态势，区域内各小区都有数量不等的发现，墓葬的壁面特征也趋于稳定。在本区的三个小区中，甘宁地区砖室墓的时代贯穿金代各个时期，特征最为明显，发现的数量也最多，能代表陕甘宁地区砖室墓的整体发展水平。兹将该小区的纪年砖室墓例[①]列表如下（表42）。

表42　　　　甘宁地区金代纪年墓例的基本情况

墓例和年代	墓室平面和尺度（单位：米）	壁面布局	备注
定西陇西墓（1128）	长方形，长2.28、宽2.43	墓室四壁环绕侍女工作图、假门窗等雕砖，其中北壁一桌二椅、二侍女。甬道两侧三层砖雕，下层雕门神，上层两侧分别雕牵马担水、抬轿提水图案	坐南朝北。五铺作单杪单下昂。一字形棺床
白银会宁莲花山墓（1146）	长方形，长2.8、宽2.98	四壁上部均绘孝行图，每壁二幅。下部砌五层画像砖。第一层模印斗栱，其余四层有大象、骆驼、飞马、牡丹等图案	
临夏四家嘴墓（1174）	方形，边长2.17	北壁壁龛，东西壁假门窗，均为歇山顶建筑，下部镶嵌若干砖雕。有花卉、狮子、天马、鹿、孔雀、侍女和孝行雕砖	坐西朝东。北西东三壁四铺作单杪，南壁把头绞项造
临夏南龙乡墓（1175）	方形，边长2.33—2.35	北、西、东三壁中心壁龛，上部做出歇山建筑，下部镶嵌若干层雕砖。甬道内砌孝行雕砖	坐南朝北。五铺作双杪
临夏枹罕墓（1187）	长方形，长2.18、宽2.03	北壁壁龛、两侧人物图、旁边花卉、动物雕砖，东西壁镶嵌若干雕砖，有"息真"、"返神"二字。北、西、东三壁上部均做出歇山建筑	坐西朝东。有斗栱

---

① 陈贤儒：《甘肃陇西县的宋墓》，《文物参考资料》1955年第9期；甘肃省文物考古研究所：《甘肃会宁宋墓发掘简报》，《考古与文物》2004年第5期；临夏州博物馆、临夏市博物馆：《临夏市四家嘴金代砖雕墓调查简报》，载马珑编《临夏考古（临夏回族自治州博物馆论文集）》，甘肃文化出版社2016年版，第129—134页；临夏回族自治州博物馆：《甘肃临夏金代砖雕墓》，《文物》1994年第12期；临夏州博物馆：《临夏市枹罕金代砖室墓清理简报》，载马珑编《临夏考古（临夏回族自治州博物馆论文集）》，甘肃文化出版社2016年版，第58—60页；宝鸡市考古队、千阳县文化馆：《陕西千阳发现金明昌四年雕砖画墓》，《文博》1994年第5期；甘肃省文物管理委员会：《兰州中山林金代雕砖墓清理简报》，《文物参考资料》1957年第3期。

续表

墓例和年代	墓室平面和尺度（单位：米）	壁面布局	备注
宝鸡千阳墓（1193）	方形，边长2.15	北、西、东三壁上部砌假门，均做出歇山建筑，下部砌若干层雕砖，题材为花卉、鹿、马、羊等重复图像和孝行题材	坐西朝东
兰州中山林墓（1190—1196）	多室墓，主室长方形，长3.13、宽0.68	北、西、东三壁上部砌一门四窗，均做出歇山建筑。耳室内各壁面亦同。各壁面砌若干层雕砖，雕砖为马、鹿、花卉等图案。东西壁中间假门内各两块孝行雕砖	坐南朝北。四铺作单杪

金代早期，甘宁地区砖室墓发现的数量不多，应与金人代宋的政治环境有关。这一时期的墓葬壁面布局与北宋晚期相对较为一致，在使用雕砖为主体构筑墓室的基础之上，较大程度上效仿了晋中南地区砖室墓，如定西陇西墓依旧保留了一桌二椅、假门窗等雕砖题材，白银会宁莲花山墓四壁上部均绘孝行图，这些都与晋南或晋东南地区砖室墓的文化因素相近，显然有一定渊源。

金代中期至金末，甘宁地区砖室墓形成了自己的特点，这一时期的墓葬数量也较多，特征比较明显。其一，在墓室北、西、东壁的上方，多数墓葬做出歇山顶的仿木结构，使得墓室内呈现门楼三面林立的景象，整体的壁面布局也更加复杂绚丽。其二，墓室北、西、东三壁的中心位置一般做出壁龛，壁龛内有时做出假门等题材，两侧常布置侍女、孝行等雕砖。其三，各壁面均以雕砖作为主要装饰方式，雕砖分层排列，布满整个壁面。一桌二椅、假门窗等雕砖题材的中心地位逐渐不再凸显，成为普通的装饰题材，与花卉、动物等雕砖别无二致。其四，雕砖题材内容和种类有所变化，北宋晚期所见的花卉、植物、动物、侍者、门窗等题材依然流行，孝行题材在这一时期比较常见，壁面出现文字雕砖，而生活和劳作等题材则逐渐减少或消失。有时还将雕砖模印成斗栱的形式，环绕墓壁一周，以代替其他地区常见的仿木铺作层。总体看来，金代中期以后，甘宁地区砖室墓越来越呈现出与其他地区不同的面貌（图33）。

金代晚期，延安地区的砖室墓壁面布局形式与甘宁地区不同，该小区在这一时期形成了自己的特点。如延安甘泉城关镇袁庄村M1—3、延安甘

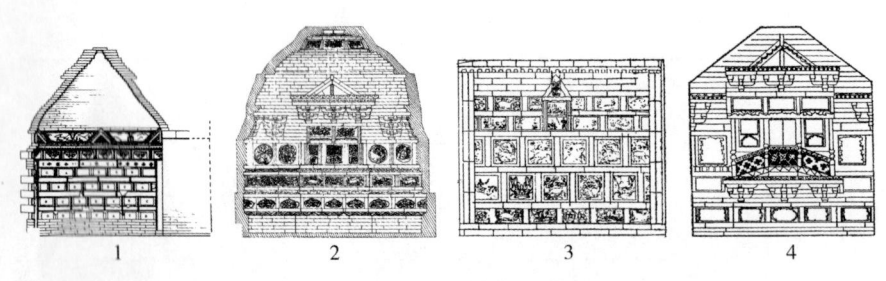

1. 白银会宁莲花山墓（《考古与文物》2004年第5期） 2. 临夏南龙乡墓（《文物》1994年第12期） 3. 宝鸡千阳墓（《文博》1994年第5期） 4. 兰州中山林墓（《文物参考资料》1957年第3期）

图33　甘宁地区金代墓例

泉柳河渠湾墓等[①]，其基本情况见表43。

表43　　　　　　　　　延安地区金代晚期纪年墓例的基本情况

墓例和年代	墓室平面和尺度（单位：米）	壁面布局
延安甘泉城关镇袁庄村M2（1189）	长方形，长1.77、宽1.87	各壁画像砖分为三层，上下层为装饰，中间为壁画。北壁左侧妇人赏画、中间教子读书、右侧妇人对弈，西壁左侧仙鹤莲花、中间折枝牡丹、右侧山居回归，东壁左侧竹下听琴、中间门前清扫、右侧房屋竹林，南壁左侧牡丹、右侧山峦
延安甘泉城关镇袁庄村M3（1189）	长方形，长1.9、宽1.91	各壁画像砖分为三层，上下层为装饰，中间为壁画。北壁中间孝行、右侧山水，西壁左侧孝行、中间夫妇对坐后有侍者，东壁左侧孝行、中间孝行、右侧侍者备宴，南壁左侧仙鹤、右侧孔雀牡丹
延安甘泉城关镇袁庄村M1（1193）	长方形，长2.17、宽2.15	各壁画像砖分为三层，上下层为装饰，中间为壁画。北壁中间不详、右侧孝行，西壁中间一夫二妇对坐、后有儿子儿媳、两侧孝行，东壁同西壁，南壁两侧孝行
延安甘泉柳河渠湾墓（1196）	八边形，长3.12、宽3.15	北壁四扇格子门，西北壁壁龛供案、上绘山水放牧图，匾额墨书"客位"、左右绘花瓶、侍者，东北壁壁龛内有小壁龛，匾额墨书"香花供养"、左右绘墨竹、侍者、云鹤、狮子、假山、蕉叶，西壁四扇格子门，东壁四扇格子门，西南壁窗上绘墨竹、两侧绘牡丹、窗下盆和盆架，东南壁窗上绘墨竹、两侧各绘三孝行图、窗下衣架

① 王勇刚:《陕西甘泉金代壁画墓》，《文物》2009年第7期；延安市文物研究所:《陕西甘泉城关镇袁庄村金代纪年画像砖墓群调查简报》，《考古与文物》2014年第3期；西北大学文化遗产学院、甘泉县博物馆:《陕西甘泉柳河渠湾金代壁画墓发掘简报》，《文物》2016年第11期。

金代晚期，延安地区的砖室墓内部主要以画像砖进行装饰，墓室平面趋近于方形。其中延安甘泉柳河渠湾墓为八边形砖室墓，可能吸收了邻近的晋中地区墓葬因素，是墓室平面形制的特例（图34）。本小区墓室内的装饰比较绚丽，一些画像砖上的场景不见于其他地区，题材也非常多样，采用类似山水画或风景画的表现手法，形成了生动活泼的风格。本区墓室壁面结构依旧为画像砖分层布局，壁面中间有时做出壁龛，与甘宁地区的布局形式相近。由于延安地区砖室墓的发现范围较为集中，数量也不多，这种砖室墓的壁面布局和题材的来源，仍需要通过进一步的考古工作加以分析。

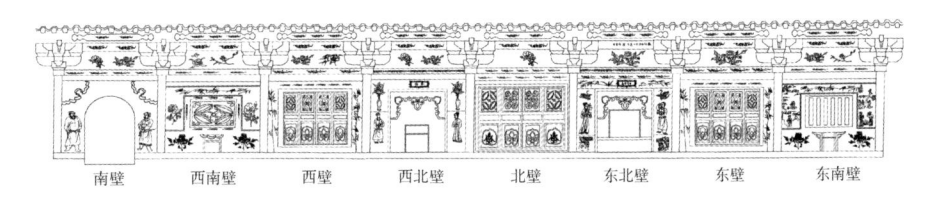

（《文物》2016年第11期）

图34　延安甘泉柳河渠湾墓

综合上述讨论，大致可以梳理出陕甘宁地区宋金砖室墓的时代特征和发展脉络。北宋早、中期，本区的墓葬主要发现于关中地区，且均为土洞墓。北宋晚期，本区开始出现砖室墓，主要分布在延安地区和甘宁地区，很大程度上受到了邻近的晋中南等地区墓葬文化因素的影响，墓室平面均为方形或长方形，壁面装饰画像砖或雕砖，但整体并不如晋中南地区绚丽，仿木斗栱也不复杂。在砖室墓传入本区的过程中，不断融合本区的文化因素，因此这一时期各个砖室墓的壁面布局不太相近，相对比较难以进行归纳。至于关中地区，砖室墓数量依旧很少，土洞墓的墓葬传统根深蒂固。金人控制陕甘宁地区之后，砖室墓的形制特征逐渐得以稳定，甘宁地区与延安地区有所区别，但均使用装饰性的砖分层饰于墓室壁面，题材比较多样，包括动物、植物、花卉、孝行、门窗等题材，生活和劳作题材逐渐减少。

陕甘宁地区砖室墓出现的时代偏晚，其发展过程中不断受到邻近的晋中南地区和豫中南地区所影响，直至金代才最终形成了自身的特点。值得提及的是，本区墓葬的朝向并不固定，与中原北方其他地区的砖室墓不同。尽管墓室内也存在桌椅、门窗等雕砖题材，但本区的墓葬并不以之为墓室壁面布局的重点，而将其与动物、植物等纹饰的雕砖共同分层砌筑于墓室壁面，承担装饰性的角色，未充分强调这些壁面题材所蕴含的意义。因此，似不能将陕甘宁地区砖室墓的壁面布局视为前文所述的"假门＋家具"或"假门＋假门"的组合形式，墓室作为居室或院落的象征意义可能需要斟酌。

（二）区域特征

陕甘宁地区墓葬可以分为三个小区，即关中地区、甘宁地区和延安地区，这三个小区各自呈现出不同的时代和地域特点，而这些特征与它们所处的地理区位紧密相关。

关中地区在宋金时期一直以土洞墓为主要的墓葬形式，官员与平民均概莫能外。本区在隋、唐王朝时是统治的核心区域，官员和平民存在相对明显的墓葬等级制度[1]。五代、北宋之际，随着政治中心的逐渐东移，本区域的政治地位迅速下降。尽管紧邻砖室墓形制比较发达的豫中南和晋中南地区，但关中地区依旧保留了自身的墓葬文化因素，官员和平民均沿袭了唐代的墓葬形制，流行使用土洞墓。这些官员中既有李保枢、李璟等李唐皇族后裔，亦有吕大临等北宋名门贵族，亦有吕远、淳于广等高品级官员，亦有范天祐等一般品级官员。土洞墓的做法延续时代很长，至金代依旧为墓葬的主流形式。

关中地区也发现了若干座砖室墓，数量较少，墓葬的时代和地域特征均不易把握。西安乳家庄墓为长方形砖室墓，长3.04、宽1.86米。墓室北壁上部有屋檐，中心有小龛，两侧各二格子门，上部绘侍者、供奉之物；东、西壁中间做出格子门和窗，两侧各一小龛[2]。咸阳兴平西郊墓为长方形砖室墓，长3.48、宽2.7米。墓室北壁上部做出歇山顶屋檐，中心有小龛，两侧格子门；东、西壁中间做出小龛，两侧格子门[3]。这两座墓葬的墓室各壁面均做出小龛，北壁上部有屋檐，东、西壁均雕出假门、

---

[1] 齐东方：《试论西安地区唐代墓葬的等级制度》，载北京大学考古系编《纪念北京大学考古专业三十周年论文集》，文物出版社1990年版，第286—310页。

[2] 西安市文物保护考古研究院：《西安乳家庄宋代砖雕墓发掘简报》，《文物》2013年第8期。

[3] 陕西省文物管理委员会：《陕西兴平县西郊清理宋墓一座》，《文物》1959年第2期。

窗，且东、西壁的装饰格局基本对称。但由于其具体年代不详，墓例也很少，难以进一步归纳特点。至于本区的两座纪年砖室墓，大定十八年（1178）渭南韩城僧群墓为僧人丛葬墓①，正大三年（1226）西安李居柔墓为金元交替时期的官员墓葬②。这两座墓均无壁饰，可能与其所属身份的特殊性相关，能否作为本区砖室墓年代标尺还需讨论（图35）。

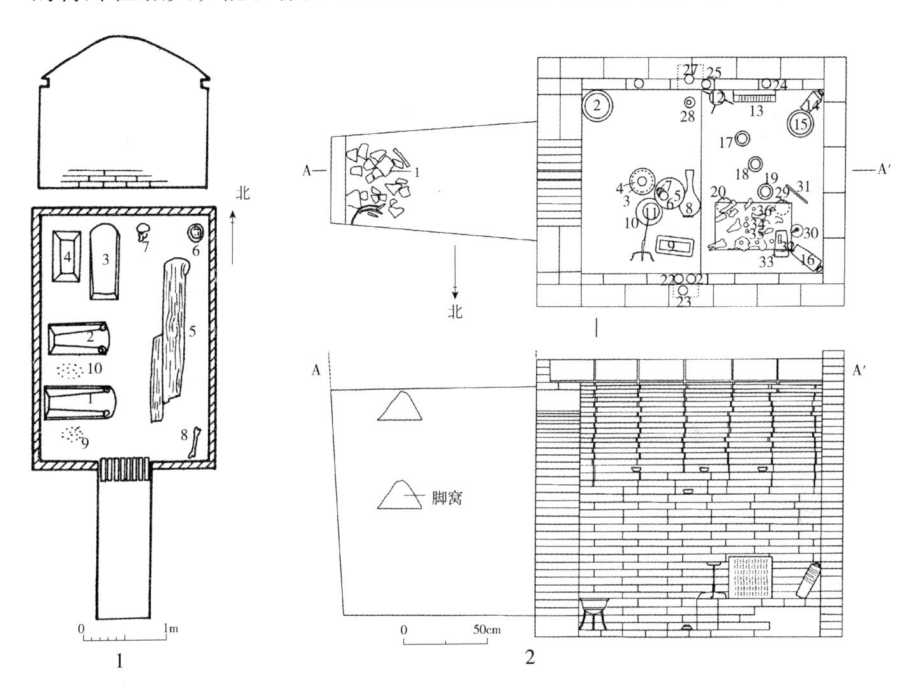

1. 渭南韩城僧群墓（《文博》1988年第1期）
2. 西安李居柔墓（《考古与文物》2017年第2期）

图35　关中地区金代墓例

延安地区位于陕北高原之上，地理区位相对独立。本小区砖室墓的壁面装饰方式与其他地区不相同，形成了自己的特点。延安地区一般使用画像砖装饰墓室壁面，或直接在墓壁上绘制壁画，而不使用预制的雕砖装饰墓室。画像砖和壁画常在一座墓葬中同时使用，使得墓室壁面更显绚丽。

---

① 任喜来、呼林贵：《陕西韩城金代僧群墓》，《文博》1988年第1期。
② 陕西省考古研究院：《陕西西安金代李居柔墓发掘简报》，《考古与文物》2017年第2期。

这种绘制画像砖或壁画的装饰方式相较于雕砖而言，更加复杂繁琐，也难以批量使用于砖室墓之上。延安地区在北宋晚期即出现砖室墓的例子，即前文所述延安延川墓和延安甘泉苗山村墓，但其墓室壁面布局和营建方式均不甚清楚。金代早、中期，本小区的纪年墓葬材料出现断层，也难以分析这一时期的墓葬特征。直至金代晚期，延安地区的纪年墓例较多出现。本时段墓葬多使用画像砖分层布局的形式装饰壁面，题材包括孝行、社火、劳作、雀鸟、花卉、几何等纹饰，也出现了类似山水画和风景画的特殊题材，部分墓葬吸收了晋中南等地的墓葬文化因素，这些特点在前一小节已作讨论，仍亟待更深入地研究。

甘宁地区所发现的砖室墓数量较多，范围较广，总体面貌也比较一致。尽管本小区位于宋金西北边疆地区，政治环境不太稳定，但在北宋晚期之后，维持了相当长时间的基本和平局面，宋金政权交替也没有对之带来特别重大的冲击，客观上为砖室墓的出现和发展提供了空间。前文在讨论陕甘宁地区砖室墓的时代特征之时，以甘宁地区作为重点研究对象，对本小区宋金时期砖室墓的基本特点和发展趋势均进行了讨论，此处不再赘述。

（三）小结

总体来看，陕甘宁地区砖室墓的出现和发展在很大程度上受到其他地区文化因素影响，尤以邻近的晋中南地区和豫中南地区为甚。北宋晚期，在局势相对安定的基础之上，本区砖室墓开始出现，主要呈现方形或长方形的平面布局，壁面以雕砖或画像砖作为装饰题材，分层布置于墓壁之上，形成了独特的地区风格，这种特点一直延续到金代晚期。

随着时代的发展，陕甘宁地区砖室墓的装饰题材、平面形制和具体布局等也逐渐产生变化。其一，在装饰题材方面，本区的雕砖之上常做出花草、动物、侍者、门窗、几何纹饰等题材，而家居、生活和劳作等题材渐趋减少或消失不见，孝行题材在金代比较流行，金代中期以后还出现了文字雕砖。其二，在平面形制方面，北宋晚期出现了带有一至两个侧室的双室墓或多室墓，金代大部分时期则主要流行单室墓。而墓葬的朝向没有一定之规，与中原北方其他地区颇不相同。其三，在具体布局方面，北宋晚期砖室墓的墓壁上有时将门窗、桌椅等题材置于主要位置，其余装饰性雕砖的位置相对次要，且这类布局在不同墓葬中的表现形式不太稳定；金代本区墓葬则逐渐形成了自己的风格，各壁面中心做出壁龛或假门，两侧偶尔会安置侍者或孝行雕砖，其上常有歇山顶屋檐，壁面的其余空间以各种题材的雕砖横向多层布局，雕砖为模制，纹饰或题材有重复的现象，大小基本一致，装饰意味明显；金代中、晚期，墓室的侧壁甚至不做壁龛或假门，直接以数层雕砖垒砌装饰，布局简单而层次分明。

陕甘宁地区砖室墓的上述变化与中原北方其他地区的墓葬迥然相异，明显反映出其逐渐形成了自身的特色。在本区，桌椅、门窗等墓葬壁面题材的象征意义和深层次内涵并不明显，更多是作为邻近地区所传来的装饰性题材而置于壁面上。砖室墓的做法除了作为坚固安全的容柩之所外，似乎更无"居室"或"院落"的特别意义。本区的特殊性还表现在墓葬的朝向上，不同砖室墓的朝向不同，暂未发现规律。这均体现出本地所秉承的特殊风水观念，仍需结合墓葬整体情况进行综合研究。

陕甘宁地区砖室墓的出现应为邻近地区墓葬文化因素传播扩散所致，而在发展过程中形成了自身的特点。这种特点在甘宁地区表现最为显著。而关中地区一直以土洞墓为墓葬的主流类型，延安地区则流行画像砖或壁画的形式，均与其他小区不同。这两个小区的墓葬发现数量不多，影响范围较小，虽呈现出自己的特色，但并非整个区域砖室墓发展的主流。

六 本章小结

这一小节对本章内容进行总结，指出研究遵循的前提，归纳各区特点，并指明了墓葬文化中心和墓葬文化区的概念，总结出墓葬发展过程中的三个重要阶段，认为这种阶段性的变化和墓葬文化中心的转移有关。此外，本节以豫北地区为例，对墓葬文化中心的边界地区和过渡地带进行研究，尝试探讨其墓葬文化因素的来源和杂糅性。

（一）墓葬文化中心和墓葬文化区

在本章内容中，笔者将中原北方地区的砖室墓分为五个区域，即冀中南地区、豫中南地区、晋中南地区、山东地区和陕甘宁地区，并对各个地区内部砖室墓的区域和时代特点展开研究。其中，冀中南地区分为冀中和冀南两个小区，豫中南地区分为豫西、豫中和豫东、豫南三个小区，晋中南地区分为晋中、晋南和晋东南三个小区，山东地区分为鲁西北、鲁中南和山东半岛三个小区，陕甘宁地区分为甘宁、关中和延安三个小区。

本书主要探讨砖室墓平面形制和壁面布局的变化，以本地区带有明确纪年的砖室墓作为标尺，并结合其他可以判断相对年代的墓葬和邻近地区的相关墓葬，考虑墓葬的变化趋势和发展逻辑，对各区砖室墓的整体发展脉络进行讨论和归纳。需要注意的是，本书主要着眼于墓葬的整体变化情况，这种变化趋势具体到单体墓葬中，可能具有特殊性。实际上，在历史时期考古学的研究中，由于带有明确纪年的标尺性材料的存在，研究对象的整体变化趋势更易被细致地总结出来，从而使得单体材料与整体趋势出现矛盾的情况更加凸显。因此，尽管本书基于单体纪年墓葬等标尺性材料，但其研究目的不在于为未知年代的单体墓葬进行断代，而主要着力于讨论各区域内墓葬的发展趋势及其所处的时段节点，乃至考虑出现这种发展趋势的原因，包括时代背景、政治环境和地域因素等。

本章的研究始终基于以下的观察。其一，就墓葬的平面形制而言，除了官员墓葬（第二章已进行讨论）以外，圆形墓一般主要发展为多边形墓，其发展过程基本遵循着"壁面为四倚柱的圆形墓—壁面为六倚柱的圆形墓—六边形、八边形墓"的变化趋势。这个假设的主要对象为冀中南地区的砖室墓，墓室平面的变化实际上是墓壁倚柱作为端点、进行"裁弯取直"的过程，这可能受到豫中南地区的影响，也是该区平面形制变化的动力之一。其二，就墓葬的壁面布局而言，壁面题材一般表现为两种场景，即"居室"和"院落"。所谓"居室"的意象，即墓室的北壁一般做出假门，侧壁多表现桌椅、衣架、箱柜等家具场景，即"假门+家具"；所谓"院落"的意象，即墓室的北壁一般做出假门，侧壁的重点位置多表现假门，即"假门+假门"。除了晋中南地区砖室墓始终表现为"院落"的意象之外，中原北方其他地区墓葬中，表现为"居室"的意象应该早于"院落"。这种情况的出现，实际上和墓葬中心的整体转移有关。上述观察及结论在实际的纪年墓葬等标尺材料的比对过程中，均基本成立，这也是本章得以进行讨论的前提条件。

本章主要聚焦于砖室墓的平面形制和壁面布局等方面，基本能够反映出墓葬区域与时代的特征及其变化情况。因此，墓葬内所蕴含的许多要素均未作重点研究，如墓门、棺床、随葬品等，仅是偶有涉及。这也是由墓葬本体和材料公布情况所决定的。尽管墓门、棺床是墓葬结构的重要组成部分，但由于部分考古材料没有对墓室棺床、墓道和墓门情况加以重视，甚至有些墓例未对墓道和墓门展开发掘，这方面的材料难以完整收集，因此不易对其进行综合讨论；而中原北方地区的砖室墓中，随葬品数量一般不多，因此亦未展开详细探讨。随着历史时期墓葬考古研究的进一步细化和深入，需要学界对墓葬的各个构成要素加以充分的重视，在发掘和撰写考古报告过程中对相关要素进行全方位的细致揭露和公布。

根据本章的研究，中原北方各地区砖室墓的整体发展面貌如下。

其一，冀中南地区。本区最突出的特点是圆形墓的平面形制。北宋时期圆形墓的数量占据统治地位，北宋晚期出现了六边形、八边形砖室墓，金代六边形、八边形砖室墓增多，而圆形墓在一些小型砖室墓中依旧流行。一般而言，本区砖室墓呈现时代和地域上的渐变性。其一，自宋至金，墓葬的平面形制逐渐由圆形发展为六边形、八边形，墓室的壁面题材逐渐自"假门+家具"组合发展为"假门+假门"组合，而北宋晚期则是前述变化的过渡期，多数墓葬的具体特征在这一时期产生了杂糅的现象。其二，自南向北，这种墓葬的过渡期随地域的变化呈现越来越晚的趋势。冀南地区的墓葬产生变化的时间相对较早，而冀中地区则稍显滞后。这种现象的出现，一方面是因为冀中地区自唐代以来一直为圆形墓占据主导地位，是北宋时期圆形墓形制的"策源地"，传统文化因素根深蒂固，变化相对迟缓；另一方面是因为冀南地区受到豫中南地区影响较大，北宋晚期豫中南地区开始流行六边形、八边形砖室墓的形制，这种墓葬文化因素向北传播，影响到了豫北地区和邻近的冀南地区，又逐渐影响到更北侧的冀中地区。进入金代之后，本区墓葬普遍采用六边形、八边形的墓室平面，壁面以"假门+假门"为主要题材。

其二，豫中南地区。本区砖室墓的特点相对复杂。五代时期的官员墓葬效仿冀中南地区的丧葬习俗，多为圆形墓葬，这种做法至宋代建国后一直沿用，直至北宋徽宗大观年间，前章已进行了分析。北宋早、中期的平民砖室墓多为方形，采用了官员墓葬壁面使用的"假门+家具"题材。北宋晚期，本区流行六边形、八边形砖室墓，墓室内壁画内容丰富、题材增多，但基本还是呈现出"居室"之景。这一时期在洛阳地区依旧存在方形砖室墓。这种现象的出现，是冀南、豫北地区六边形、八边形砖室墓和本区原本流行的方形砖室墓相结合的结果。北宋末期至金代中期前段，墓葬普遍采用八边形的墓室平面，壁面以"假门+假门"为主要题材，与冀中南地区相近。此后，墓葬的特征逐渐不稳定，走向复杂化，壁面装饰也趋于消失。

其三，晋中南地区。本区砖室墓主要流行"假门+假门"的题材，始终把墓葬视为一个院落。其内部各小区之间形成了各自独立的特征，发展的节点和速度各自不同。晋南和晋东南地区流行长方形、方形墓，形成了独特的地区特点。北宋中期本区开始出现砖室墓，砖构技术发达，金代发展到最高峰。其墓葬的发展趋势较为平稳而不间断，形制速率变化较慢。

其四，山东地区。本区砖室墓的整体发展脉络比较清晰，在鲁西北和鲁中南地区主要效仿了冀中南地区形制。第一，自北宋早期至金元时期，一直流行圆形墓的墓室平面；第二，壁面布局始终保持"假门+家具"的题材；第三，墓室内部壁面布局和倚柱的变化趋势也与冀中南地区相似，其发展情况略晚于冀中南地区。至于山东半岛地区，则形成了自己的特点。此外，壁画的广泛使用，是山东地区砖室墓的重要特征之一。

其五，陕甘宁地区。本区砖室墓的出现和发展较大程度受到晋中南地区和豫中南地区的影响。其最早出现于北宋晚期，主要呈现方形或长方形的平面布局，壁面以雕砖或画像砖作为装饰题材，分层布置于墓壁之上。这一时期砖室墓的发展吸收了中原北方邻近地区的墓葬文化因素，前文已有详论。金代以降，本区墓葬逐渐形成了自身的风格，发展情况与中原北方其他地区不同，秉承的观念也有所差异，砖室墓似乎缺乏象征"居室"或"院落"的特别意义。

总体来看，就墓葬的平面形制和壁面布局而言，中原北方地区的五个区域内，砖室墓发展脉络和特征各自不同，墓葬文化因素所影响的范围也大小有别，能够以"墓葬文化中心"和"墓葬文化区"两个概念进行区分，以表现其存在一定的等级差别。所谓"墓葬文化区"，即指一个范围较大的区域内部墓葬面貌整体形成了独特的形制特征和发展轨迹；所谓"墓葬文化中心"，是在墓葬文化区的基础之上，区域内墓葬独立发展，其文化因素向外辐射，对周边区域也产生了比较重要的影响。

冀中南地区、豫中南地区和晋中南地区的砖室墓均主要呈现出独立发展的脉络，形成了自己的特点，且对周边其他区域的墓葬输出了文化因素，产生了重要影响，可以称之为墓葬文化中心。而山东地区墓葬受到冀中南地区影响较大，未能独立发展，山东半岛地区虽较为独特，但影响范围极小；陕甘宁地区墓葬分布较为分散，在其发展初期受到晋中南地区和豫中南地区的影响较多，虽在金代逐渐形成了自身的特点，但对邻近其他区域的墓葬影响较小，其文化因素基本上仅局限于该地区范围之内。因此，山东地区和陕甘宁地区有着独特的墓葬特征和发展轨迹，可以划分为独立的墓葬文化区，但并未形成墓葬文化中心。

因此，宋金时期中原北方地区砖室墓可以划分为五个墓葬文化区，其中包括三个墓葬文化中心，即冀中南地区、豫中南地区和晋中南地区。这三个墓葬文化中心在宋金时期的不同阶段，对周边地区的影响力也有所不同，这种现象在一定程度上与当时的时代状况和政治背景相关。北宋早期，王朝政治精英多数来自冀中南地区，因此该地的墓葬文化因素在中原北方地区占据了主导地位，其墓葬形制被王朝统治核心地区的皇族成员和官员奉为圭臬；随着北宋定都汴京、政权逐渐稳固，作为政治和经济中心的豫中南地区取代了冀中南地区，其墓葬文化因素随即受到各方学习和效仿；金代以降，豫中南地区受宋金战乱影响而元气大伤，受到战争波及较小的晋中南地区墓葬文化因素则随之广泛传播于整个中原北方地区。这些历史背景和政治环境的变化与墓葬文化中心的影响力变化情况相当一致。

（二）过渡地带：以豫北地区为例

豫北地区指今河南省境内黄河以北的区域，北邻燕赵、东接齐鲁、南连汴洛、西通三晋，地处北宋与金朝统治的中心区域，八面通达、四方辐辏，居于中原北方各地区之间的交通核心地带。本区东部位于华北平原，西部为太行山余脉，地势西高东低。北宋时期黄河流经本区，金代黄河改道南流。本区公布的宋金墓葬分布于安阳、鹤壁、新乡、焦作、济源等地市的范围内。

宋金时期，本区的历史背景与豫中南地区相近，在宋末金初和金代末年均遭受大规模战乱，前文已有详述，无须赘述。

豫北地区发现了一定数量的砖室墓，砖雕和壁画比较复杂精美，引起了学界的关注，但较少将本区作为一个独立的区域进行讨论。实际上，豫北地区面积相对较小，而位于冀中南、豫中南和晋中南等文化区的交界地带，客观上受到三地文化的影响，不同地区的墓葬文化因素在本区汇集，使得本区形成了墓葬形制相对杂糅的特点。因此，追寻本区砖室墓形制和结构的不同来源，了解其时代特点和发展趋势，是值得进行研讨的重要问题。笔者将结合纪年墓葬和其他材料，对豫北地区宋金墓葬的区域和时代特点进行整体研究。

北宋早期，豫北地区发现的砖室墓数量较少，比较重要的是太平兴国五年（980）焦作刘智亮墓。该墓为圆形砖室墓，把头绞项造，倒凹形棺床。墓室北壁砌一门二窗，西北壁砌箱子，东北壁砌一桌二椅，西南壁砌桌子，东南壁砌假门、拐杖，南壁券门东侧砌灯檠[1]。该墓前文已有所介绍，为圆形墓，壁面为"假门+家具"题材，未见壁画，应该受到了此时皇族成员和官员墓葬的影响。圆形墓传统源自冀中南地区，是这一时期砖室墓的普遍做法。因此，位于冀中南和豫中南地区之间的豫北地区，也形成了同样的墓葬特征。

北宋中期，豫北地区的纪年砖室墓仅发现一座，即熙宁十年（1077）安阳天禧镇墓，其墓室平面为方形，有壁画[2]。尽管该墓具体格局不详，但可以在豫中南地区同时期的砖室墓中一窥本时段的特征。前文所述郑州第十四中学墓、郑州南关外墓为豫中南地区北宋早、中期墓葬，其形制格局和本区新乡公村M1—4、新乡丁固城M44[3]比较一致，应该为同时期墓葬，上述墓例详见图36、表44。

---

[1] 焦作市文物勘探队：《河南焦作宋代刘智亮墓发掘简报》，《中原文物》2012年第6期。

[2] 佚名：《河南文化局调查安阳天禧镇宋墓》，《文物参考资料》1954年第8期。

[3] 新乡市文物考古研究所：《河南新乡市公村宋代墓葬发掘简报》，《华夏考古》2017年第1期；河南省文物研究所、新乡市博物馆、新乡地区文管会：《河南省新乡县丁固城古墓地发掘报告》，《中原文物》1985年第2期。

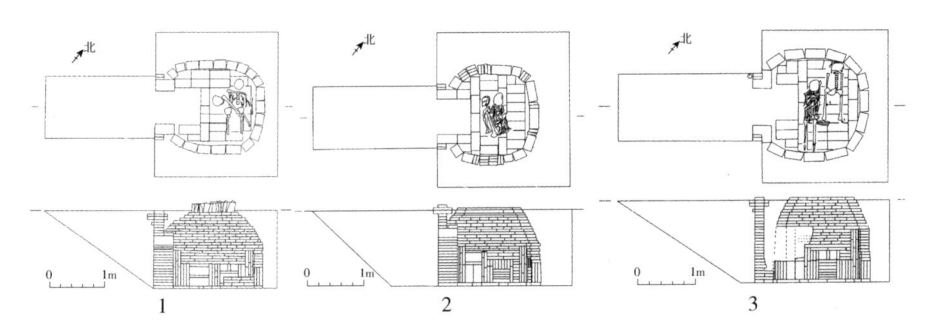

第三章 砖室墓的时代和区域特征 137

1. 新乡公村 M1 2. 新乡公村 M2 3. 新乡公村 M3

(《华夏考古》2017 年第 1 期)

图 36　豫北地区北宋中期墓例

表 44　　　　　　　　豫北地区北宋中期典型墓例的壁面布局

墓例	墓葬形制 （单位：米）	北壁	西壁	东壁	南壁及甬道
新乡公村 M1	弧方形， 边长 1.35—1.4	一门二窗	衣架、箱柜、剪刀	一桌一椅	券门
新乡公村 M2	弧方形， 边长 1.26—1.44	一门二窗	箱柜、衣架、熨斗、剪刀	一桌二椅	券门
新乡公村 M3	弧方形， 边长 1.54—1.6	一门二窗	箱柜、衣架、熨斗、剪刀	一桌一椅	券门
新乡公村 M4	弧方形， 边长 1.1—1.14	一门二窗	桌子、衣架	一桌一椅	券门
新乡丁固城 M44	圆角方形， 边长 2.08—2.44	一门二窗	桌柜、剪刀、熨斗	一桌二椅、灯檠	券门
附：豫中南地区相关墓例					
郑州 第十四中学墓	弧方形， 边长 3.5—3.8	一门二窗	一桌二椅	衣架、柜、灯檠	券门
郑州南关外墓 (1056)	方形， 边长 1.97—2.03	一门二窗	一桌二椅、灯檠	衣架、梳妆台、箱、熨斗、剪刀	券门，甬道两侧各绘侍者和马

表 44 所列墓葬的基本特征和壁面布局比较相似，应该为同时期墓葬。这一时期砖室墓的平面一般为弧方形或圆角方形，稍晚发展为方形；北壁

为一门二窗，侧壁为桌椅、衣架、箱柜等家具。北宋中期，豫北地区砖室墓的壁面上开始出现壁画，使得墓室内部更显华丽。值得注意的是，这一时期本区砖室墓中的桌椅题材一般位于东壁，与豫中南地区相反，而与冀中南地区相同，表现出了本区墓葬文化因素的复杂性。

北宋晚期，豫北地区砖室墓有了新的发展，墓室平面主要为八边形，各壁面多绘制壁画。这一时期的典型纪年砖室墓材料[①]见图37、表45。

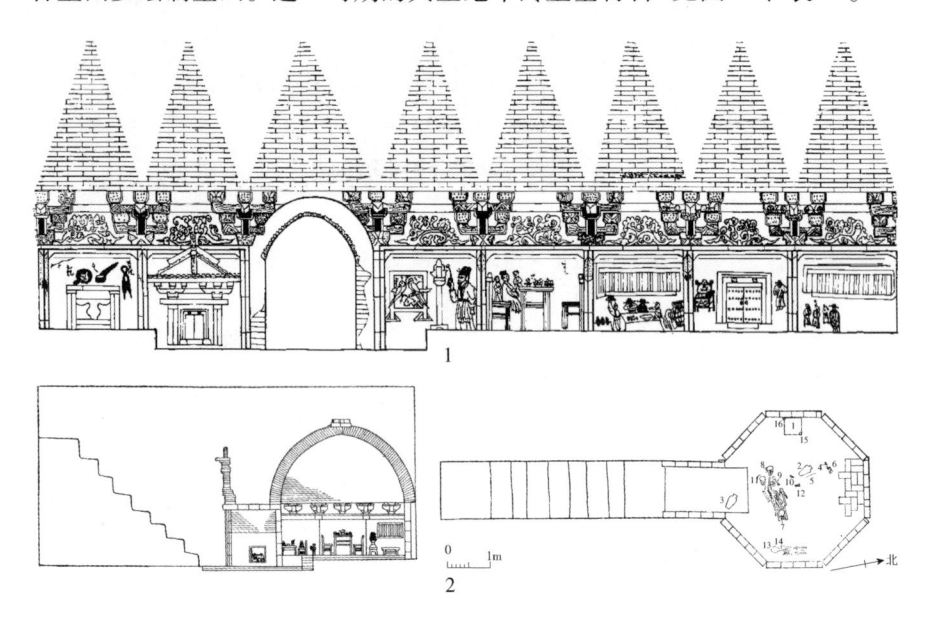

1. 鹤壁故县墓（《文物鉴定与鉴赏》2015年第8期）
2. 安阳新安庄西地M44（《考古》1994年第10期）

图37 豫北地区北宋晚期墓例（①类）

这一时期砖室墓的壁面布局以"假门＋家具"为主，将墓室表现为一个居室。另外，砖室墓内部的壁画装饰明显增多，备侍、进奉、会客等人物题材壁画与桌椅、箱柜、灯檠等砖雕家具相结合，壁画所占墓室题材的比重逐渐增加，壁面布局更加绚丽。这一时期的墓葬结构与豫中南地区

[①] 司玉庆：《鹤壁故县北宋纪年壁画墓鉴赏》，《文物鉴定与鉴赏》2015年第8期；中国社会科学院考古研究所安阳工作队：《河南安阳新安庄西地宋墓发掘简报》，《考古》1994年第10期；魏峻、张道森：《安阳宋代壁画墓考》，《华夏考古》1997年第2期。

同期墓葬相当类似，应该互有影响。

表 45　豫北地区北宋晚期纪年墓例（①类）的壁面布局

墓例	平面形制	北壁	西北壁；东北壁	西壁；东壁	西南壁；东南壁
鹤壁故县墓（1094）	八边形	假门左侧男墓主端坐、右侧备侍	窗下进奉；窗下会客	一桌二椅、女墓主；桌、熨斗、剪刀	屏风、灯檠；假门
安阳新安庄西地 M44（1109）	八边形	假门	窗；窗	一桌二椅；桌柜	灯檠、一桌一椅；衣架、桌、几
安阳赵火粲墓（1120）	八边形	卧寝	备侍；备侍	备侍；备侍	备侍；备侍

北宋晚期，在前述典型墓例（①类）的基础之上，豫北地区砖室墓逐渐发展出了另外一种趋势，即墓室壁面布局渐变为"假门＋假门"的题材，墓葬所表达的意象逐渐向"院落"靠拢。这类砖室墓（②类）的相关纪年墓例①见图38、表46。

（《文物世界》2009 年第 5 期）
图 38　焦作小尚墓

---

① 罗火金、张丽芳：《宋代梁全本墓》，《中原文物》2007 年第 5 期；焦作市文物工作队：《河南焦作小尚宋冀闰壁画墓发掘简报》，《文物世界》2009 年第 5 期。

表46　豫北地区北宋晚期纪年墓例（②类）的壁面布局

墓例	平面形制	北壁	西北壁；东北壁	西壁；东壁	西南壁；东南壁
焦作梁全本墓（1105）	八边形	假门	窗；窗	无；无	窗；窗
焦作小尚墓（1113）	八边形	一门二窗	柜、桌、侍女；高几、侍女	一门二窗；一门二窗	床；夫妇对坐

这类砖室墓的墓室平面依旧为八边形，而壁面布局题材的变化，直接导致了墓室意象的改变。值得注意的是，其多发现于焦作地区，应该与邻近的晋东南地区墓葬文化因素有若干渊源。按晋中南地区砖室墓始终保持了"假门+假门"的壁面题材和"院落"的墓室意象，这类壁面布局应该源自晋东南地区。该地的墓葬壁面构成要素和布局面貌影响了豫北地区，并入乡随俗地采用了八边形砖室墓的平面形式。此外，晋东南地区对豫北地区的影响并非仅仅前述若干墓例。如元祐五年（1090）焦作李从生墓为多室墓，分为前室、后室和东室，其余壁面特征不详①。多室墓的墓葬形制明显受到了晋东南地区文化传统的影响，而传入豫北地区。兹举焦作李从生墓的部分墓志文为例：

> 河东泽州高平县举义乡丁壁村陇西李公墓铭……长男吉携母氏同二妹，自高平登太行，渡丹水，至于潭怀宁邑孝廉乡孝廉里白家作，置业居焉。

李从生为晋东南地区高平人，葬于豫北地区的焦作。碑文指明了北宋时期晋东南与豫北地区的一条交通路线，也从侧面反映出晋东南地区与豫北地区的相互交流和影响。这种交流也体现在墓葬文化因素的传播之上，可与前文所论证部分进行照应。

因此，北宋晚期，豫北地区砖室墓在广泛采用八边形墓室平面的基础之上，出现了两种壁面布局形式：①类墓例受到豫中南地区的影响，多表现为"假门+家具"题材；②类墓例受到晋中南地区的影响，多表现为

---

① 赵德芳：《河南焦作出土北宋李从生墓志》，《中国历史文物》2006年第2期。

"假门+假门"题材。这两种壁面布局形式的出现，直接反映出豫北地区墓葬因素的复杂性和杂糅的特点，也与豫北地区独特的地理位置有关。

金代以降，豫北地区砖室墓的形制特征有了新的变化，兹举若干纪年砖室墓为例①（图39、表47）。

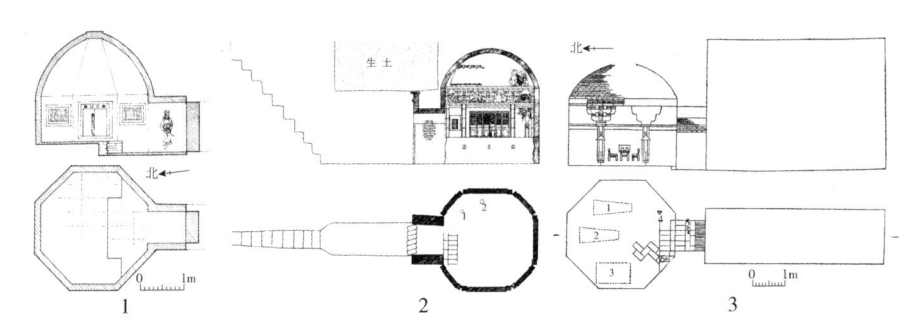

1. 林州文明街墓（《华夏考古》1998年第2期） 2. 焦作电厂墓（《中原文物》1990年第4期） 3. 新乡辉县百泉墓（《考古》1987年第10期）

图39　豫北地区金代墓例

表47　　　　　　　　豫北地区金代纪年墓例的壁面布局

墓例	平面形制	北壁	西北壁；东北壁	西壁；东壁	西南壁；东南壁	备注
林州文明街墓（1143）	八边形	"妇人启门"、门上绘男墓主端坐	窗；窗	"妇人启门"；"妇人启门"	庖厨；散乐	甬道东西壁武士与马，墓壁上方绘一周孝行图
焦作电厂墓（1189）	八边形	孝行图	瓶架；瓶架	格子门；格子门	窗；窗	
新乡辉县百泉墓（1212）	八边形	假门	桌、箱、剪刀、尺子；桌	灯檠；一桌二椅	窗、桌；窗、粮仓	

豫北地区的金代纪年墓例数量不多，所处时段也比较分散，本书根据对本区其他非纪年墓例的归纳，并结合邻近地区砖室墓的特点，简单总结

---

① 张增午：《河南林县金墓清理简报》，《华夏考古》1998年第2期；焦作市文物工作队：《焦作电厂金墓发掘简报》，《中原文物》1990年第4期；新乡地区文物管理委员会、辉县百泉文物管理所：《河南辉县百泉金墓发掘简报》，《考古》1987年第10期。

了本区金代砖室墓的特征。其一，本时段墓室平面主要呈现为八边形，与北宋晚期相同。其二，金代墓葬的壁面布局基本呈现"假门＋假门"题材，侧壁假门题材居于中心位置，整体上将墓葬视为一个"院落"。这一特征与同时段豫中南地区墓葬相近。而墓室壁面布局和题材大多不呈现为轴对称的形式，与豫中南地区相异。其三，金代早期，墓室北壁出现了墓主人形象，这种现象与豫中南、晋中南等地区相同，应属这个时期中原北方地区壁面布局的整体变化。此外，孝行题材在墓室壁面广泛出现。其四，金代晚期，墓室的壁面题材出现了变化，壁面的家具题材比重增加，但是这一时期的相关材料不多，仍需要进一步研究。

上文大致总结了豫北地区砖室墓在宋金时期的时代特征。可以发现，豫北地区砖室墓的发展整体受到邻近的冀中南、豫中南和晋中南地区的影响，使得其所呈现出的墓葬文化因素比较复杂。北宋早期，圆形墓葬的传统源自冀中南地区；北宋中、晚期，弧方形墓葬逐渐发展为八边形墓葬，墓室壁面布局呈现出"假门＋家具"的组合，这些均受到了豫中南地区影响；北宋晚期至金代，砖室墓的壁面布局逐渐转为"假门＋假门"，这些特征符合豫中南地区墓葬的发展趋势，而其源头应始自晋中南地区。需要提及的是，晋中南地区对豫北地区宋金墓葬的影响不容忽视，除前文所提到多室墓的墓葬结构和将墓室表现为"院落"的意象之外，本区还出现了一定数量的方形砖室墓，这些墓葬虽未发现纪年，但基本可以判定其时代贯通北宋与金朝。这类方形墓葬无疑受到了晋东南地区的影响，且相当有持续性，因此其壁面布局题材往往表现为"假门＋假门"，所处的具体时段不易分析。

总体来看，豫北地区砖室墓表现出不同区域间墓葬文化因素的汇集与交融，这是本区墓葬的鲜明特点。这种现象的出现，归根结底与其所处地理位置相关。豫北地区位于冀中南、豫中南和晋中南地区的交界，受到三个墓葬文化中心的影响，其影响的程度在各个时段也不同。北宋早期，冀中南地区的墓葬文化因素在豫北地区占据了主导地位；随着北宋政权定都汴京，豫中南地区的墓葬文化因素随即受到包括豫北地区在内的各方学习和效仿；金代以降，晋中南地区的墓葬文化因素广泛传播于豫北地区。

实际上，这种墓葬文化因素的杂糅性时常表现于不同墓葬文化中心的边界地区，或是某一墓葬文化区的边缘地带。作为研究者而言，并不能确凿地划定该种墓葬文化所影响的明确界线，只能对这种文化面貌的发展趋势进行总结，对墓葬文化中心或文化区边界地区的文化因素进行细致判定，才可了解其墓葬特征的传统和来源。总体来看，豫北地区宋金砖室墓中所蕴含的文化因素最为多样、复杂，也相对容易理清。这也是本书以这一区域作为特殊个例，探究墓葬文化中心和墓葬文化区之间交流与碰撞的原因。

第四章　砖室墓的壁面布局和题材

在宋金时期中原北方地区的砖室墓中，多数墓葬壁面布局相对繁缛，装饰题材也比较复杂。砖室墓壁面布局和装饰题材不仅是墓葬时代特征和区域特征的重要体现，也反映了不同地域和时代的丧葬观念和习俗，亦与当时的政治环境和历史背景有密切关系。本章将从墓室所表达的整体意象着手，对宋金时期中原北方地区砖室墓平面形制和壁面布局的不同类型进行综合分析，讨论其来源与传播情况；并对砖室墓的布局和题材展开探讨，观察墓葬的整体布局和时空差异，在考古学视野下总结题材的象征意义和功能。

一　墓室意象的时空变动

整体看来，宋金时期中原北方地区平民砖室墓的壁面布局呈现出两种意象：其一，墓室正壁表现假门，侧壁以家具等题材表现家居之景，即所谓的"假门+桌椅"意象；其二，墓室正壁表现假门，侧壁做出假门窗，即所谓的"假门+假门"意象。这两种意象既存在着地域差异，也有时代早晚之别。宋金时期砖室墓呈现出的三个阶段，以及墓葬文化中心的三次变更，均具体表现于从"假门+桌椅"到"假门+假门"的墓室意象动态变动之上。

这种墓室意象的转变过程和时间节点，在各区域之间存在着一定差别。为了更准确地表现出各区域墓葬的主要特征及其整体意象的变化情况，以下将对中原北方地区砖室墓平面形制和壁面布局的不同类型分别展开具体分析，并阐释其来源及相关传播过程。

（一）平面形制的渊源和发展情况

宋金时期中原北方地区砖室墓的平面形制包括圆形墓、长方形和方形墓、六边形和八边形墓等数种类型，其来源和变化趋势各不相同，均反映了墓葬文化的发展和互相间的交流情况。

其一，圆形墓。圆形墓的出现应源于唐代河北地区。五代、北宋早期，冀中南地区继续秉持了这一做法，壁面布局由"四分式"逐渐向"六分式""八分式"转变，在山东地区砖室墓中也有所体现。而在统治中心的豫中南地区，皇族成员和官员也主要采取圆形墓的墓葬形制。北宋中、晚期，冀中南地区和山东地区继续广泛使用圆形墓，相邻的晋中地区也开始学习圆形墓的做法。进入金代，冀中南地区的墓葬文化传统持续衰落，六边形、八边形墓的比重持续增大，带有壁饰的复杂圆形墓数量日趋减少，而在相对守旧的小型简单砖室墓中依然保留了圆形墓的形制。山东地区的圆形墓依然繁荣，直至元代。其他地区的此类墓葬则不复存在（表48）。

表48　　　　　　　　圆形墓的发展情况

区域	五代、北宋早期	北宋中、晚期	金代
冀中南地区	广泛使用，所占比重非常大	广泛使用	带有壁饰的复杂墓葬日趋减少；小型简单墓葬中依然存在一定数量
豫中南地区	官员广泛使用，等级制度的标志；平民很少使用		很少
晋中南地区（晋中地区）		有所使用	很少
山东地区（鲁西北、鲁中南地区）	广泛使用，所占比重非常大		
陕甘宁地区	无		

其二，长方形、方形墓。唐代长方形和方形砖室墓在河南和山西等地区颇为流行。北宋早、中期，豫中南地区平民阶层逐渐使用了长方形、方形砖室墓的做法，应该为沿袭了唐代以来的区域传统，墓葬壁面由弧边向直边发展。北宋中期，在晋中南地区也出现了此类平面形制的墓葬，主要位于晋南和晋东南地区，但其发展源头应与豫中南地区关系不大，还是受到山西地区的传统墓葬文化的影响。北宋晚期，豫中南地区砖室墓主要转

为六边形、八边形平面，仅有豫西地区附近仍流行方形墓；晋中南地区的此类墓葬持续占据统治地位；陕甘宁地区开始出现方形砖室墓，应与文化传播有关。金代大部分时段，晋中南地区和陕甘宁地区持续流行方形砖室墓，其余地区基本未形成独立的发展规模。金代中期后段，豫中南地区的方形砖室墓所占比重得以回升。值得提及的是，山东半岛地区始终流行方形砖室墓，属于其地域特色（表49）。

表 49　　　　　　　　　　长方形、方形墓的发展情况

区域	北宋早、中期	北宋晚期	金代
冀中南地区	很少，未形成独立发展规模		
豫中南地区	广泛使用	豫西地区流行，其余地区较少	很少	重新流行
晋中南地区（晋南、晋东南地区）	广泛使用，所占比重非常大		
山东地区（山东半岛地区）	广泛使用，所占比重非常大		
陕甘宁地区		广泛使用，所占比重非常大	

其三，六边形、八边形墓。六边形、八边形砖室墓在宋金时期之前不流行。辽圣宗、兴宗时期此类墓葬开始在辽境大量出现，有学者认为应与辽代盛行的佛教因素相关[1]。而北宋晚期出现于宋境内的六边形、八边形墓葬主要位于豫中南地区，处于统治中心，且短时间内迅速流行于周边地区，有学者推测应当也是受到了佛教因素的影响[2]，与辽代墓葬各自独立发展。冀中南地区的圆形墓采用六根或八根倚柱分隔墓壁，取代了之前墓壁四根倚柱的做法，此后逐渐将壁面取直，在本区域内逐步流行六边形、八边形砖室墓。实际上，冀中南地区圆形墓倚柱数量的变化和六边形、八边形墓的流行有着密切关系。总体看来，北宋晚期六边形、八边形墓葬迅速发展，其在豫中南地区和豫北地区占据绝对主导地位，在冀中南地区和晋中地区也得到广泛使用。金代大部分时期，前述各区依旧持续流行八边

---

[1] 霍杰娜：《辽墓中所见佛教因素》，《文物世界》2002年第3期。

[2] 易晴：《试析河南北宋砖雕壁画墓八角形墓室形制来源及其象征意义》，《中原文物》2008年第1期。

形墓。金代中期后段，豫中南地区重新开始使用方形砖室墓，比较特别（表50）。

表50　　　　　　　　　六边形、八边形墓的发展情况

区域	北宋晚期	金代早期、中期前段	金代中期后段
冀中南地区	广泛使用	广泛使用，所占比重非常大	
豫中南地区	广泛使用，所占比重非常大	较少	
晋中南地区（晋中地区）	有所使用	广泛使用，所占比重非常大	
山东地区	很少		
陕甘宁地区	很少		

根据上述对中原北方地区砖室墓的研究和梳理，可以整合出各时期、各区域平面形制的发展渊源及其相互间的联系。

北宋早、中期，圆形墓形制始自冀中南的地区传统，影响到山东地区和晋中地区，并被豫中南地区皇族成员和官员使用；豫中南地区的平民墓葬则多依循地区传统，采用弧方形和方形砖室墓；晋南地区和晋东南地区在北宋中期开始出现砖室墓，同样使用长方形和方形砖室墓的传统形制，各自独立发展。北宋晚期，冀中南地区的圆形墓壁面的四倚柱逐渐向六倚柱乃至八倚柱发展，最终演化成为六边形、八边形墓葬；豫中南地区和豫北地区也出现了六边形、八边形砖室墓，并迅速向外扩散；晋南地区和晋东南地区依旧流行方形墓室；山东地区的圆形墓形制也没有变化；陕甘宁地区开始受到邻近地区影响，出现长方形、方形砖室墓。金代大部分时期，豫中南地区、冀中南地区和晋中地区均流行六边形、八边形墓；晋南地区、晋东南地区、山东地区和陕甘宁地区的墓葬平面形制没有大的变化。金代中期后段，豫中南地区重新开始流行长方形、方形砖室墓，但规模也较为有限。金代晚期，各区域间互动更加频繁密切，墓葬的平面形制逐渐多样而繁杂，不再赘述。

在上述发展过程中，整体呈现出由圆形墓、方形墓向六边形墓、八边形墓发展的趋势。这种变化始于北宋晚期，进入金代后六边形、八边形墓的比重占据统治地位。北宋晚期是重要的时间节点。墓葬平面形制的变化影响了壁面布局的具体形态，墓室内的倚柱和壁面数量增加，由"四分式"发展为"六分式""八分式"，使得内壁的整体空间感增强，壁面布

局的内容更加丰富、具体题材更加多样，壁画和砖雕相结合的形式也使得墓室内部显得更加华丽。平面形制的变化是和壁面布局的发展情况有密切联系的。

（二）壁面布局的渊源和发展情况

宋金时期中原北方地区平民砖室墓的内壁普遍存在着若干装饰。这种装饰并非各自孤立，而是具备着整体的设计意图，共同构成了墓室的布局。尽管题材较为多样复杂，但仍可归纳为两种场景，即室内之景和室外之景。墓室的北壁具有浓烈的精神层面意义和象征意味，暂不讨论。除去墓室北壁普遍使用的假门之外，"室内之景"以桌椅、备侍、宴饮等为代表性图像，整体表现了居室的意象；"室外之景"以门窗、放牧、喂养等为代表性图像，整体表现了院落的意象。

具体而言，可以将其概括为"假门+家具"（居室）和"假门+假门"（院落）。北宋王朝建立后，豫中南地区官员和平民墓葬均采纳了"假门+家具"的壁面布局。北宋晚期，冀中南地区和豫中南地区的墓室壁面出现了"假门+家具""假门+假门"兼有的情况。金代以降，前述两区砖室墓的壁面均主要为"假门+假门"的题材，将墓葬视作院落的象征意义占据主导地位。晋中南地区自北宋中期出现砖室墓之后，始终流行"假门+假门"的做法，推测该区应为此类做法的源头。山东地区则始终流行"假门+家具"的做法。陕甘宁地区的墓葬似乎缺乏居室或院落的象征意义，不再纳入考虑范围之内（表51）。

表51　　　　　　　墓葬壁面布局象征意义的发展情况

区域	北宋早期	北宋中期	北宋晚期	金代
冀中南地区	居室	居室	居室和院落兼有	院落
豫中南地区	居室	居室	居室和院落兼有	院落
晋中南地区		院落		
山东地区		居室		

另外，各区域壁面布局的装饰形式也不尽相同。豫中南地区和冀中南地区在北宋早、中期多在壁面上以墓砖砌出图案，作为最主要的装饰形式，壁画较少；北宋晚期，逐渐流行壁画和砖雕相结合的形式；进入金代后，砖雕又占据了壁面的主导位置，模制雕砖的技法比较流行。晋中南地

区自北宋中期以来，始终流行精美的砖雕，其仿木斗栱形制复杂，雕砖模制化技术先进，应影响到了其他地区，金代的影响力尤大。山东地区始终以精美的壁画为其主要特征，北宋中、晚期之后逐渐也采用了砖雕作为装饰形式。陕甘宁地区则将雕砖和画像砖分层布局于墓壁之上，装饰意味明显，缺乏深层次的象征意义。

因此，北宋早、中期，豫中南地区、冀中南地区和山东地区的砖室墓普及了"假门+家具"的做法，这种将砖室墓视为居室的象征意义渊源自唐代，乃至于更早时期。北宋中期，晋中南地区开始出现砖室墓，将墓葬视为院落，也应是其唐代以来的传统，可以视为各区域稍晚时期墓室象征意义变化的源头。北宋晚期，受到晋中南地区的影响，豫中南地区和冀中南地区出现了墓室象征意义兼有居室和院落的情况。金朝入主中原后，中原北方较大范围地区的砖室墓将墓室象征为院落，即"假门+假门"的壁面题材，唯独山东地区还延续了之前的传统。

在上述发展过程中，中原北方地区砖室墓整体呈现出了由"居室"向"院落"的变化趋势。这种转变始自北宋晚期，至金代基本完成。转变的来源为晋中南地区，这是该区域作为金代墓葬文化中心的重要表现。这种转变整体上改变了墓室壁面的题材情况，家居之景等装饰图像的比重下降，出现了一些新题材，侧壁更多地表现出门窗。砖雕的广泛使用也得益于晋中南地区墓葬文化因素的扩展，更多的地域采用砖雕作为主要装饰方式，雕砖的预制技术也不断得以提高。因此，尽管墓室内的家居题材减少，但仍呈现出繁缛华美的景象。雕砖的格套化使用和壁面布局的全面调整，使得墓葬更显模式化，以南北壁为轴线的对称性也更加明显。华丽而日趋僵化，是金代砖室墓壁面布局的重要表现之一。

墓室平面形制和壁面布局的整体发展，共同表现出墓葬壁面意象从"居室"到"院落"的转变，更直观地反映出中原北方地区砖室墓的平面形制和壁面布局在宋金统治时期产生的三次重要变化。第一次为北宋早期，宋王朝初建，冀中南地区和豫中南地区普遍采用"假门+家具"的壁面题材，而使用了各自传统的墓葬平面形制，这个时期的交流主要体现在官员墓葬之上，也体现出自上而下的墓葬文化因素的推动；第二次为北宋晚期，这一时期中原北方地区均普遍采用了砖室墓的做法，宗教和文化等因素的影响下推动出现了六边形、八边形墓并迅速流行，来自晋中南地区的"假门+假门"的壁面题材逐渐走出其核心区域，推动了中原北方地区墓葬整体象征意义的变化；第三次为宋金交替之际，金人代宋，墓室平面形制和壁面布局得到定型，六边形、八边形的墓室平面和墓葬象征为院落的壁面题材，成为金代豫中南地区和冀中南地区的标准配置，这一现象延续至金代晚期。这三次变化所处的时间均为宋金时期政治和社会发展的节点，也是冀中南地区、豫中南地区和晋中南地区三个墓葬文化中心影响力发展的节点，与所处的时代背景和地理因素相关，并非偶然。

二 假门题材和"妇人启门"

假门题材在宋金时期中原北方地区砖室墓的壁面布局中占据重要地位。自王世襄、宿白对假门内所表现的妇人形象加以关注后[1]，学界对此类"妇人启门"图式进行了较多探讨。随着研究的深入，研究者的关注点逐渐呈现出由"妇人"之身份向"启门"之动作转变的趋势[2]。然而，作为该图式的主体部分，学界对假门题材还缺乏深入的关注[3]。实际上，部分砖室墓内壁上的两扇假门前后稍稍错开，呈现微微开启之势，应为工匠有意地设计。如果将其与"妇人启门"图式比较，可以发现"妇人"更多呈现出装饰意味，其整体布局背景依旧为微启之门。无论是"妇人启门"还是微启之门，题材所表现的核心内容均为假门。因此，笔者试图在前人研究的基础上，探索假门题材的发展渊源，研究其在墓室中的布局地位，并尝试对假门题材的象征意义略陈管见。

（一）假门题材的渊源

唐代早期，砖室墓中不流行以砖雕的方式装饰墓壁，也较少使用

---

[1] 王世襄：《四川南溪李庄宋墓》，《中国营造学社刊》1944年第7卷第1期；宿白：《白沙宋墓》，生活·读书·新知三联书店2017年版，第55—56、72—73页。

[2] 刘耀辉：《晋南地区宋金墓葬研究》，硕士学位论文，北京大学，2002年，第33—34页。

[3] 刘未曾从考古学的视角探讨了假门的发展源流。参见刘未《门窗、桌椅及其他——宋元砖雕壁画墓的模式与传统》，载巫鸿、朱青生、郑岩主编《古代墓葬美术研究》第3辑，湖南美术出版社2015年版，第227—252页。

假门题材。酒泉敦煌佛爷庙湾 M124 为方形砖室墓，墓室西壁砌出一门二窗①，是较早出现此类题材的墓例。直至唐代中、晚期，仿木构砖雕和假门题材才在河朔地区墓葬中流行开来。李雨生在系统整理北方地区唐代中、晚期仿木构砖雕墓葬的基础之上，指出这一时期墓葬间设计理念和本质差别在于墓室中的假门及其与墓室布局的关系，一般而言墓室内的仿木构装饰都会围绕假门展开②。按本书前章所述，宋金时期砖室墓壁面布局形式可分为"假门+桌椅"和"假门+假门"的题材形式。可以推测，宋金时期假门题材的发展情况应和唐代中、晚期有一定渊源。

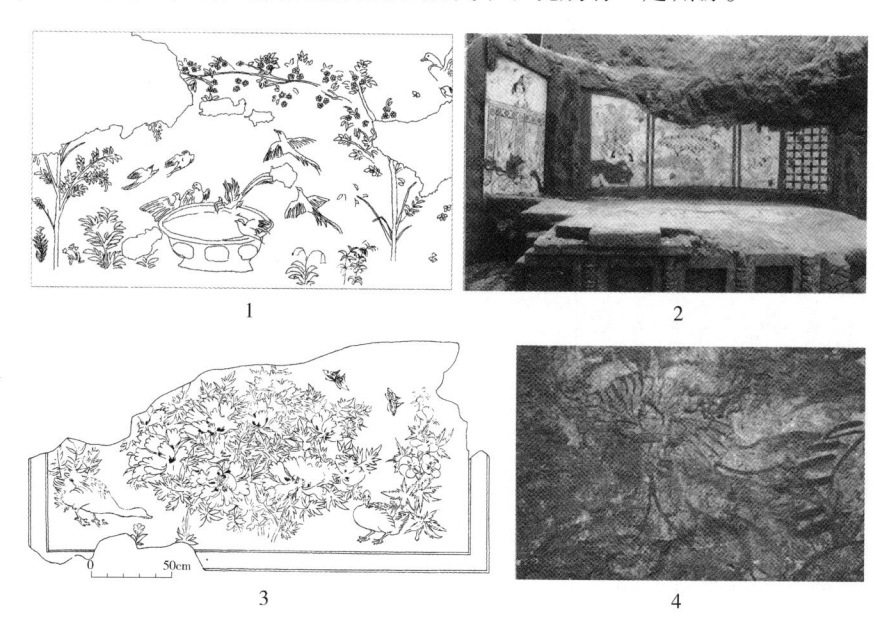

1. 西安唐安公主墓西壁（《唐代花鸟画研究》，第176页）　2. 安阳赵逸公墓西壁（《考古》2013年第1期）　3. 海淀王公淑墓北壁（《文物》1995年第11期）　4. 西城李殷辅墓北壁局部（《北京文博文丛》2011年第1期）

图40　唐代中、晚期墓室中心壁面绘制花鸟图的墓例

唐代中、晚期，较早使用假门题材的纪年墓葬为太和三年（829）安阳赵逸公墓，墓室北壁有一门二窗，西壁棺床上方绘花鸟图，东壁有灯

---

① 甘肃省博物馆：《敦煌佛爷庙湾唐代模印砖墓》，《文物》2002年第1期。
② 李雨生：《北方地区中晚唐墓葬研究》，博士学位论文，北京大学，2013年，第159页。

檠、箱柜、侍女等雕砖和壁画，南壁及甬道也有壁画①。这一时期假门题材在壁面中的位置不太固定，有时不位于墓室中心壁面。如大中六年（852）海淀王公淑墓北壁绘芦雁牡丹图，东西两壁均雕假门②；乾符四年（877）张家口宣化张庆宗墓北壁无装饰，东壁有假门③；龙纪二年（890）西城李殷辅墓北壁绘牡丹花鸟图，东壁棺床上方砌假门④。可以看出，这一时期墓室中心壁面常绘制出花鸟图像，其更早的题材可以溯源至两京地区，如兴元元年（784）西安唐安公主墓⑤，尽管该墓花鸟图案绘于西壁，但西壁下有棺床，应为该墓的中心壁面，与两京地区唐墓基本特点一致。前述墓例壁面上假门和花鸟图的基本情况见图40、表52。

表52　唐代中、晚期墓室中心壁面绘制花鸟图（或留白）的纪年墓例

墓例及年代	北壁	西壁	东壁
西安唐安公主墓（784）	玄武、侍从	花鸟	奏乐
安阳赵逸公墓（829）	假门、窗	花鸟	灯檠、箱柜、侍女
海淀王公淑墓（852）	花鸟	假门	假门
张家口宣化张庆宗墓（877）	无	假窗	假门、窗
西城李殷辅墓（890）	花鸟	不详	假门

据既往研究，唐代中、晚期，河朔地区砖室墓的中心壁面有从西壁向北壁转移的趋势。依据上表，明显可以看出假门题材逐渐开始在河朔地区唐墓中流行，其所处位置不尽相同、并不固定，应该处于发展的初期阶段。前述墓例均为官员墓葬，似乎可以说明假门题材最早流行于上层阶级，此后逐渐扩展至社会各阶层。由于这一时期该类型的纪年墓均为高等级墓葬，可供比对的平民墓葬具体年代不详，此结论的验证仍需要考古工作的持续进行。

---

① 安阳市文物考古研究所：《河南安阳市北关唐代壁画墓发掘简报》，《考古》2013年第1期。

② 北京市海淀区文物管理所：《北京市海淀区八里庄唐墓》，《文物》1995年第11期。

③ 张家口市宣化区文物保管所：《河北宣化纪年唐墓发掘简报》，《文物》2008年第7期。

④ 北京市文物研究所：《西城区丰盛胡同唐代壁画墓发掘简报》，《北京文博文丛》2011年第1期。

⑤ 陈安利、马咏钟：《西安王家坟唐代唐安公主墓》，《文物》1991年第9期。

第四章　砖室墓的壁面布局和题材　153

进入唐代晚期，假门题材出现了新布局，最早使用在官员墓葬之中。假门逐渐固定出现于河朔地区墓室北壁，东、西壁面的中心位置也出现了假门，即"假门+假门"的形式。使用这类壁面布局的墓葬包括会昌四年（844）张家口宣化苏子矜墓、乾符六年（879）张家口宣化杨钊墓、石家庄井陉矿区白彪村M1等①（图41、表53）。

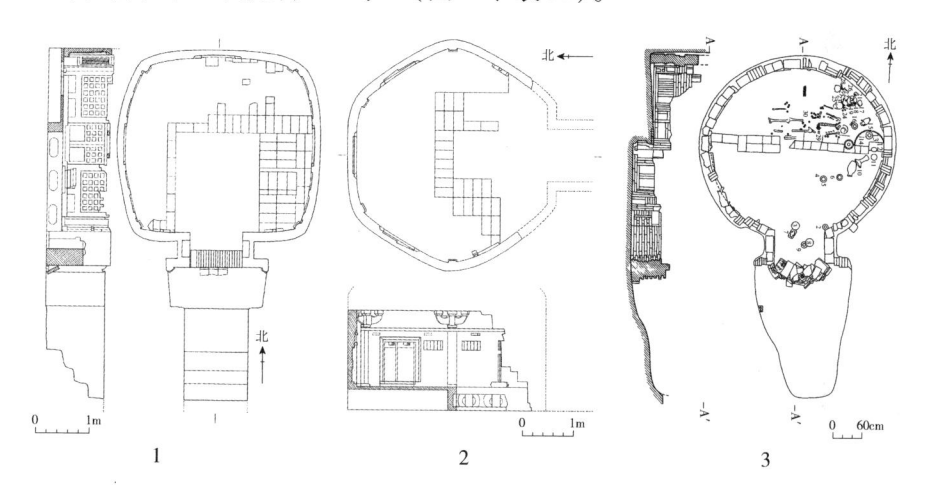

1. 张家口宣化苏子矜墓（《文物》2008年第7期）　2. 张家口宣化杨钊墓（《文物》2008年第7期）　3. 石家庄井陉矿区白彪村M1（《河北省考古文集》第4辑，第172页）

图41　唐代晚期使用"假门+假门"布局的墓例

表53　　　　　唐代晚期使用"假门+假门"布局的墓例

墓例及年代	北壁	西壁	东壁
张家口宣化苏子矜墓（844）	一门二窗	一门二窗	一门二窗
张家口宣化杨钊墓（879）	一门二窗	门、窗	门、窗
石家庄井陉矿区白彪村M1	一门二椅	门、窗、一桌一椅	门、窗、柜

官员墓室中使用"假门+假门"布局，其渊源可以纳入唐代中期以来河朔地区高等级官员墓葬形制中考量。丰台史思明墓的主室两侧各一侧室，

---

① 张家口市宣化区文物保管所：《河北宣化纪年唐墓发掘简报》，《文物》2008年第7期；河北省文物研究所、石家庄市文物研究所、井陉矿区文化旅游局：《石家庄井陉矿区白彪村唐墓发掘简报》，载河北省文物研究所编《河北省考古文集》第4辑，科学出版社2011年版，第170—188页。

墓道靠近甬道处有四个壁龛，墓主为大燕应天皇帝[1]；保定曲阳王处直墓为前后双室墓，前室两侧各一侧室，墓主为重要藩镇将领[2]；房山刘济墓为前后双室墓，另有侧室、壁龛等共六个，墓主为重要藩镇将领[3]；保定曲阳田庄大墓为前后双室墓，另有十个侧室，墓主级别亦相当高[4]（图42）。这种墓葬多采用了前后双室带数个侧室的形制，规模浩大、装饰华丽，一方面是墓葬等级制度的彰显，另一方面也依靠墓主地位和财富作为经济支撑。

而前述唐代晚期使用"假门＋假门"布局的案例应该效仿了这种墓葬形制。唐代晚期，河朔地区藩镇割据，各自为政，墓葬等级制度相对混乱，官员墓葬也有意识地向着当时最高等级墓葬靠拢，但受限于各种因素，其墓葬规模一般有所控制。因此，为表现带有数个侧室的形制特征，官员墓葬中墓室各壁面的中心位置开始设置假门，以假门代替通向侧室的真正通道[5]。这样，这种做法既侧面反映出当时官员和稍高阶层人群的心态，完成了墓室象征意义的构建；也不至于吸引过多的舆论，降低了建造墓室的各类成本。

综上，可以对假门题材的发展渊源做一梳理。早在唐代早期，假门题材即出现在敦煌地区，但其仅为零星使用；唐代中、晚期，假门题材开始在河朔地区流行，由上层阶级扩展到平民墓葬，其位置由不固定逐渐转为固定于墓室北壁，即中心壁面的位置；唐代晚期，"假门＋假门"的墓室布局在官员和有一定身份人群的墓中出现，其形式应来自高等级墓葬的形制，以侧壁的假门代替侧室。

由此，可以推测此时期墓室假门题材的象征意义。位于墓室北壁的假门代替了花鸟图，有一定装饰意义，表明了墓室后部仍有空间[6]，亦可能

---

① 北京市文物研究所：《北京丰台唐史思明墓》，《文物》1991年第9期。

② 河北省文物研究所、保定市文物管理处：《五代王处直墓》，文物出版社1998年版，第6—14页。

③ 刘乃涛：《刘济墓考古发掘记》，《大众考古》2013年第2期。

④ 魏曙光：《河北曲阳田庄大墓取得重要新收获》，《中国文物报》2014年3月14日第8版。

⑤ 刘未：《门窗、桌椅及其他——宋元砖雕壁画墓的模式与传统》，载巫鸿、朱青生、郑岩主编《古代墓葬美术研究》第3辑，湖南美术出版社2015年版，第227—252页。

⑥ 保定曲阳王处直墓的前后室间以门道相连，门道封堵，前室北壁绘花鸟图，而被盗墓者破坏，得以进入后室空间。这种图像与空间之间的关系值得研究。

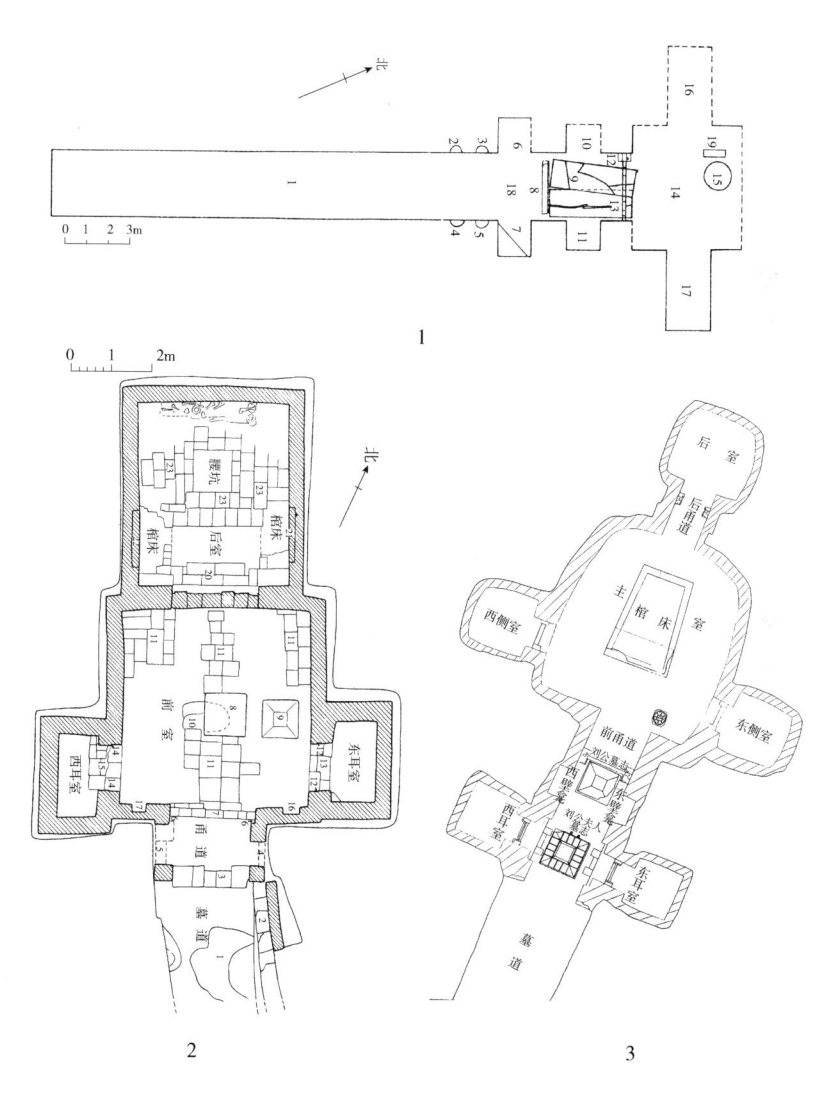

1. 丰台史思明墓（《文物》1991年第9期） 2. 保定曲阳王处直墓
（《五代王处直墓》，第8页） 3. 房山刘济墓（底图采自笔者自摄照片）

图42 唐代中期至五代河朔地区高等级官员墓例

与当时的丧葬理念相关；位于墓室侧壁的假门则处于原本侧室的位置，体现了空间上的延展性。

（二）五代、宋金时期的假门题材

五代、北宋时期，官员墓葬中的假门题材发生了一定变化，依照其壁面布局的差异，可以划分为两个区域。

其一，豫中南地区、冀中南地区和山东地区。五代的统治核心区域为豫中南地区和冀中南地区，该区域不再流行"假门+假门"的布局形式。作为统治中心的洛阳发现了若干官员阶层砖室墓，多数墓葬的壁面布局题材为"假门+家具"组合，在墓室侧壁更突出表现桌椅、箱柜、盆架、灯檠等家具，反映出这一时期砖室墓的整体布局变化情况。

这种情况与前述唐代晚期河朔地区官员墓葬不同，似应和五代时期的政治和社会特点有关。这些区域位于五代各政权的统治中心，官方政治控制较强，应该存在一定的墓葬等级制度；朝代更替、战争不断的局面也削弱了社会各阶层的经济实力。因此，官员和平民等各阶层没有能力和实力去为墓葬建造侧室，连同表现侧室的侧壁假门这一形制特征也逐渐弱化，代之以更流行的家具题材。侧壁即便出现假门题材，也较少位于中心位置，该题材在壁面中的布局地位显著下降。及至北宋，墓室北壁使用假门的做法继续广泛流行于中原北方地区，豫中南地区、冀中南地区和山东地区的主要墓葬依旧保持了"假门+家具"的壁面格局，并持续至北宋晚期。

其二，晋中南地区。五代时期，晋中南地区的墓葬假门题材仍部分延续了唐代晚期河朔地区官员墓葬"假门+假门"的布局形式。如忻州代县李克用墓为圆角方形砖室墓，太原晋祠王氏小娘子墓为近圆形砖室墓，其墓室内部北、西、东三壁均雕砌假门[①]（图43）。李克用是唐末五代割据军阀，王氏小娘子为后晋要员郭知密所葬，二者所处社会阶层均较高。北宋中期以后，晋中南地区砖室墓在平民阶层得以重新流行，依旧保持了五代时期墓室内壁"假门+假门"的布局传统。

值得提及的是，北宋时期晋南地区和晋东南地区假门窗的组合形式不同。晋南地区墓葬多在北、西、东三壁做出假门；晋东南地区墓葬则在各壁面做出一门二窗的形式，将门和窗视为一个布局组合。此外，晋东南地区墓葬在宋金时期广为流行多室墓的传统，即各壁面多做出侧室或壁龛，

[①] 李有成：《代县李克用墓发掘报告》，载李有成《李有成考古论文集》，中国文史出版社2009年版，第188—198页；太原市文物考古研究所：《山西太原晋祠后晋墓发掘简报》，《文物》2018年第2期。

（《文物》2018 年第 2 期）

图 43　太原晋祠王氏小娘子墓

有时取代假门题材的布局位置。以元丰元年（1078）长治故县村 M2 为例，墓室西壁砌出一门二窗，而与之对应的东壁砌出一侧室二窗[①]，足见侧室和侧壁假门题材可以相互替代（图 44）。这种现象的出现，一方面与该地区流行家族丛葬的风俗、需要扩大墓室空间有关；另一方面也体现了侧壁假门题材与侧室具有相同的象征意义，侧壁假门应该意味着壁面后面仍存在可延展的空间。

1　　　　　　　　　　　　　2

1. 西壁　2. 东壁

（《文物》2005 年第 4 期）

图 44　长治故县村 M2

---

① 朱晓芳、王进先：《山西长治故县村宋代壁画墓》，《文物》2005 年第 4 期。

北宋晚期至金代，中原北方地区砖室墓中的假门题材又发生了变化。从区域上来看，豫中南地区和冀中南地区受到了晋中南地区的广泛影响，墓室的壁面布局逐渐自"假门+家具"组合形式转变为"假门+假门"，侧壁假门题材的使用范围有较大扩展；从形式上来看，以版门为主的假门样式开始改变，格子门逐渐流行，数量也由两扇变为多扇①。这些结论及其原因在前文已有探讨，应为墓葬文化中心向晋中南地区转移所致，墓室的象征意义由"居室"逐渐转为"院落"，其中假门题材的变化是发生这一转变的核心和重要表现。

这一时期豫中南地区和冀中南地区砖室墓均在侧壁出现了假门题材，而其象征意义似与晋中南地区不同。晋中南地区墓葬侧壁假门象征了空间的延展，而前述两区域的该类题材可能以单纯的装饰意味为主，以轴对称的形式出现在墓室的两侧，使得墓室呈现出华丽繁缛之景，一般不表现空间上的意义。

另外，在陕甘宁地区砖室墓中，假门题材以雕砖的形式对称分布于各壁面，有时被位于壁面中心位置的小龛所取代，与中原北方其他地区形式、规制均不相同，其装饰意味也较显著，壁面布局整体意蕴比较特殊。山东地区砖室墓则在宋金时期不流行侧壁假门的形式，直至元代才广泛流行该类题材，存在着一定滞后性。

(三) 宋金时期墓室北壁假门题材和"妇人启门"图式

前文主要梳理了唐、五代、宋、金各时期中原北方地区墓室假门题材的发展脉络，并着重探讨了侧壁假门的情况和象征意义。在宋金时期中原北方地区砖室墓中，多数墓葬的北壁一般做出假门，假门题材占据视觉的中心位置，这种做法的范围遍及整个中原北方地区。那么，墓室北壁的假门题材有何象征意义和功能呢？

在"妇人启门"题材的讨论中，比较著名的早期例子是东汉时期四川芦山王晖石棺，其前挡部位刻出一位半掩于门扉后的女性，部分研究者

---

① 俞莉娜：《宋金时期墓葬仿木构建筑史料研究——以河南中北部、山西南部地区为例》，硕士学位论文，北京大学，2015年，第226—237页。

将其解释为"魂门"或"天门"①。在汉代画像石墓中,各类画像题材不仅反映了逝者生前的场景,也表现出天上的诸神,其所共同构筑的墓室世界常常象征着天上的世界②。东汉墓葬中出现的假门题材在数百年后的唐代河朔地区墓葬中大量出现,至宋金时期此类题材所占比重极大、范围更广、壁面布局位置也得以定型。尽管该题材的时空差异相当大,图像形式和载体也有差别,但是仍然使得研究者将其加以关联,并进而思考宋金时期假门题材所可能蕴含的神圣含义。

北宋时期,假门题材位于墓室北壁,正对墓门和甬道,是墓室壁面布局的视觉中心。实际上,墓葬视觉中心的题材和图像随着时代的发展而有较大的调整。北魏之前的墓葬姑不具论,魏晋时期墓主像转移至墓室正壁并大体固定,成为墓室装饰布局的中心③;隋唐时期,西安地区墓葬的棺床多位于西壁,为墓室的正壁,其上绘制的题材包括侍者、花鸟、屏风等形象④;唐代中、晚期,河朔地区墓葬的北壁逐渐成为墓室正壁,图像也由花鸟逐渐向假门题材发展,直至于宋。在这一发展过程中,时人对于墓葬"正壁"的认知有所转移,是很重要的现象,其原因与政治变迁、文化传播等诸多因素有关。而墓葬的壁面布局愈发呈现中轴化的特点,位于正壁的题材地位应该更加显要,这是确切无疑的。因此,北宋时期墓室北壁的假门题材作为视觉中心,更显示出其独特地位,除了代表假门后仍存在空间之外,还应该代表一定的精神层面意义。在金代墓葬中,墓室壁面布局沿中轴线对称的形式更加明显,前文已分区进行探讨,亦凸显了假门题材的重要程度。

假门题材除了位于宋金时期砖室墓的北壁之外,也多使用于这一时期

---

① [日]土居淑子:『古代中国の半開の扉』,载[日]土居淑子《古代中国考古・文化論叢》,言叢社1995年版,第253—292页;[美]巫鸿:《地域考古与对"五斗米道"美术传统的重构》,载[美]巫鸿《礼仪中的美术——巫鸿中国古代美术史文编》,生活・读书・新知三联书店2005年版,第491—492页。

② [日]林巳奈夫:《刻在石头上的世界:画像石述说的古代中国的生活和思想》,商务印书馆2010年版,第11—14页。

③ 郑岩:《墓主画像的传承与转变——以北齐徐显秀墓为中心》,载郑岩《逝者的面具:汉唐墓葬艺术研究》,北京大学出版社2013年版,第196—208页。

④ 宿白:《西安地区唐墓壁画的布局和内容》,《考古学报》1982年第2期。

墓葬石棺的前后挡、楼阁式塔及塔基地宫的各壁面上（图45），如政和七年（1117）洛阳洛宁大宋村乐重进石棺前挡雕一门二窗，后挡做出"妇人启门"①；皇祐六年（1054）邯郸鼓山常乐寺普同塔为八角形九级砖塔，各层均做出假门窗等装饰，部分假门为半启状，门内浮雕佛像②；熙宁二年（1069）运城临猗双塔寺西塔塔基地宫坐西朝东，室内三壁面均做出假门，南侧假门呈半启状③。墓葬石棺的前后挡雕出假门，位于布局的视觉中心，居于其中的墓主人灵魂似可以通过此处进入另一个世界；楼阁式塔的外侧壁面做出假门，因其塔心室等内部结构设计所致，假门多为装饰意义；塔基地宫常供奉舍利，建筑结构和功能与砖室墓相近，应将二者置于同一视野进行研究。相关的例子在这一时期数量较多，而广泛出现在丧葬、宗教等题材背景下的遗迹和遗物之上，更显其可能存在的神圣含义。

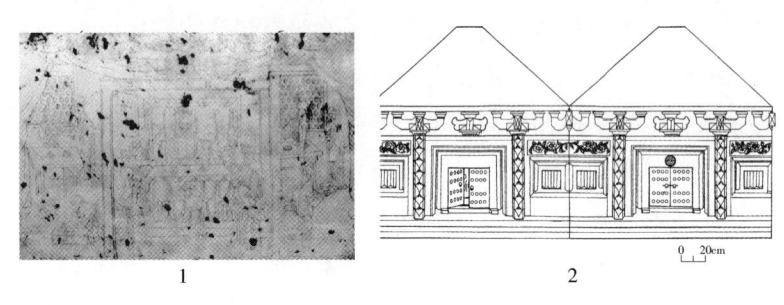

1. 洛阳洛宁大宋村乐重进石棺（《文物》1993年第5期，图版四）
2. 运城临猗双塔寺西塔塔基地宫（《文物》1997年第3期）

图45　石棺和塔基地宫上的假门题材

对于墓室北壁假门题材含义的讨论已有不少研究成果，常立足于"妇人启门"题材的探讨。学界多倾向于认为，假门象征着其后部存在虚拟空间，墓主人的灵魂可以通过假门与另一个世界交流。在缺乏文字直接记载的情况下，这种以"人"为中心的研究视角从精神层面切入，解释了民俗观念在具体物质表现中的"留白"，其逻辑和结论有一定说服力，

---

① 李献奇、王丽玲：《河南洛宁北宋乐重进画像石棺》，《文物》1993年第5期。
② 邯郸市文物保管所、峰峰矿区文物保管所：《河北邯郸鼓山常乐寺遗址清理简报》，《文物》1982年第10期。
③ 乔正安：《山西临猗双塔寺北宋塔基地宫清理简报》，《文物》1997年第3期。

并在各时期、各地域墓葬中都有体现。如巫鸿（Wu Hung）指出战国随县曾侯乙墓椁箱下部特设的小洞和内棺侧面图绘的门窗均象征着灵魂的通道，汉代满城刘胜墓中墓主玉体头顶的孔洞是为了灵魂出入所设计[①]；李清泉发现宣化辽墓 M10 中后室棺床北侧绘出假门，并认为其应为逝者灵魂通往寝室的通道[②]。宋金时期也存在具备相关象征意义的墓例，如晋中昔阳松溪路 M1 前室倒凹形棺床中部做出南北向的窄凹槽，凹槽后端砌出六级台阶与后室相接[③]（图 46）。这类墓葬结构中的细节比较特殊，因而容易引起注意。尽管其没有明确的证据指向，但明显与假门的功能相近，与宋金时期的丧葬观念相关，似为灵魂通向另一个世界的通道，也从侧面证明了北壁假门所蕴含的精神层面的意义。

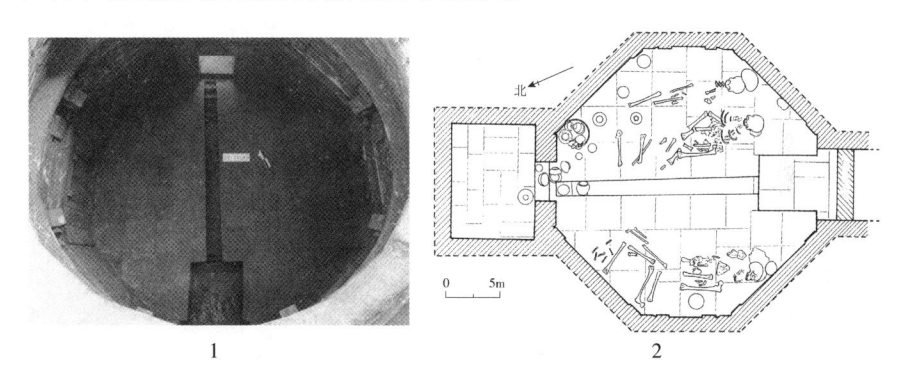

1. 晋中昔阳松溪路 M1 棺床中部凹槽 2. 晋中昔阳松溪路 M1 墓室平、剖面图

（《考古与文物》2015 年第 1 期）

图 46 宋金墓葬中有关灵魂通道的设计细节

在宋金时期中原北方地区砖室墓中，墓葬常被象征为居室或院落，壁面装饰题材以家居场景为主，表现了现世的世俗生活。而北壁假门所分隔的则是现实社会和另一个世界，假门之后的空间只存在于虚拟世界中，无

[①] [美]巫鸿：《黄泉下的美术：宏观中国古代墓葬》，生活·读书·新知三联书店 2010 年版，第 36、199、229 页。

[②] 李清泉：《空间逻辑与视觉意味——宋辽金墓"妇人启门"图新论》，《美术学报》2012 年第 2 期。

[③] 山西省考古研究所、昔阳县文物管理所、昔阳县博物馆：《山西昔阳松溪路宋金墓发掘简报》，《考古与文物》2015 年第 1 期。

法观察或描述，表现了对另一个世界的无限遐想。需要注意的是，这种精神层面的意义一般只位于正壁的假门题材之上，侧壁假门的功能和象征意义与其不同，前文已加以论述（表54）。

表54　　中原北方地区唐宋金墓葬中假门题材的象征意义

时代	正壁假门题材	侧壁假门题材
唐代中期	使用于河朔地区，位置不固定，和花鸟图同时出现，有一定装饰功能，可能象征上层阶级多室墓的空间	
唐代晚期	有一定装饰意义，位于中轴线上，可能与当时的丧葬理念相关	流行于河朔地区，代替侧室，象征上层阶级多室墓的空间
五代时期		流行于晋中南地区，象征上层阶级多室墓的空间
北宋大部分时期	位于中轴线上，为分隔生死世界的通道，蕴含精神层面的意义	流行于晋中南地区，与家族丛葬的风俗有关
北宋晚期至金代		晋中南地区，与家族丛葬的风俗有关；豫中南地区和冀中南地区，装饰功能显著

在此基础上，可以对墓室北壁的"妇人启门"题材重新加以审视。与宋金墓葬中普遍使用的假门题材相比，带有"妇人启门"图像的墓葬比重并不大，而时间和地域分布范围则较广，似较难总结出其时空特点，也不易将该图像与丧葬观念建立直接的联系。需要提及的是，此类图像既见于墓葬，又见于石窟、塔、经幢、舍利函、铜镜、瓷枕、玉器和卷轴画等载体，在晚近的艺术作品中也偶有所见，是中国古代绘画和雕刻中常见的一个画面[1]。因此，"妇人启门"图像并不一定具有某种含义，而更近似于一种装饰手法[2]，在当时似乎已成为人们普遍接受的装饰题材，常雕绘于日常所见的各类物质遗存上，应该较少象征着世俗信仰观念。至于墓葬中的启门题材主要采用妇人这一形象的原因，可能是由墓室同层壁饰模拟家宅生活所决定的[3]。

需要注意的是，墓葬中"妇人"的形象有时被其他人群所取代，应与墓主身份和图像内容有关。如登封箭沟墓北壁绘童子端盘似欲出门[4]，

---

[1] 郑岩：《论"半启门"》，《故宫博物院院刊》2012年第3期。
[2] 郑岩：《民间艺术二题》，《民俗研究》1995年第2期。
[3] 丁雨：《浅议宋金墓葬中的启门图》，《考古与文物》2015年第1期。
[4] 郑州市文物考古研究所：《郑州宋金壁画墓》，科学出版社2005年版，第136—158页。

1. 登封箭沟墓北壁（《郑州宋金壁画墓》，第150页） 2. 洛阳宜阳石棺后挡（《文物》1996年第8期） 3. 安阳正隆僧人墓西北壁（笔者自摄）

图47 不同人群的启门题材

其应该为家居生活中的侍童，表现了备侍的场景；又如洛阳宜阳石棺后挡雕男子肩扛满袋粮食进门①，应反映庄客或佃农交租的景象，显示出墓主的富庶；再如安阳正隆僧人墓西北壁绘和尚启门的图像，与墓主的僧人身份相符（图47）。这类墓例尽管数量较少，但亦从另一个角度反映出所谓"妇人启门"图式中人物形象的可替代性和装饰功能，使得该图式的装饰意味表现得更加显著。

要之，笔者认为，作为宋金时期中原北方地区砖室墓的壁面布局视觉中心，墓室北壁的假门题材位于墓葬中轴线的顶端，应该承担了相当的神圣功能。假门题材不仅应用于墓葬中，在石棺、塔和塔基的各壁面也大量使用，侧面表现了该题材可能具有的丧葬和宗教背景。目前的研究多认为北壁假门应该为分隔生死世界的通道，其结论有一定的说服力。至于

---

① 洛阳市第二文物工作队、宜阳县文物管理委员会：《河南宜阳北宋画像石棺》，《文物》1996年第8期。

"妇人启门"图式则更接近于假门题材的装饰手法，是当时人普遍拥有的视觉兴趣，而较少直接象征着丧葬风俗和信仰观念。

有赖于现代考古学背景下的田野发掘，"妇人启门"图式逐渐进入了研究者的视野。自梁白泉重新讨论并解读该图式[①]以来，学界对其进行了诸多启发性的解释。如果将该图式视为单纯的物质遗存，置入假门题材的发展演变过程中进行探讨，可能有助于对墓葬壁面装饰的探考。

三 桌椅题材和墓主像

在宋金时期中原北方地区砖室墓中，一桌二椅逐渐演变为墓主人夫妇对坐、并坐的场景，是墓中最重要的装饰[②]。桌椅图像也和箱柜、灯檠、几案等其他家具题材一起，共同在墓室中表现出家居生活，是"居室"这一墓葬象征场景的重要题材。自宿白首先讨论桌椅题材的布置、并提出墓主夫妇对坐与对壁伎乐图像的合观场景应为"开芳宴"[③]以来，学界已对墓葬中的桌椅题材及墓主像做了诸多探讨。近期的讨论常结合墓葬丧礼、祠庙祭祀等史料，多将视角聚焦于墓主像的出现原因、表现形式和象征意义等方面，是相当重要的研究。在本节，笔者将在既往研究的基础上，梳理相关墓葬材料，对桌椅题材和墓主像的发展脉络加以归纳，并对其内涵和功能略作补充。

（一）唐、五代的桌椅题材和墓主像

桌椅题材广泛出现在宋金时期中原北方地区墓葬中，其发展源流应至少可以追溯至晚唐、五代时期。以椅子为例，尽管其自汉代以来曾多次传入中原，但真正得以流行则应归因于唐代中后期河朔地区胡族掌权、藩镇割据的时代背景，武官人群首先挣脱礼法束缚而接受了椅子为代表的高座家具[④]。在中原北方地区，目前发现最早出现椅子的纪年墓葬为唐天宝十五年（756）西安高元珪墓，墓室北壁似绘墓主坐于椅上[⑤]；乾元二年

[①] 梁白泉：《墓饰"妇人启门"含义揣测》，《中国文物报》1992年11月8日第3版。
[②] 秦大树：《宋元明考古》，文物出版社2004年版，第146页。
[③] 宿白：《白沙宋墓》，生活·读书·新知三联书店2017年版，第65—66页。
[④] 杭侃：《试论唐宋时期椅子在中原地区的传播》，《故宫博物院院刊》2019年第4期。
[⑤] 贺梓城：《唐墓壁画》，《文物》1959年第8期。

(759)西城何延本墓南壁墓门两侧分别做出衣架和一桌二椅,西壁绘墓主及侍女形象①。西安高元珪墓中的椅子未和其他家具题材搭配出现,而西城何延本墓已形成一桌二椅的题材组合,大概可以反映出桌椅题材在墓中的发展情况。

唐代晚期和五代时期,一桌二椅题材在河朔地区仿木结构砖室墓中广泛传播,使用于平民阶层墓葬内,如衡水故城 M1、新乡南华小区 M1、新乡荣军休养院 M1 均在墓室东壁砌出一桌二椅②。值得注意的是,这一时期一桌二椅的题材组合并未完全定型,部分墓葬中仍砌出一桌一椅、仅有单椅或单桌的图像,如衡水故城 M3 和新乡南华小区 M2 均于东壁砌出一桌一椅,新乡宝山西路 M1 在西壁砌出一把正面向前的椅子,昌平旧县大队墓西壁砌桌③,张家口蔚县一中 M9 东壁砌出桌及灯檠④。另外,也有墓葬在多个壁面均砌出桌椅的形象,如衡水故城 M2 墓室西壁砌一桌一椅、东壁砌一桌二椅,石家庄井陉矿区北宅墓西壁砌桌、东壁砌椅⑤,石家庄井陉矿区白彪村 M1 墓室北壁假门两侧各一椅、西壁一桌一椅⑥,大中十二年(858)邯郸永年时清墓北壁砌椅和几、西壁砌桌⑦。这些墓例的出现,可以体现出本时段河朔地区墓葬中桌椅题材位置、组合的不确定性。桌椅题材多为雕砌而成,也从侧面反映出此时砖构技术尚不发达的技术背景。另外,砖砌桌上一般不砌出用品,仅衡水故城 M3 东壁桌上砌一针线笸箩,新乡南华小区 M1 东壁桌上砌壶盏等具,可见这一做法在此时不太流行(图48)。

---

① 高小龙:《北京清理唐砖室墓》,《中国文物报》1998 年 12 月 20 日第 1 版;王策:《燕京汽车厂出土的唐代墓葬》,《北京文博》1999 年第 1 期,封二、彩插一。

② 衡水市文物管理处:《河北故城西南屯晚唐砖雕壁画墓》,载河北省文物研究所编《河北省考古文集》第 3 辑,科学出版社 2007 年版,第 129—138 页;新乡市文物考古研究所:《河南新乡市仿木结构砖室墓发掘简报》,《华夏考古》2010 年第 2 期。

③ 北京市文物工作队:《北京市发现的几座唐墓》,《考古》1980 年第 6 期。

④ 蔚县博物馆:《蔚县一中唐墓发掘简报》,《文物春秋》2007 年第 2 期。

⑤ 石家庄市文物保管所:《石家庄市井陉矿区北宅砖室墓》,《文物春秋》1989 年第 4 期。

⑥ 河北省文物研究所、石家庄市文物研究所、井陉矿区文化旅游局:《石家庄井陉矿区白彪村唐墓发掘简报》,载河北省文物研究所编《河北省考古文集》第 4 辑,科学出版社 2011 年版,第 170—188 页。

⑦ 董振修:《河北永年清理一座唐墓》,《考古》1966 年第 1 期。

166　宋金时期中原北方地区砖室墓研究

　　五代时期,受到来自河朔地区的文化传统的影响,中原地区官员阶层开始流行使用仿木结构砖室墓,桌椅题材也随之使用于墓葬中,并出现了新特点。以位于都城洛阳地区的墓葬为例①,一方面,桌椅题材的组合和位置在这一时期逐渐定型,多数表现为一桌二椅组合,形成了相对固定的墓葬壁面布局;另一方面,在桌椅等砖砌题材的基础之上,常于其上以单块雕砖的形式雕出执壶、盏托、果盘等饮食用器,并绘出侍女等壁画人物,壁面以砖雕和壁画共同装饰出宴饮之景,呈现出复杂华丽的效果(图49、表55)。

1. 洛阳龙盛小学墓西壁　2. 洛阳苗北村墓西壁　3. 洛阳邙山镇营庄村墓西壁

(《洛阳考古》2013年第1期)

图49　洛阳地区五代时期墓葬中的桌椅题材

表55　　　　　洛阳地区五代时期仿木结构砖室墓的桌椅题材

墓例	桌椅题材位置	桌椅题材形式
洛阳伊川李俊墓	墓室西壁	砖砌一桌二椅
洛阳龙盛小学墓	墓室西壁	砖砌一桌二椅,桌上砌一素面砖
洛阳伊川孙璠墓	墓室西壁	砖砌一桌二椅,桌上雕执壶、盏托
洛阳孟津新庄墓	墓室西壁	砖砌一桌二椅,桌上雕执壶、盏托
洛阳苗北村墓	墓室西壁	砖砌一桌一椅,桌上雕执壶、盏托,后绘侍者
洛阳邙山镇营庄村墓	墓室西壁	砖砌一桌二椅,桌上雕执壶、盏托、果盘,后绘侍者

---

① 谢虎军、张剑编:《洛阳纪年墓研究》,大象出版社2013年版,第576—579页;洛阳市文物考古研究院:《洛阳孟津新庄五代壁画墓发掘简报》,《洛阳考古》2013年第1期;洛阳市文物考古研究院:《洛阳龙盛小学五代壁画墓发掘简报》,《洛阳考古》2013年第1期;洛阳市文物考古研究院:《洛阳邙山镇营庄村北五代壁画墓》,《洛阳考古》2013年第1期;洛阳市文物考古研究院:《洛阳苗北村壁画墓发掘简报》,《洛阳考古》2013年第1期。

1. 衡水故城 M1 东壁（《河北省考古文集》第 3 辑，第 132 页）　2. 新乡南华小区 M1 东壁（《华夏考古》2010 年第 2 期，图版四）　3. 衡水故城 M3 东壁（《河北省考古文集》第 3 辑，第 137 页）　4. 新乡宝山西路 M1 西壁（《华夏考古》2010 年第 2 期，图版八）　5. 衡水故城 M2 西壁（《河北省考古文集》第 3 辑，第 136 页）　6. 衡水故城 M2 东壁（《河北省考古文集》第 3 辑，第 136 页）

图 48　河朔地区唐代晚期和五代时期墓葬中的桌椅题材

桌椅题材主要位于墓室西侧壁面上，应该是本区域壁面布局的特点之一。实际上，这一时期的洛阳地区砖室墓多为官员阶层所用，一定程度上承袭了唐代两京地区影作木构的墓葬传统。为了装饰壁面，墓室内流行使用壁画的形式，此区域传统与源自河朔地区的砖雕形式相结合，渐次增加了砌绘而成的用器、侍女等图像。另外，尽管五代时期并不太重视礼乐制度建设，"文章礼乐，并是虚事"[1]，但位于京畿地区的官员阶层墓葬仍可能会遵循一定的习俗或制度范式，因此桌椅题材得以定型。五代时，新式高足家具逐渐形成较完备的组合，陈设方式更转向相对固定的格局，为北宋时期高足家具的进一步完备奠定了基础[2]。自晚唐至五代，桌椅题材在墓壁的位置和图像组合由散乱至固定，形式和装饰内容由简单至复杂，壁画与砖雕共同使用，是宋金时期墓葬中桌椅图像的先声。

需要重点指出的是，不同于魏晋南北朝时期墓主像的盛行，唐和五代时期中原北方地区墓葬中均较少出现墓主的形象。前所述西安高元珪墓和西城何延本墓既是最早出现椅子的两座纪年墓例，也是这一时期目前仅见的两座绘出墓主像的墓葬，应作为墓主像的特例看待。墓主像自唐以来不再流行，而这种传统延续至五代时期，如洛阳邙山镇营庄村墓和洛阳苗北村墓在砖砌桌椅之后砌绘出了用器、侍者等复杂图像，而唯独将椅子上的核心位置空出留白，似乎说明此时对墓主像亦有所忌讳，尽量避免墓主的实体或指代形象出现在墓室之中。

总体来看，在墓室壁面中，桌椅题材与假门窗、箱柜、灯檠等雕砌形象相结合，共同反映出世俗生活和居室之景，是这一时期仿木结构砖室墓的重要组成部分，其出现和发展应自有渊源。唐代晚期，桌椅图像在河朔地区墓葬中得到普及使用，应该是这一时期这类高足实用家具流行于民间的写照，而其组合和形式均尚不完全固定。五代时期，该题材又有所发展，逐渐形成了一桌二椅的图像组合，自河朔地区发展到洛阳地区的官员墓葬中，并得以定型，这类题材装饰形式常以砖雕和壁画相结合，共同表现出宴饮的场景。至于墓主像题材则在唐、五代时期较少使用，似被刻意

---

[1] （宋）薛居正等：《旧五代史》卷107《汉书九》，中华书局1976年标点本，第1408页。
[2] 杨泓：《汉唐之间城市建筑、室内布置和社会生活习俗的变化》，载杨泓《束禾集：考古视角的艺术史》，中国社会科学出版社2018年版，第230页。

移除，应与桌椅没有形成紧密的题材组合。

（二）北宋的桌椅题材和墓主像

五代洛阳地区墓葬中的桌椅题材上砌饮食用具，其后绘有侍者形象，雕绘相当华丽。此后的北宋时期也沿袭了这种做法，多将砖室墓中的一桌二椅图像加以装饰，桌上多置物，使其呈现出与唐代桌椅题材初兴时不同的面貌。

北宋早、中期，一桌二椅图像主要见于豫中南地区、山东地区、冀中南地区和豫北地区的砖室墓中，各区域的题材形式、位置均有差别。豫中南地区砖室墓中的桌椅图像主要砌筑于墓室西侧壁面；山东地区则多将该题材绘制于墓室东壁；冀中南地区内部桌椅图像的位置存在差异，冀中地区该题材主要位于墓室东侧壁面，冀南地区则主要位于西侧壁面；豫北地区地处各文化区的交界，各个墓葬的图像位置更不统一。北宋早、中期部分纪年砖室墓中所见桌椅题材的基本情况[①]见图50、表56。

表56　　　　　　北宋早、中期部分纪年砖室墓中所见桌椅题材

地区	墓例及年代	桌椅题材位置	桌椅题材形式
豫中南地区	巩义赵玄祐墓（1006）	墓室西壁	砌桌椅，桌上砌执壶、果盘
	郑州南关外墓（1056）	墓室西壁	砌桌椅，桌上砌执壶、杯、盒
	邓州赵荣墓（1086）	墓室西壁	砌桌椅，桌后绘悬幔和半启门
山东地区	济南山大南校区墓（960）	墓室东壁	绘桌椅，桌上绘执壶、盏托
冀中南地区	衡水武邑龙店M2（1042）	墓室东壁	砌桌椅，桌上砌绘瓶、执壶、杯、果盘，后绘侍者
	邢台临城岗西村墓（1054—1056）	墓室西壁	砌桌椅，桌上砌执壶、盏托

---

① 赵文军、马晓建、朱树魁：《宋陵周王墓》，载国家文物局编《2009中国重要考古发现》，文物出版社2010年版，第166—169页；郑州市文物考古研究所：《郑州宋金壁画墓》，科学出版社2005年版，第12—16页；南阳市文物研究所、邓州市文化馆：《河南省邓州市北宋赵荣壁画墓》，《中原文物》1997年第4期；济南市博物馆、济南市考古所：《济南市宋金砖雕壁画墓》，《文物》2008年第8期；河北省文物研究所：《河北武邑龙店宋墓发掘报告》，载河北省文物研究所编《河北省考古文集》，东方出版社1998年版，第323—329页；邢台市文物管理处、临城县文物保管所、北京大学中国考古学研究中心：《河北临城岗西村宋墓》，《文物》2008年第3期；焦作市文物勘探队：《河南焦作宋代刘智亮墓发掘简报》，《中原文物》2012年第6期；佚名：《河南文化局调查安阳天禧镇宋墓》，《文物参考资料》1954年第8期。

续表

地区	墓例及年代	桌椅题材位置	桌椅题材形式
豫北地区	焦作刘智亮墓（980）	墓室东北壁	砌桌椅，桌上砌执壶、碗
	安阳天禧镇墓（1077）	不详	绘桌椅，桌上绘瓶、果盘、盏托

桌椅题材所在的壁面不同，应该是各地区间墓葬文化因素的差异所致。山东地区使用壁画墓较多，因而在墓葬中采取了墨绘桌椅的手法，略显特殊。在这一时期，桌椅题材流行于大多数砖室墓中，且桌上常砌绘饮食用具，继承了五代时期的做法。相较于五代，这些饮食用具种类有所增多，细节刻画也更加细致。另外，有时在该题材基础上绘出侍者、悬幔等装饰，出现了绘制交椅的做法，使得图像更显生动。需要提及的是，此时的桌椅题材一般位于墓室侧壁，其上仍未出现墓主像，足见唐代以来墓葬传统的影响力。

在这一时期的晋中南地区，墓葬中出现了桌椅的实物。元祐四年（1089）晋中左权赵武墓为上下层石室墓，上室中央放置一木制方桌，四周各置木椅一把，椅后倚墙各置木屏风一架，桌上放石质砚台，桌下有一方墓志铭[①]。该墓墓主为官员，上室似表现出办公场景，与一般墓葬中所表现的居室之景不同，室内的桌椅等家具布置也一定程度上反映出当时日常工作生活的实际面貌。北宋晚期，中原北方地区砖室墓中桌椅题材的图像形式出现了变化，尤以豫中南地区和豫北地区变化最为显著。墓主像开始绘于椅子上，男女墓主分别坐于椅上隔桌相对，似为宴饮之景，原本的一桌二椅题材逐渐向夫妇对坐题材转变。目前发现绘出墓主像的最早纪年墓葬为元祐九年（1094）鹤壁故县墓，墓室西壁砌一桌二椅，桌上绘果盘、盏托，左椅上绘女墓主，右椅上未绘人物，其后绘侍者；北壁假门左侧绘出男墓主正面端坐于椅上[②]（图51）。鹤壁故县墓仍以砖砌桌椅题材为中心，墓主像明显居于次要地位，且将男墓主绘于正壁，位置比较杂乱，更显示出此时墓主像仍处于发展的初期阶段。

此后，墓主像在豫中南地区和豫北地区的砖室墓中广泛出现，这一时

---

① 姜杉、冯耀武：《山西左权发现宋代双层墓》，《文物世界》2005年第5期。
② 司玉庆：《鹤壁故县北宋纪年壁画墓鉴赏》，《文物鉴定与鉴赏》2015年第8期。

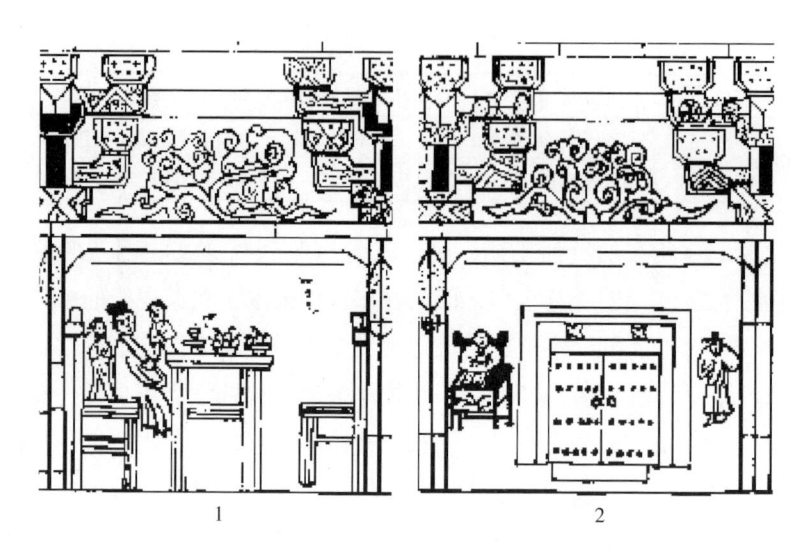

1. 西壁　2. 北壁
（《文物鉴定与鉴赏》2015年第8期）
图51　鹤壁故县墓

段也是墓葬格局变得最为繁缛华丽的时期，墓室内流行壁画的形式，桌椅题材上增加了雕绘的装饰，砖砌桌椅逐渐向壁画的形式转变，与壁面整体图像融为一体，墓主像的地位日益显著。尽管墓主像成为了墓室壁面的视觉中心，传统的一桌二椅题材成为壁面图像的衬托，但其仍将墓室表现出"居室"的日常生活场景，墓葬的整体象征意义并没有改变，典型纪年墓例如绍圣四年（1097）登封黑山沟墓、元符二年（1099）禹州白沙M1、大观二年（1108）新密平陌墓、政和三年（1113）焦作小尚墓等①（图52）。除墓葬之外，这一时期石棺中也流行做出墓主像，其所处位置及图像构成形式仍值得进一步研究，如绍圣三年（1096）荥阳槐西村石棺左侧刻出墓主夫妇并坐观看杂剧的图像②，崇宁五年（1106）洛阳张君石棺前挡假门上方刻出墓主夫妇升天之景③。在豫中南地区和豫北地区墓葬中

---

① 郑州市文物考古研究所：《郑州宋金壁画墓》，科学出版社2005年版，第88—116、41—54页；宿白：《白沙宋墓》，生活·读书·新知三联书店2017年版，第25—84页；焦作市文物工作队：《河南焦作小尚宋冀闰壁画墓发掘简报》，《文物世界》2009年第5期。

② 吕品：《河南荥阳北宋石棺线画考》，《中原文物》1983年第4期。

③ 黄明兰、宫大中：《洛阳北宋张君墓画像石棺》，《文物》1984年第7期。

1. 郑州南关外墓西壁（《郑州宋金壁画墓》，第 14 页） 2. 邓州赵荣墓西壁（《中原文物》1997 年第 4 期） 3. 济南山大南校区墓东壁（《文物》2008 年第 8 期） 4. 衡水武邑龙店 M2 东壁（《河北省考古文集》第 1 辑，第 326 页） 5. 邢台临城岗西村墓西壁（《文物》2008 年第 3 期） 6. 焦作刘智亮墓东北壁（《中原文物》2012 年第 6 期）

图 50　北宋早、中期部分墓葬中的桌椅题材

出现墓主像后，这种做法也出现于晋中南地区砖室墓中，如晋南地区崇宁四年（1105）运城稷山南阳墓南壁墓门右侧绘夫妇对坐于一桌二椅之上①。尽管该墓墓主像的位置与前述墓葬有所区别，同区域相似墓例也较少，但也说明墓主像的形式及观念逐渐得以传播开来。

1. 登封黑山沟墓西北壁（《郑州宋金壁画墓》，第98页） 2. 禹州白沙M1前室西壁（《白沙宋墓》，第179页） 3. 新密平陌墓西壁（《郑州宋金壁画墓》，第44页）
图52 豫中南地区北宋晚期墓例中的墓主像（1）

值得注意的是，这一时期，墓主像在壁面的表现形式似乎脱离了一桌二椅题材的约束，除了常见的夫妇对坐于一桌二椅之上的图像布局之外，还出现了其他情况，包括夫妇各自单桌两侧双椅分坐、单桌单椅独坐、单桌双椅独坐等形式。例如洛阳新安梁庄墓东西两壁分别绘男女墓主坐于椅上，座前置桌，桌上绘果盘，其后有侍者②；登封高村墓西北壁绘一桌一椅，男墓主坐于椅上，桌上绘壶、盒、杯、碗等食具，一妇人拱手立于桌后③；登封城南庄墓西壁砌一桌二椅，女墓主坐于左椅上，右椅上无人，桌上绘执壶、盏托，其后有侍者④（图53）。因此，这一时期的墓主像的形式愈发自由，原本的一桌二椅题材不再重要，而图像布局的重点是为了

---

① 山西省考古研究所：《稷山南阳宋代纪年墓》，载山西省考古研究所、山西省考古学会编《三晋考古》第四辑，上海古籍出版社2012年版，第510—514页。
② 洛阳市文物工作队：《河南新安县梁庄北宋壁画墓》，《考古与文物》1996年第4期。
③ 郑州市文物考古研究所：《郑州宋金壁画墓》，科学出版社2005年版，第62—88页。
④ 郑州市文物考古研究所：《郑州宋金壁画墓》，科学出版社2005年版，第117—136页。

凸显墓主像的存在。

1. 洛阳新安梁庄墓西壁（《考古与文物》1996 年第 4 期）　2. 洛阳新安梁庄墓东壁（《考古与文物》1996 年第 4 期）　3. 登封高村墓西北壁（《郑州宋金壁画墓》，第 66 页）　4. 登封城南庄墓西壁（《郑州宋金壁画墓》，第 120 页）

图 53　豫中南地区北宋晚期墓例中的墓主像（2）

北宋末期，墓主像的位置和姿态发生了重要变化，其位置从墓室侧壁向正壁转移，姿态也逐渐由对坐变为侧身向前端坐[①]，"以四分之三面的角度面对观者"[②]。以豫中南地区的宣和八年（1126）洛阳新安石寺李村 M1 为例，墓室北壁绘夫妇侧身向前端坐，桌上绘执壶、盏托、果盘，其后绘屏风和侍者[③]。在墓室北壁绘制墓主像的做法具有相当重要的意义，这种布局形式取代了原本位于墓室北壁且具有神圣含义的假门，墓主像出现于墓葬中轴线的顶端，一定程度上显示出该题材地位和功能的提升。如果说北宋晚期流行的侧壁墓主像是在一桌二椅题材上增加装饰的结果，那么北宋末期出现的正壁墓主像应该与桌椅题材的原本装饰意义不再相关，而更具备一定的祭祀和供奉内涵。

（三）金代的桌椅题材和墓主像

墓主像居于正壁的墓室布局并非仅出现于短暂出现于北宋末期的豫中南地区。自北宋末期至金代早、中期，中原北方部分地区的砖室墓中或早

[①]　秦大树：《宋元明考古》，文物出版社 2004 年版，第 145—146 页。
[②]　邓菲：《"香积厨"与"茶酒位"——谈宋金元砖雕壁画墓中的礼仪空间》，载中山大学艺术史研究中心编《艺术史研究》第 14 辑，中山大学出版社 2012 年版，第 465—497 页。
[③]　北京大学考古文博学院、洛阳古代艺术博物馆：《新安县石寺李村北宋宋四郎砖雕壁画墓测绘简报》，《故宫博物院院刊》2016 年第 1 期。

或晚地均开始流行这种做法，其时代特征比较明显，也显现出这种布局形式被时人广为接受。正壁墓主像的祭祀和供奉意义也应在此时广泛传播开来。相关纪年墓例①见图54、表57。

表57　　北宋末期至金代早、中期北壁做出墓主像的纪年墓例

地区	墓例及年代	墓主像位置及形式
豫中南地区	洛阳新安石寺李村 M1（1126）	北壁。夫妇侧身向前端坐，桌上绘执壶、盏托、果盘，其后绘屏风和侍者
晋中南地区	长治屯留宋村1999年1月墓（1135）	北壁。位于假门之内，夫妇侧身向前端坐，桌上绘物不详，其后绘屏风，两侧绘侍者
	侯马牛村 M1（1151）	北壁。位于假门之内，男墓主正身端坐，桌上置碗等物，两侧雕侍者及幡，幡上刻"香花供养"
	临汾曲沃西南街墓（1156）	北壁。位于假门之内，男墓主正身端坐，桌上置果盘等物，其后绘屏风，两侧绘侍者
	长治长子石哲墓（1158）	北壁。三男三女坐于桌旁，桌上绘杯盏、果盘，两侧绘侍者
	阳泉盂县皇后村墓（1168）	北壁。夫妇侧身向前端坐，桌上绘果盘、器皿、筷子，两侧绘侍者
	长治长子小关村墓（1174）	北壁。门两侧分绘夫妇侧身向前端坐，无桌，其后各绘屏风，两侧各绘侍者
豫北地区	林州文明街墓（1143）	北壁。位于假门之上，男墓主正身端坐，桌上绘盏、果盘，其后及两侧绘侍者
陕甘宁地区	天水清水白沙乡箭峡墓（北宋）	北壁。多层雕砖，其中女墓主正身趺坐于莲台上，其下有壁龛，两侧有盆架、假窗、孝行等雕砖

---

① 王进先、杨林中：《山西屯留宋村金代壁画墓》，《文物》2003年第3期；山西省考古研究所侯马工作站：《侯马两座金代纪年墓发掘报告》，《文物季刊》1996年第3期；孙永和、孙丽萍、张红勤：《山西曲沃西南街发现金代安法师墓》，《中国文物报》2005年2月9日第2版；山西省考古研究所晋东南工作站：《山西长子县石哲金代壁画墓》，《文物》1985年第6期；赵培青：《山西盂县皇后村宋金壁画墓》，《文物世界》2015年第1期；长治市博物馆：《山西长子县小关村金代纪年壁画墓》，《文物》2008年第10期；张增午：《河南林县金墓清理简报》，《华夏考古》1998年第2期；南宝生：《绚丽的地下艺术宝库：清水宋（金）砖雕彩绘墓》，甘肃人民出版社2005年版，第37—68页。

自北宋末期豫中南地区出现正壁做出墓主像的布局形式之后，该题材在晋中南地区得以普遍流行，墓葬数量发现较多；豫北地区和陕甘宁地区也有若干墓例发现；冀中南地区和山东地区则不使用此种布局形式，直至元代。细观金代早、中期的此类图像布局，可以发现部分墓例出现了假门题材与墓主像共存于墓室北壁的现象，这实际上是新旧两种墓葬装饰格局碰撞和融合的结果。在这一时期，墓主像的姿态一般分为两类：只有一位墓主时，多将其表现为正身端坐面向前方的样式；夫妇两人皆有时，多将墓主像表现为侧身向前端坐的样式。桌上摆放的用具、食品等，更近似于祭祀之用。金代早、中期，以晋中南地区为代表的中原北方地区大量墓葬中的墓主像位于正壁，一方面表明了墓葬文化的交流和传播情况，另一方面也意味着墓主像作为祭祀供养意象的定型。

墓主像作为祭祀供养意象，即所谓的"神主"，在晋中南地区金代墓例中可以找到具体的文字加以证明。前述天德二年（1150）侯马牛村M1北壁墓主像旁刻有"香花供养"四字，大定二十一年（1181）运城稷山马村M7所出墓记中有"修此穴以为后代子孙祭祀之所"的文字[1]，泰和二年（1202）侯马乔村M4309北壁墓主像旁有"永为供养"四字[2]。这些现象及文字似乎意味着墓葬在当时已被赋予了祠堂的意义[3]，墓主像也常保持夫妇并坐面向正前方的姿态，与供奉于影堂中的逝者画像相类似，应具备着祭祀和供养的功能[4]。

金代晚期，墓主像作为祭祀象征的意义仍然在延续，而其在墓葬内的位置有所变化，并未仅局限于墓室北壁。这种情况的产生，大约是与这一时期砖室墓开始整体衰落有关，墓室装饰的复杂程度不如以前，壁面布局也比较随意。

需要补充的一点是，自金代中期以降，尽管墓主像仍多雕绘于椅子

---

[1] 山西省考古研究所：《山西稷山金墓发掘简报》，《文物》1983年第1期。
[2] 山西省考古研究所编著：《侯马乔村墓地（1959—1996）》，科学出版社2004年版，第975—983页。
[3] 刘耀辉：《晋南地区宋金墓葬研究》，硕士学位论文，北京大学，2002年，第29—31页。
[4] 李清泉：《"一堂家庆"的新意象——宋金时期的墓主夫妇像与唐宋墓葬风气之变》，《美术学报》2013年第2期。

1. 洛阳新安石寺李村 M1 北壁（《故宫博物院院刊》2016 年第 1 期）　2. 长治屯留宋村 1999 年 1 月墓北壁（《文物》2003 年第 3 期）　3. 侯马牛村 M1 北壁（《文物季刊》1996 年第 3 期）　4. 阳泉盂县皇后村墓北壁（采自笔者自摄照片）　5. 长治长子小关村墓北壁（《文物》2008 年第 10 期）　6. 天水清水白沙乡箭峡墓北壁［《绚丽的地下艺术宝库：清水宋（金）砖雕彩绘墓》，第 48 页］

图 54　北宋末期至金代早、中期墓例中的北壁墓主像

上，但桌椅等家具的地位愈显次要。以桌子为例，墓主像题材的桌子上逐渐不再流行放置祭祀用器、食物，如大安二年（1210）侯马晋光 M1 和侯马牛村董氏 M1 墓室北壁墓主像之间的桌子上均放置鲜花①，体现出鲜明的装饰意味，也反映出桌子地位和职能的弱化（图 55）。另外，桌子这一要素有时不被纳入整体图像之中，如前述大定十四年（1174）长治长子小关村墓、运城稷山马村 M4② 等，墓主像题材内均未出现桌子。这也是墓主像与桌椅题材基本脱离的重要表现。这种趋势一直沿袭至元代，影响了元代墓葬中墓主像的图像布局。在元代，有些墓葬中的墓主像题材已不再绘出桌子，如赤峰元宝山墓、渭南蒲城洞耳村墓等③；有些墓葬即便绘出了桌子，其上也多置书有逝者姓名的神主牌位，桌子的整体功能再次发生了变化，如吕梁文水北峪口墓、吕梁兴县红裕村墓等④。元代墓葬中的墓主像所蕴含的祭祀意味更为显著，不再多做研究。

1. 侯马晋光 M1（《文物季刊》1996 年第 3 期） 2. 侯马牛村董氏 M1
（《文物》1959 年第 6 期）

图 55　金代晚期墓例中的北壁墓主像

① 山西省考古研究所侯马工作站：《侯马两座金代纪年墓发掘报告》，《文物季刊》1996 年第 3 期；山西省文管会侯马工作站：《侯马金代董氏墓介绍》，《文物》1959 年第 6 期。
② 山西省考古研究所侯马工作站：《山西稷山马村 4 号金墓》，《文物季刊》1997 年第 4 期。
③ 项春松：《内蒙古赤峰市元宝山元代壁画墓》，《文物》1983 年第 4 期；陕西省考古研究所：《陕西蒲城洞耳村元代壁画墓》，《考古与文物》2000 年第 1 期。
④ 山西省文物管理委员会、山西省考古研究所：《山西文水北峪口的一座古墓》，《考古》1961 年第 3 期；山西大学科学技术哲学研究中心、山西省考古研究所、山西博物院：《山西兴县红裕村元至大二年壁画墓》，《文物》2011 年第 2 期。

自唐至金，桌椅题材和墓主像在中原北方地区墓葬中的发展脉络归纳见表58。

表58　唐至金中原北方地区墓葬中桌椅题材和墓主像的发展脉络

时段	桌椅题材	墓主像
唐代中、晚期	盛行于河朔地区墓葬中，题材位置、组合尚未完全确定，主要为砖雕形式，桌上一般不砌出用品	不流行
五代	继续盛行于河朔地区，并流行于洛阳地区官员墓葬中，形成了一桌二椅的组合，位置也基本固定，砖雕与壁画相结合，桌上雕砌出饮食用器	
北宋早、中期	一桌二椅题材流行于豫中南地区、山东地区、冀中南地区和豫北地区，各区域具体形式和位置有差别，桌上常砌绘饮食用具	
北宋晚期	一桌二椅题材逐渐向夫妇对坐题材转变，桌椅题材上增加了雕绘的装饰，砖砌桌椅向壁画的形式转变，桌上常砌绘饮食用具	在豫中南地区和豫北地区的砖室墓中广泛出现，位于墓室侧壁，逐渐成为墓室壁面的视觉中心，墓主像姿态一般为夫妇对坐
北宋末期至金代早、中期	桌椅题材的地位和职能较为次要，桌上摆放的用具、食品等更近似于祭祀之用	常出现于晋中南地区，位置由侧壁向正壁转移，假门题材与墓主像有时共存于墓室北壁，墓主像姿态一般为正身端坐面向前方或侧身向前端坐
金代中、晚期	桌椅题材的地位更趋弱化，桌上流行放置鲜花等装饰品，甚至消失不见	位置并未仅局限于墓室北壁，布局比较随意，装饰不如以前

整体来看，在中原北方地区砖室墓中，桌椅图像向墓主像题材的转变和发展是井然有序、有迹可循的。依照这个发展轨迹，可以发现其中有两个重要变化节点：其一，北宋晚期，墓主像广泛使用于桌椅题材之上，墓主像在数百年后正式回归于墓葬壁面之上，其出现的原因应当与社会变革、习俗变迁有一定关系；其二，北宋末期，墓主像位置由侧壁向正壁转移，其地位进一步突出，姿态也逐渐向影堂供奉或神主祭祀的图像靠拢，墓葬祭祀意义得到加强，金代则保持并发扬了墓葬作为灵位的观念，直至元代。

基于对这两个变化节点的认知，有必要对桌椅题材和墓主像的象征意义重新加以思考。在中原北方地区砖室墓中，墓主像的祭祀供养意义究竟始于何时呢？

自唐至宋，由桌椅题材发展至墓主像，其间经历了桌椅组合定型、桌上雕饰用器及食物、桌椅旁绘出侍者、椅上绘墓主像的若干过程。尽管北宋晚期墓主像重新出现于墓葬中，但其仍受到原本的一桌二椅题材的形式及位置的限制，而并未体现强烈的祭祀意味，更接近于砖雕桌椅题材发展到一定程度之后增加的装饰，与侍者、帷幔、用器、食物等共同构成了宴饮的场景。相较于灵座和祭祀神主，桌椅题材与墓主像更接近于家居生活图像，与壁面其他装饰共同将墓室表现为居室。这一时期，墓葬中也没有显著指明墓主像供养意义的证据。文献中有若干以逝者画像为中心的影堂祭祀、桌椅陈设的灵座寓意等文字记载，但并未直接指向墓葬，地下墓葬壁面装饰所蕴含的意义是否与地面上祭祀影堂的记载相符，仍需更直接的证据。

而时至北宋末期，墓主像的位置转移到墓室正壁，这种现象在金代早、中期的晋中南地区较为盛行。前文对假门题材进行了研究，位于正壁的假门具有浓厚的神圣意义。墓主像在金代移至墓室正壁与假门并列，乃至取代了假门的位置，而逐渐摆脱了原本桌椅题材的约束。这标志着墓主像祭祀和供奉的意义功能的正式形成。金代中、晚期墓葬中亦有将墓主像作为供养对象的文字实例，前文已有介绍。因此，墓主像进入正壁这一时间节点应相当重要，它直接反映着整个墓室象征意味的改变，也是宋金之际墓葬出现变化的重要表现。

四 孝行题材和"二十四孝"

墓葬中表现孝行题材的传统比较悠久，自东汉以来孝行图便出现在墓室壁画、画像石等壁面装饰中，在魏晋南北朝时期墓葬中绵延赓续[1]，而鲜见于隋唐墓葬。直至北宋中期，孝行题材才重新出现于墓葬之中，在宋金时期逐渐发展为墓室壁面的重要装饰形式。北宋之前孝行题材在墓葬中的流变情况，本书姑不具论，而重点研究宋金时期中原北方地区墓

---

[1] 邹清泉：《汉魏南北朝孝子画像的发现与研究》，《美术学报》2014 年第 1 期。

葬中孝行题材的盛行原因和分布情况，以期进一步探讨孝行题材的象征意义。

（一）孝行题材的盛行原因

北宋中期以来，孝行题材在中原北方地区墓葬中开始广泛出现，学界对其盛行原因有诸多探讨和论证。如段鹏琦较早梳理了宋元时期墓葬中的孝行图像，认为其形成和传播受到了理学的影响，与全真道教的兴起也有密切关系[①]；赵超提出孝行观念和佛教的结合可能导致了宋代孝行题材的流行[②]；秦大树和邓菲均指出统治者和士人阶层对孝道思想的推崇，儒释道三教孝亲观的合流，以及普遍流行的复古思潮，共同构筑了孝行题材流行的背景[③]。既往的讨论多基于宏观的视角和渐变发展的观念，将孝行题材的盛行归因于北宋王朝政治、宗教和文化等时代背景之上，认为北宋王朝推崇、提倡孝道，将"以孝治天下"的儒家思想纳入封建统治中，佛、道信仰中的孝感通神、行孝果报观念逐渐深入人心，在前述因素的基础上，民众得以广泛接受孝行思想，逐渐促成了孝行题材的产生和流行。这些讨论大多视野广阔，立足于宋代的整体历史进行考量，是对孝行题材流行原因的重要阐释。

自北宋神宗朝在墓葬中首次出现孝行题材后，该题材一经出现即迅速流行，短时间内形成了发展的浪潮。此类题材飞速发展的现象无疑和孝道观念在民间的广泛传播有关。但无论是宗教、文化等因素的传播，还是民间孝道观念的流行，均基于下层民众，是一个渐变的过程；北宋王朝更是自始至终以孝治作为统治基础[④]，一直没有动摇。那么，孝行题材为何在这一时期的晋东南地区突然流行？既往研究并未解释墓葬孝行题材流行的直接动因，也未深入解释该现象发展的态势和速度。因此，笔者通过对墓葬和文献资料的重新梳理，试图对这一问题展开探究。

据既往研究，"二十四孝"最早的提法出现于晚唐时期敦煌《故圆鉴

[①] 段鹏琦：《我国古墓葬中发现的孝悌图象》，载中国社会科学院考古研究所编《中国考古学论丛——中国社会科学院考古所建所40周年纪念》，科学出版社1993年版，第463—473页。

[②] 赵超：《"二十四孝"在何时形成（上）》，《中国典籍与文化》1998年第1期。

[③] 秦大树：《宋元明考古》，文物出版社2004年版，第149—150页；邓菲：《图像的多重寓意——再论宋金墓葬中的孝子故事图》，《艺术探索》2017年第6期。

[④] 黄修明：《宋代孝文化述论》，《四川大学学报》（哲学社会科学版）2002年第4期。

大师二十四孝押座文》中①，但该文本所录孝行人物与宋金时期有一定差异。至迟在北宋仁宗年间，"二十四孝"已经被官方所认可。如《宋会要辑稿》记载②：

> （景祐二年）六月九日，左司谏姚仲孙言："伏闻议者欲改制雅乐……臣盖不知其得于何道，而辄变更。闻其所为，率多诡异，至如练白石以为磬，范中金以作钟，又欲以三辰、五灵、二十四孝为乐器之饰。臣虽愚昧，窃有所疑。……若一旦轻用新规，全黜旧制，臣窃以为不可。望特诏罢之，止用旧乐。"时帝既许照制器，业以为之，且欲究其术之是非，故仲孙之章不下有司焉。

宋仁宗新制雅乐，将"二十四孝"图像作为乐器的装饰，没有采纳姚仲孙的意见。虽然官方所认可"二十四孝"的具体题材人物暂不详，但应该起到了示范和劝导作用。此后，这类孝行图像在社会各阶层中得到了广泛传播，以孝行题材装饰墓葬的做法也逐渐开始出现于民间。

北宋使用孝行题材的墓葬主要位于晋中南地区和豫中南地区，其余地区较少发现。目前看来，北宋时期最早出现孝行题材的纪年墓葬为位于晋中南地区的长治五马村墓，时代为神宗元丰四年（1081）③。北宋晚期，位于豫中南地区的登封黑山沟墓是该地区最早出现孝行题材的墓葬，时代为绍圣四年（1097）④。此后孝行题材在豫中南地区北宋墓葬中较多出现，并广泛雕刻于石棺两侧，成为重要的装饰形式。北宋时期，陕甘宁地区和豫北地区均未发现明确纪年的带有孝行题材的砖室墓，金代才逐渐流行，其出现时间应该相对晚于晋中南地区和豫中南地区。而冀中南地区和山东地区在宋金时期均较少发现此类墓葬，呈现出不同的墓葬文化特征。

因此，孝行题材在晋中南地区墓葬中最早出现，之后迅速向周边地区

---

① 王重民、王庆菽编：《敦煌变文集》第7卷，人民文学出版社1984年版，第835—839页。
② 刘琳、刁忠民等校点：《宋会要辑稿》乐1《律吕一》，上海古籍出版社2014年标点本，第353页。
③ 王进先、石卫国：《山西长治市五马村宋墓》，《考古》1994年第9期。
④ 郑州市文物考古研究所：《郑州宋金壁画墓》，科学出版社2005年版，第88—116页。

传播。目前所发现晋东南地区晚于神宗时期的宋代纪年墓中，多出现孝行题材，如元祐二年（1087）长治壶关南村墓、元祐三年（1088）长治西白兔村墓、宣和五年（1123）长治壶关下好牢墓等①，足见该题材在区域内的流行程度。可以发现，11世纪80年代前后，孝行题材开始集中出现于晋东南墓葬之中，并迅速流行。这便引出了两个问题：为何始于11世纪80年代，为何始于晋东南地区？

为回答第一个问题，有必要对当时的政治和社会面貌做一观察。如前所述，孝治理念、宗教信仰、社会风俗等产生的影响是浸润式的、慢速的，若要解释孝行题材在这一时期的突然流行和传播，应当将视野聚焦于当时发生的、具有影响力的历史事件之中。如11世纪60年代宋英宗在位时期。英宗在位时间仅四年，由于是以旁支入继大统，英宗继位后，如何树立自身皇位继承的合法性，如何确定仁宗与自己亲生父亲濮安懿王的地位，是萦绕英宗心头的重要问题，相关的礼制问题便先后引起多次争论，以"濮议"为核心的礼制争论，实际上构成了英宗时期政治的主干。"濮议"之争中，一方以翰林学士王珪、天章阁待制司马光为代表，主张英宗改称生父濮王为"皇伯父"，不得称"亲"，不立庙；另一方以宰相韩琦、参知政事欧阳修为代表，赞成英宗"尊亲"，主张尊称濮王为"皇考"，为其"即园立庙"②。不同群体之间的分歧，源于议礼双方观念和意识形态的不同，也反映着政治权力的争夺。实际上，作为居于事件核心位置的英宗在初步巩固权力之后，即表露出了希望尊称生父濮王为"皇考"的私心，显示出"天性笃孝"③之处。在经过一番政治博弈和妥

---

① 长治市博物馆、壶关县文物博物馆：《山西壶关南村宋代砖雕墓》，《文物》1997年第2期；王进先：《长治市西白兔村宋代壁画墓发掘简报》，载山西省考古学会编《山西省考古学会论文集》（三），山西古籍出版社2000年版，第131—137页；王进先：《山西壶关下好牢宋墓》，《文物》2002年第5期。

② 有关"濮议"事件及其研究史的梳理，参见张钰翰《北宋中期士大夫集团的分化：以濮议为中心》，载姜锡东编《宋史研究论丛》第14辑，河北大学出版社2013年版，第28—50页；王云云《北宋礼学的转向——以濮议为中心》，《安徽大学学报》（哲学社会科学版）2010年第2期。

③ 刘琳、刁忠民等校点：《宋会要辑稿》礼40《濮安懿王园陵》《濮安懿王园庙》，上海古籍出版社2014年标点本，第1619—1628页。

协之后，尽管英宗未能尊称濮王为"皇考"，但达成了为濮王立园立庙的目的①，也基本实现了英宗推尊自己生父的愿望。

这一政治事件产生了深远的社会影响，英宗对生父所尽之"孝"，尽管未能名正言顺地大规模宣传，但基本上为广大士人民众所心照不宣。如程颐在《代彭思永上英宗皇帝论濮王典礼疏》中言②：

> 圣意必欲称之者，岂非陛下大孝之心，义虽出继，情厚本宗，以濮王实生圣躬，曰伯则无以异于诸父，称王则不殊于臣列，思有以尊大，使绝其等伦？如此而已，此岂陛下之私心哉？

程颐立足于"孝"进行委婉劝说，指出英宗的本意在于彰显濮王作为其生父的尊贵身份，内在层面上则是英宗欲彰显其"大孝之心"。在此基础上，程颐反对称"亲"，但强调需使濮王及其后嗣得尽尊崇，提出了不同于前述争辩双方的折中意见③。程颐所论甚合英宗之心，一度使英宗"感其切至，垂欲施行"④。无论如何，"濮议"事件起于英宗的孝心，止于为濮王建立园庙的孝行。这一事件基于北宋重视孝道的大背景之下而产生，所反映的孝行理念应当在士人及民间产生了潜移默化的影响。

英宗去世后，神宗即位。宋神宗重用王安石等新党改革派官员，推行变法，但遭受到旧党保守派的强烈反对，出现了严重的党争局面⑤。在变法期间，王安石对若干支持变法的年轻官员进行破格提拔，其中包括在熙宁二年（1069）任命李定为权监察御史里行一事，而被旧党极力阻扰⑥。

---

① （元）脱脱等：《宋史》卷13《英宗》，中华书局1985年标点本，第253页。

② （宋）程颐：《代彭思永上英宗皇帝论濮王典礼疏》，《二程文集》卷4，丛书集成初编本，中华书局1985年版，第48页。

③ 有关程颐此文的礼学研究，参见罗超华《宋代礼学转向的先声："濮议"与程颐〈论濮王典礼疏〉》，《海南大学学报》（人文社会科学版）2019年第4期。

④ （元）脱脱等：《宋史》卷320《列传第七十九》，中华书局1985年标点本，第10412页。

⑤ 邓广铭：《宋朝的家法和北宋的政治改革运动》，载邓广铭《邓广铭治史丛稿》，北京大学出版社1997年版，第99—114页。

⑥ ［日］熊本崇：《"权监察御史里行"李定——关于王安石的对御史台政策》，载近藤一成编《宋元史学的基本问题》，中华书局2010年版，第51—72页。

由于李定未丁母忧，保守派得以抓住道德把柄，以维护伦理纲常为名义攻击李定和王安石，实质上是阻挠变法的实施①。先是御史陈荐上疏指出"定顷为泾县主簿，闻庶母仇氏死，匿不为服"②，王安石被迫将李定调离台官之任；其后崇文院校书范育前后七次弹奏李定不服母丧，"天下之恶当先治其大者，而定背丧讳母；朝廷之法当先治其近者，而置不孝之人在天子左右。……今王安石不信定之诚信，而独信其妄疑；不为质其母，而直为辨其非母；不正其恶，而反谓之善。上诬天心，下塞公议"③，将矛头指向了李定背后的王安石，使得王安石不得不于熙宁八年（1075）将李定外放，改革派受到挫折。围绕李定"匿丧"之事进行的党争，是神宗年间的重要政治事件，也说明了孝道观念在北宋的重要影响力。

在本事件中，旧党采取了占据道德制高点的方式推动舆论，以迂回实现其政治目标，孝道观念即成为重要的武器。旧党大力鼓吹孝道，提倡孝行思想。这种舆论上的宣传散诸朝野，声势浩大。恰在同时段，另一事件为旧党宣传孝道观念提供了具体的范例和依托，即朱寿昌"弃官寻母"之事。

朱寿昌出身名门，年幼时生母与之失散。其后朱寿昌以父荫为官，因思念母亲，"用浮屠法灼背烧顶，刺血书佛经，力所可致，无不为者"④。熙宁二年（1069），年逾五旬的朱寿昌辞官离任，立誓寻母，最终于熙宁三年（1070）在同州寻得老母，奉养天年⑤。这一事迹在当时社会引起了广泛的反响，"自王安石、苏颂、苏轼以下，士大夫争为诗美之"，"由是天下皆知其孝"⑥。宋神宗也召见朱寿昌，对其事迹表示嘉赏，并恢复其差遣，其后就任河中府通判一职。

朱寿昌的事迹在神宗朝震动朝野，背后有两方面原因。一方面，朱寿

---

① 丁建军、贾亚方：《宋朝丁忧制度与政治斗争——以"李定匿丧"与"史嵩之起复事件"为例》，《保定学院学报》2013年第6期。

② （元）脱脱等：《宋史》卷329《列传第八十八》，中华书局1985年标点本，第10602页。

③ （宋）李焘：《续资治通鉴长编》卷219《神宗熙宁四年》，中华书局1995年标点本，第5331页。

④ （元）脱脱等：《宋史》卷456《孝义》，中华书局1985年标点本，第13405页。

⑤ 谢桃坊：《朱寿昌寻母事辨》，《文史杂志》2009年第6期。

⑥ （宋）王称：《东都事略》卷117《卓行传一百》，中央图书馆1991年版，第1809页。

昌的社会形象良好，为官时做出诸多政绩，其孝行得到统治阶级上层名士的传播，且与社会认可的孝亲观念风尚相契合，也有利于统治者宣扬孝治，维护政权的稳固性。另一方面，该事迹恰发生于新旧党争最为激烈的时期，稍晚出现的李定"匿丧"之事与朱寿昌形成了鲜明对照①，保守派因此将朱寿昌事迹树为典型，宣传其孝行以攻击李定和新法，把孝道观念抬升到政治层面。如苏轼曾作诗祝贺朱寿昌，其中有"感君离合我酸辛，此事今无古或闻"一句②，时人邵伯温对之进行了解释③：

> 王荆公荐李定为台官。定尝不持母服，台谏、给舍俱论其不孝，不可用。内翰因寿昌作诗贬定，故曰"此事今无古或闻"也。

苏轼还曾有"善人恶人，相法尔远耶"之句，将朱寿昌与李定相对比，直接讽刺李定为恶人。北宋士人魏泰对此加以解释④：

> 寿昌即弃官入关中，得母于陕州。士大夫嘉其孝节，多以歌诗美之。苏子瞻为作诗序，且讥激世人之不养母者。李定见其序，大惋恨。会定为中丞，劾轼尝作诗谤讪朝廷。事下御史府鞫劾。

邵伯温认为王安石"尽变更祖宗法度，天下纷然以致今日之乱"⑤，魏泰的姐夫曾布是王安石变法的重要支持者，此二人所记述的官场党争故事均可能存在个人偏见，但仍反映出新旧党围绕李定事件而斗争的激烈程度。朱寿昌"辞官寻母"之事在先，李定"匿丧"之事在后。在朝野赞颂朱寿昌孝行的社会背景之下，保守派借着宣扬孝节的东风对李定进行政

---

① 陈晓燕：《朱寿昌入〈二十四孝图〉原因探析》，《文史杂志》2014年第1期。
② （宋）苏轼：《朱寿昌郎中少不知母所在刺血写经求之五十年去岁得之蜀中以诗贺之》，《苏东坡集（一）》卷4，商务印书馆1939年版，第47页。
③ （宋）邵伯温：《河南邵氏闻见前录》卷13，丛书集成初编本，中华书局1985年版，第100页。
④ （宋）魏泰撰，李裕民点校：《东轩笔录》卷10，中华书局1983年版，第114页。
⑤ （宋）邵伯温：《河南邵氏闻见前录》卷6，丛书集成初编本，中华书局1985年版，第38页。

治攻击和道德谴责，对社会孝道观念的宣传更是推波助澜。对此改革派被迫将李定外放，并试图降低朱寿昌的社会影响力[①]：

> 先是，言者共攻李定不服母丧，王安石力主定，因忌寿昌，及寿昌至，但付审官院。寿昌前已再典郡，于是折资通判河中府。

尽管朱寿昌被王安石所忌，但整个社会掀起的孝道热潮并未减退，王安石自身也在诗中以"彩衣东笑上归船，莱氏欢娱在晚年"之句对朱寿昌孝行事迹加以肯定[②]，实质上是社会弘扬孝道文化、赞颂孝行事迹的缩影。此后，孝行观念在上层统治阶级的刻意宣传之下，于民间更加有影响力。这种现象的出现虽基于北宋王朝儒释道三教孝亲观念合流和统治者推崇孝道的时代背景，但也不能忽视新旧党争所提供的政治驱动力。来自上层阶级自上而下政治层面的推动，才使得孝道文化迅速升温，前述朱寿昌"弃官寻母"和李定"匿丧"的事件可能是这一现象出现的直接诱因。

11世纪六七十年代发生的"濮议""李定匿丧""朱寿昌寻母"等事件及其争论，引发了全社会宣传歌颂孝道的热潮。这一时期关于《孝经》的著述成果也比较多，反映出这种热潮的社会影响力。熙宁九年（1076），右龙武军大将军、海州防御使赵克孝进《孝经传》，得到了神宗的褒谕[③]；元丰八年（1085），司马光将其撰写的《古文孝经指解》献给刚登基的哲宗[④]；传为著名画家李公麟所绘的《孝经图》也作于此时，画作现藏美国纽约大都会艺术博物馆[⑤]。孝行观念在上层统治阶级的刻意宣传之下，于

[①] （宋）李焘：《续资治通鉴长编》卷212《神宗熙宁三年》，中华书局1995年标点本，第5144页。

[②] （宋）王安石：《送河中通判朱郎中迎母东归》，《临川先生文集》卷31，中华书局1959年版，第344页。

[③] 刘琳、刁忠民等校点：《宋会要辑稿》帝系4《宗室杂录一》，上海古籍出版社2014年标点本，第115页。

[④] （宋）司马光：《进孝经指解札子》，《温国文正司马公文集》卷49《章奏三十四》，四部丛刊初编本，商务印书馆1929年版，第3—4页。

[⑤] 宋画全集编辑委员会：《宋画全集》第6卷第3册，浙江大学出版社2009年版，第52—87页。

民间更加有影响力。

在孝道文化风靡民间的社会背景之下，墓葬中开始流行使用孝行图像作为装饰。本节开始时的第一个问题得到了解决。第二个问题随之而来：这类做法为何始于晋东南地区呢？根据中原北方地区砖室墓壁面装饰的整体发展态势，可以做一解释。

综观中原北方地区宋代墓葬不同区域的发展情况，晋东南地区在北宋中期以后才开始流行砌筑带有装饰的仿木砖雕壁画墓的做法①，起步较晚，但无论是壁面的整体布局还是具体装饰题材，创新意识反而强于河北、河南地区。晋东南宋墓壁面主要为一门二窗的形式，各壁做出假门或壁龛，流行带有耳室、壁龛的多室墓，不拘泥于河北、河南的传统做法；墓葬中绘制的四神、劳作、守孝（发丧）等图像，更少见于其他地区，具有生动的表现力和地方特色。其中需要注意的是墓葬的守孝（发丧）图。如长治西白兔村墓南壁绘出一孝子掩面哭泣，似迎接前来奔丧的另外五名头戴孝巾、身穿孝服的男子②；又如长治故漳八一水泥厂墓在墓室三个壁面共绘出身穿孝服的六位男女孝子，或握杖、或掩面，作嚎啕大哭状③；再如长治安昌电厂ZAM2东壁上部绘十二人队列的发丧图，各自手持招魂幡、灵位、铙钹、法螺，西壁上部绘三女守孝图（图56）④。晋东南墓葬中的守孝（发丧）图像也传播到了豫西地区。绍圣三年（1096）荥阳槐西村石棺左侧绘出四组人物共十二人，其中数人头戴孝巾，表现出一幅由宅院向墓地送行的送葬场面（图57）⑤。守孝（发丧）图像率先出现于晋东南墓葬中，既是该区域墓葬装饰创新性和独特性的体现，又反映了丧葬中的孝道观念在当地的流行。

---

① 元丰元年（1078）长治故县村M2是晋东南目前发现的北宋最早纪年墓葬。参见朱晓芳、王进先《山西长治故县村宋代壁画墓》，《文物》2005年第4期。

② 王进先：《长治市西白兔村宋代壁画墓发掘简报》，载山西省考古学会编《山西省考古学会论文集》（三），山西古籍出版社2000年版，第131—137页。

③ 朱晓芳、王进先、李永杰：《山西长治市故漳村宋代砖雕墓》，《考古》2006年第9期。

④ 商彤流、杨林中、李永杰：《长治市北郊安昌电厂出土金代墓葬》，《文物世界》2003年第1期。发掘者判断长治安昌电厂ZAM2为金代墓葬，综合考虑该墓壁面装饰、题材和墓葬形制等情况，笔者认为墓葬年代有可能为北宋时期。

⑤ 吕品：《河南荥阳北宋石棺线画考》，《中原文物》1983年第4期。

图 56　长治安昌电厂 ZAM2 西壁上部守孝图

（《文物世界》2003 年第 1 期）

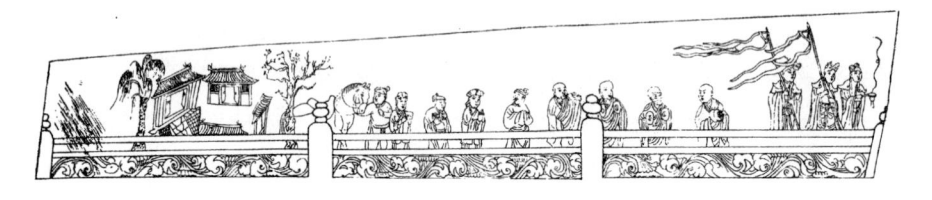

图 57　荥阳槐西村石棺左侧送葬图

（《中原文物》1983 年第 4 期）

　　简言之，英宗、神宗年间的政治事件引发了宣扬孝道的浪潮，此时的晋东南地区也正处于仿木雕砖壁画墓发展的初期阶段，地方民众为了表示对逝者的哀思和笃孝，创新性地在墓葬中绘制守孝（发丧）图像。值得注意的是，作为示范典型的朱寿昌寻到母亲后就任河中府，位于今天的山西南部，与晋东南地区距离较近。晋东南墓葬开始流行绘制守孝（发丧）图像，亦可能与朱寿昌事件所引发孝道观念的直接宣传有关①。

---

　　① 北宋中晚期以来，晋东南地区比较推重教化，这与宋代理学家程颢有关。程颢于治平二年（1065）来到晋城就任县令，期间办乡学、变风气、整吏治，影响了泽州地区的文化导向，有学者认为今日尚存的晋城书院即是在程颢所办乡学基础上发展而来。有赖于此，晋东南地区对孝道的重视程度相当高。参见聂宇洁《从晋城书院看程颢对晋城的文化影响》，《洛阳理工学院学报》（社会科学版）2021 年第 1 期。

守孝（发丧）图像表现的是奔丧、守孝和发丧的实际场景，应该与丧家的现实生活有密切关系；而孝行图像表现的是古代有名的孝子及其行为，更具备象征意义。守孝（发丧）图像和孝行图像均是为了表达孝道，其意象有相近之处。孝行图像逐渐取代了守孝（发丧）图像，将古代孝子的意义和孝行传统移用到墓主后代之上，以昭显其孝。此后，孝行图像便在山西、河南地区墓葬中广泛传播，应用于墓葬壁面和石棺之上，逐渐形成了孝行题材的定式，迄于金元。

还需要补充解释的是，因上层阶级党争而兴盛的孝道浪潮和孝行题材为何没有体现在当时的官员墓葬中，而是多出现于平民的砖室墓之中呢？实际上这与官员墓葬等级制度有关。如第二章所研究，北宋仁宗至徽宗大观年间的墓葬等级制度比较明确，官员墓葬大多呈现简单型的特点，即墓室内基本没有仿木斗栱和雕砖等壁面装饰。既然如此，作为装饰图像的孝行题材则更无法突破制度和风气的影响，未首先流行于官员墓葬壁面之上，而广泛使用于平民阶层的砖室墓中。

朱寿昌的事迹在北宋时期得到大力宣传，并对后代产生了极大影响。以元代编纂的《宋史·孝义传》为例，共记载有名姓者六十余人，而朱寿昌事迹最详、所著笔墨最多[1]，反映出其孝道故事在宋代的影响力。朱寿昌还被列入元人郭居敬所编《全相二十四孝诗选》中[2]，其孝行以蒙学读物的形式在民间传播，乃至今日。有趣的是，朱寿昌之事促成了北宋时期墓葬中孝行题材的流行，而至元代其本人的孝行事迹则被绘至墓葬内[3]。这种前后照应的现象似为偶然，但其是否存在深层次的联系，仍值得进一步思考。

（二）孝行题材的"装饰型"和"环绕型"布局

宋金时期，中原北方地区带有孝行题材的墓葬主要分布于晋中南地区、豫中南地区、陕甘宁地区和豫北地区，其发展态势在前面章节已有具体分析，笔者将按照区域对孝行题材在墓葬壁面的分布情况和壁面位置进行综合介绍。

---

[1] （元）脱脱等：《宋史》卷456《孝义》，中华书局1985年标点本，第13385—13416页。

[2] ［日］大泽显浩：《明代出版文化中的"二十四孝"——论孝子形象的建立与发展》，载中国明代研究学会编《明代研究通讯》第5期，中国明代研究学会2002年版，第11—33页。

[3] 济南市文化局文化处：《济南柴油机厂元代砖雕壁画墓》，《文物》1992年第2期。

其一，晋中南地区。北宋神宗朝以后，本区晋东南地区砖室墓中开始出现孝行题材并得到广泛使用，形式以雕砖为主。其在壁面上的位置不固定，多位于各壁面的门窗两侧；数量也不统一，没有构成完整的"二十四孝"图式，如前述长治五马村墓等。进入金代，本区各小区墓葬中均出现了孝行题材，仍以晋东南地区最为典型。该小区孝行题材的形式主要为壁画，常以墨线为框，在框内表现独立的孝行故事。其位置均位于墓室各壁面斗栱的下部，呈环形绕墓室一周排列。这些孝行题材最多为24幅图像，可以表现出一套完整的"二十四孝"图式，如长治魏村墓、长治长子小关村墓等①。直至金代中期后段，孝行题材的位置才逐渐不再固定。

就晋南地区而言，北宋墓葬中的孝行图像数量不多，而至金代在墓葬中广为流行。其装饰形式以雕砖为主，孝行砖雕多为纯粹的装饰性题材，其所在位置根据墓室装饰布局的要求而定，甚至有图案重复的现象，数量也不固定。如侯马牛村M1和M31的孝行砖雕均位于西壁假门障水板上，且题材出现重复②；临汾侯马大李墓的孝行砖雕位于南壁墓门之上③；临马乔村M4309的孝行砖雕位于西壁格子门内和南壁墓门右侧，并有若干孝行图案的雕砖被当作普通砖砌入墓室④。值得提及的是，本区稷山、闻喜和襄汾等地的部分砖室墓内孝行图像的壁面布局与晋东南地区相似，均呈环形列于斗栱层下部，表现出墓葬文化因素交织的特点。总体而言，晋南地区砖室墓内孝行题材并非墓室壁面布局的重点，其更多与伎乐、花卉等砖雕的地位相近，共同起到装饰墓室的作用。

晋中地区墓葬中的孝行题材同样主要出现于金代，墓葬数量相对较少，不作重点讨论。

其二，豫中南地区。北宋晚期，本区墓葬中出现了孝行题材，并迅速

---

① 长治市博物馆：《山西长治市魏村金代纪年彩绘砖雕墓》，《考古》2009年第1期；长治市博物馆：《山西长子县小关村金代纪年壁画墓》，《文物》2008年第10期。

② 山西省考古研究所侯马工作站：《侯马两座金代纪年墓发掘报告》，《文物季刊》1996年第3期；山西省文物管理委员会侯马工作站：《山西侯马金墓发掘简报》，《考古》1961年第12期。

③ 山西省考古研究所侯马工作站：《侯马大李金代纪年墓》，《文物季刊》1999年第3期。

④ 山西省考古研究所编著：《侯马乔村墓地（1959—1996）》，科学出版社2004年版，第975—983页。

传播，兼具壁画和砖雕的形式。本区孝行题材所处位置有两种模式。第一种模式墓葬数量比重较大，孝行题材主要为壁画形式，图像数量较多，一般位于斗栱间的栱眼壁处或铺作层之上，呈环形绕墓室一周排列，与晋东南地区金代墓葬有相同的范式，如荥阳孤柏嘴墓、洛阳嵩县北元村墓等①。第二种模式墓葬数量比重较小，孝行题材主要为砖雕形式，图像数量较少，且所处位置不固定，更多体现出装饰的意味，如洛阳新安石寺李村M1、洛阳伊川墓等②。可以看出，第一种模式似乎相对早于第二种模式，这两种模式分别与晋东南地区和晋南地区相近，应该有一定渊源。

其三，陕甘宁地区。北宋时期，本区墓葬中较少出现孝行题材。天水清水白沙乡箭峡墓出现了孝行题材，有"大宋"题记③，其年代推测为宋金之际。进入金代，孝行题材开始大量出现于甘宁地区墓葬中，主要为雕砖形式。孝行砖雕多为纯粹的装饰性题材，在墓葬中的总体数量一般不多，所处位置没有规律，同座墓葬中也时常出现重复的孝行图像。如临夏南龙乡墓在甬道处砌出孝行雕砖④，天水张家川南川墓中有十余块孝行雕砖被当作普通条砖砌于墓顶⑤，天水清水贾川董湾村墓在四壁镶嵌包括孝行题材在内的若干层雕砖⑥，兰州中山林墓的孝行雕砖砌于东西壁中心位置的假门内⑦。金代晚期，延安地区砖室墓中使用了孝行题材，多以壁画的形式绘于壁面，位置不固定，更注重图像的装饰性和艺术性，如延安甘

---

① 郑州市文物考古研究所：《郑州宋金壁画墓》，科学出版社2005年版，第24—30页；洛阳市第二文物工作队：《嵩县北元村宋代壁画墓》，《中原文物》1987年第3期。

② 北京大学考古文博学院、洛阳古代艺术博物馆：《新安县石寺李村北宋宋四郎砖雕壁画墓测绘简报》，《故宫博物院院刊》2016年第1期；洛阳市第二文物工作队：《洛阳伊川雕砖墓发掘简报》，《文物》2005年第4期。

③ 南宝生：《绚丽的地下艺术宝库：清水宋（金）砖雕彩绘墓》，甘肃人民出版社2005年版，第37—68页。

④ 临夏回族自治州博物馆：《甘肃临夏金代砖雕墓》，《文物》1994年第12期。

⑤ 甘肃省文物考古研究所、张家川回族自治县博物馆：《甘肃张家川南川宋墓发掘简报》，《考古与文物》2009年第6期。

⑥ 北京大学中国考古学研究中心、甘肃省文物考古研究所：《甘肃省清水县贾川乡董湾村金墓》，《考古与文物》2008年第4期。

⑦ 甘肃省文物管理委员会：《兰州中山林金代雕砖墓清理简报》，《文物参考资料》1957年第3期。

泉城关镇袁庄村 M3 和 M1、延安甘泉柳河渠湾墓等[①]。

其四，豫北地区。本区尚未发现明确为北宋时期带有孝行题材的墓葬，金代皇统三年（1143）林州文明街墓为目前发现时代最早的此类砖室墓[②]。作为墓葬文化中心的边界地区和过渡地带，本区带有孝行题材的墓葬也分为壁画和雕砖两种形式，孝行图像的位置也各自不同，没有明确的区域特征和发展规律，不多做讨论。

综上所述，中原北方地区砖室墓中，孝行题材有壁画和雕砖两种载体，其在壁面中的位置一般分为两种布局形式。其一，呈环形分布于墓室斗栱层上下部分，分布相对规律、固定，与壁面其他题材有明确的分隔，可称之为"环绕型"；其二，所处位置不固定，与壁面其他题材没有明确的分隔，装饰意味显著，可称之为"装饰型"。这两种布局形式代表了孝行题材在墓室壁面中的两种格局，也显示出中原北方各地区内部孝行图像发展的渊源（表59）。

表59　　　　　中原北方各地区墓葬中孝行图像的壁面情况

时段	晋中南地区		豫中南地区		陕甘宁地区		豫北地区
	晋南	晋东南	豫中	豫西	甘宁	延安	
北宋中、晚期		装饰型（雕砖）	环绕型（壁画）为主，兼有装饰型（雕砖）。环绕型整体时代略早				特点不明确
金代早、中期	装饰型（雕砖）为主，兼有环绕型（雕砖）	环绕型（壁画）			装饰型（雕砖）		
金代晚期		装饰型（壁画）				装饰型（壁画）	

可以看出，自北宋神宗年间晋东南地区墓葬中出现孝行图像以来，此题材迅速传播至豫中南地区，至金代又广泛传至陕甘宁地区和豫北地区。就孝行图像的"环绕型"形式而言，其主要位于豫中南地区和晋东南地区（图58）。北宋时期，作为文化中心的豫中南地区将孝行图像在壁面中的位置加以固定，均位于墓室各壁面偏上方；金代在晋东南地区开始流行这种布局形式，应一定程度上受到了豫中南地区的影响。就孝行图像的

---

① 王勇刚：《陕西甘泉金代壁画墓》，《文物》2009年第7期；延安市文物研究所：《陕西甘泉城关镇袁庄村金代纪年画像砖墓群调查简报》，《考古与文物》2014年第3期；西北大学文化遗产学院、甘泉县博物馆：《陕西甘泉柳河渠湾金代壁画墓发掘简报》，《文物》2016年第11期。

② 张增午：《河南林县金墓清理简报》，《华夏考古》1998年第2期。

"装饰型"形式而言,其分布范围较广,主要以金代晋南地区为中心,向四周辐射式传播,豫中南地区、陕甘宁地区等地均采用了这种形式,将孝行图像与伎乐、社火、动植物、生活场景等题材视为同类型的装饰性题材安置于壁面,位置不固定。需要提及的是,"环绕型"形式一般以壁画为主,"装饰型"形式则主要采取雕砖,这应与各墓葬文化区的基本特征相关,反映了各区域的墓葬文化因素。

1. 登封黑山沟墓(《郑州宋金壁画墓》,第92—95页) 2. 长治魏村墓(《考古》2009年第1期) 3. 长治长子小关村墓(《文物》2008年第10期)

图58 宋金墓葬中孝行题材的"环绕型"布局

学界对宋金墓葬中孝行题材的讨论多集中于图像考释和文本比较,近年来逐渐对其布局形式和内涵功能等方面也展开了关注,其关注点多为位于豫中南地区和晋东南地区的"环绕型"孝行图像,一般认为这类孝行图像与升仙题材一起承载着"感通神明"的功能①。近年来，随着带有孝行题材的墓葬材料不断涌现，开始有条件对流行区域更广的"装饰型"形式进行探讨。目前看来，各区域内墓葬中孝行题材的位置差别较大，不同布局形式直接影响了孝行题材的象征意义，应当重视这种区域差异（表60）。

表60　　两种孝行图像布局形式的对比

类型	"装饰型"	"环绕型"
相对时代	出现较早	出现较晚
主要分布区域	晋南地区为中心，向周围扩散	豫中地区、豫西地区和晋东南地区为中心，向周围扩散
墓葬分布范围	较大	较小
墓葬数量	较多	较少
主要装饰形式	雕砖	壁画
壁面位置	不固定，与其他题材位置混合。孝行题材有重复使用的现象	位于墓壁上方，呈环形绕墓室一周排列，与其他题材位置分离。孝行题材没有重复使用的现象
象征意义	表达孝亲之思。与伎乐、社火、动植物、生活场景等题材相近，装饰意味强烈	表达孝亲之思。与升仙题材相近，所谓"感通神明"，带有神圣意义，兼具装饰意味

此外，可以将目前发现的带有孝行图像的墓葬数量进行统计，详见表61。

表61　中原北方各地区带有孝行题材的宋金墓葬（含石棺）的数量
（数据截止至2019年）

区域	晋中南地区			豫中南地区		陕甘宁地区		豫北地区
	晋南	晋东南	晋中	豫中	豫西	甘宁	延安	
数量	21	23	3	7	9	15	4	9

可以发现，晋东南地区带有孝行题材的宋金墓葬数量最多，其占当地砖室墓总数的比重也最高，可见孝行图像在晋东南地区的流行程度。晋南地区此类墓葬也较多，孝行图像也相对流行。值得注意的是豫中南地区，带有孝行题材的墓葬数量实际上并不多，且包含了一部分石棺案例，时代

---

① 邓菲：《关于宋金墓葬中孝行图的思考》，《中原文物》2009年第4期。

主要为北宋晚期。但由于该区此类墓葬资料公布较为完整、墓室壁画形式和内容均比较复杂，因此最为学界所关注。至于陕甘宁地区，此类墓葬也有一定数量，相对较为流行，但因所处位置和材料公布程度等原因而较不受重视。在上述统计中，笔者尽可能地收集了相关材料，仍不免有所遗漏。由于各地考古工作进展程度和材料公布数量均有差异，该数据呈现动态增长的趋势，并不能准确反映各地孝行题材在墓葬中的流行程度，但其反映的现象值得注意。

第五章　结语

　　本书探讨的主题是宋金时期中原北方地区砖室墓。具体而言，讨论了宋金时期中原北方地区墓葬等级制度，将官员与平民阶层的砖室墓加以区分；分区域总结了砖室墓的平面形制和壁面布局的发展趋势，划分出各时段的墓葬文化中心和若干个墓葬文化区；归纳了砖室墓的渊源和整体变化过程，指出砖室墓发展的重要节点；探讨了关于砖室墓壁面布局和题材图像的若干具体问题。

※

　　可以大致将宋金时期中原北方地区砖室墓的变化过程划分为三个阶段，与三个墓葬文化中心的转移情况基本照应。

　　第一个阶段是北宋早期，冀中南地区为最重要的墓葬文化中心。五代至北宋初，出身于冀中南地区的掌权者和政治精英将当地文化引入汴、洛，豫中南地区随即接受了其墓葬文化传统。四京地区墓葬制度初定，较大程度参照了冀中南地区圆形墓的做法。平民砖室墓内的题材组合和图像形式也发轫于晚唐、五代时期冀中南地区的砖室墓中。

　　第二个阶段是北宋中、晚期，豫中南地区为最重要的墓葬文化中心。随着北宋政权日益巩固、社会走向安定、文化和经济逐渐繁荣，豫中南地区作为政治、经济和文化中心的地位愈加明显，墓葬文化受到各方学习和效仿。以砖室墓为主体的墓葬等级制度在四京范围内日臻完善。在平民砖室墓中，豫中南地区墓室平面形制向八边形发展，壁面布局日益繁缛复杂，其艺术水平在北宋晚期达到了发展的高峰。晋中南地区和陕甘宁地区受到了邻近地区的影响，分别于北宋中、晚期出现砖室墓的做法，尚处于发展的初期，没有表现出太强的影响力。

第三个阶段是北宋末期至金代，晋中南地区为最重要的墓葬文化中心。宋金之际战火频仍，而晋中南地区保持了相对安定的局面，并在金代得以持续繁荣。晋中南地区整体墓葬传统基本没有中断，呈现出平稳发展的态势，墓室的祭祀和供奉意义比较凸显，仿木建筑和砖雕技术在金代中期前后达到顶峰，并较大程度地影响了中原北方其他地区的壁面装饰和布局。豫中南地区砖室墓形成了"假门+假门"的题材组合和中轴对称的壁面布局，陕甘宁地区砖室墓在金代形成了自己的特点和风格，这些地区均受到了晋中南地区墓葬文化因素的影响。

※

在宋金时期的中原北方地区，砖室墓广泛使用于皇族成员、官员和有一定经济实力的平民人群之中。皇族成员和官员墓葬具有一定的等级制度。就平民阶层砖室墓的整体发展脉络来看，其平面形制和壁面布局整体呈现出两个趋势。

第一个趋势是平面形制由圆形、方形向六边形、八边形转变。这个转变趋势主要位于豫中南地区和冀中南地区。北宋中、晚期，可能受到佛教因素对塔基地宫的影响，豫中南地区的砖室墓渐趋发展为八边形。冀中南地区砖室墓也随之出现变化，圆形墓室内倚柱增多，其后裁弯取直，形成了六边形、八边形的平面形制。进入金代，八边形的墓室平面得到固定并持续流行。

第二个趋势是壁面布局的整体象征意义由"居室"向"院落"转变。北宋时期，中原北方大部分地区的墓葬壁面为"假门+家具"题材组合，整体带有"居室"的象征意义。北宋末期至金代，随着晋中南地区作为墓葬文化中心地位的提升，"假门+假门"题材组合形式得以广泛传播，墓室象征意义向"院落"转变。"居室"和"院落"的墓室意象既表现了地区间的差异，也反映了墓葬动态发展的转变过程。

在前述两个趋势中，墓葬平面形制的地域性差异相当显著，如晋中南地区和山东地区在宋金时期的墓葬形制基本没有大的变化；墓葬壁面布局象征意义的转变时间也有早晚的差异。至于陕甘宁地区不处于北宋和金统治的核心地区，其墓葬壁面布局和象征意义自有其特点，与中原北方其他地区不同。

※

　　细究宋金时期中原北方地区砖室墓发展之渊源，中晚唐、五代时期河朔地区砖室墓的做法应该不容忽视。史家对"唐宋变革"这一问题有诸多论述，多基于具体问题指出了唐宋时期社会变革的表现。这一变革包含不同层面，各自有其社会基础和时代背景，存在一定的时空跨度。就砖室墓而言，墓葬文化的新因素在安史之乱后的河朔地区已初露端倪，突出表现在这一时期带有壁面装饰的仿木结构砖室墓的流行之上。

　　中晚唐之后，河朔地区为藩镇所割据，中央政府的控制力较弱，各民族的文化在本地区形成多向交流。在这样的背景下，墓葬内容呈现出了新的特点。无论是圆形墓的墓葬形制，北向为正壁的墓室格局，假门、桌椅等壁面雕饰，都是此前两京地区砖室墓未曾流行过的墓葬文化因素。这些文化因素的来源各异，而植根于河朔地区的文化环境和土壤，交流融合形成了仿木结构砖室墓的做法并逐渐定型。

　　唐末、五代时期，来自河朔地区的统治者和精英在混乱的政治局势中扮演了重要角色。河朔地区文化传统的影响力也随之增强，自上而下地传入作为政治中心的汴洛地区。墓葬文化因素也是如此，直接影响了北宋墓葬等级制度和墓葬风俗文化等一系列的整合和构建过程，具有深远意义。

※

　　在整体梳理宋金时期中原北方地区砖室墓变化过程和发展趋势的基础上，结合时代和社会背景可以发现，宋金更替之际应该是砖室墓演变过程中的一个重要节点。

　　金灭北宋、入主中原，无疑是中国历史上的一件大事。北方少数民族政权又一次长时间统治了中原北方地区。金兵南下之前，中原北方地区为北宋王朝的统治核心，士大夫政治和封建礼制共同建构起君主官僚政体的上层统治网络，农业庄园经济和城市商业贸易空前发达，儒释道三教合流并广泛传播于庙堂与民间，士大夫阶层的精英文化和庶民阶层的世俗文化共同繁荣。在这样的社会基础之下，金朝统治者进入中原随即有意识地做出政策性的调整，以求适应新的统治土壤，一方面学习汉民族封建礼制和儒家文化，另一方面在汉地推广女真民族制度、试图与汉地传统相结合。

在此过程中，宋金之际的中原北方地区的文化在保持固有体系和脉络的基础之上，出现了若干新变动。

具体到砖室墓上，这次政权更替最直接的影响就是砖室墓发展出现了断层的现象。战火笼罩下的中原北方大部分地区盗寇四起、民不聊生，根本无力建筑花费高昂的砖室墓。这种局面直至金政府稳定了政治和军事局势后才有所改善，少经战乱的晋中南地区不仅成为了金代经济和文化中心，也代替豫中南地区成为了新的墓葬文化中心，其墓葬文化因素随即传播至周边其他区域，逐渐形成了较为统一的墓葬格局。这是金代砖室墓的建筑方式、壁面布局、象征意义和题材功能出现重大改变的直接动因。

需要注意的是，进入金代，砖室墓的营建方式、整体结构等均未出现大的改变，使用人群大多仍为汉人，较少发现明确的女真墓葬。这与金朝皇陵与皇族成员未采取砖室墓的形式有关，女真族群的官员和民众缺乏可供效仿的墓例，也缺乏使用砖室墓的意向和动力。这种现象也表现出宋金砖室墓使用人群的强大传统，绵延不绝。

参考文献

（以汉语拼音序）

一　历史文献

（宋）程颢、程颐：《二程文集》，丛书集成初编本，中华书局1985年版。

（唐）杜佑：《通典》，中华书局1988年标点本。

（宋）乐辅国：《永定陵修奉采石记》，载河南省文物考古研究所《北宋皇陵》，中州古籍出版社1997年版。

（宋）李焘：《续资治通鉴长编》，中华书局1995年标点本。

（宋）李心传：《建炎以来系年要录》，上海古籍出版社1992年版。

刘琳、刁忠民、舒大刚、尹波等校点：《宋会要辑稿》，上海古籍出版社2014年标点本。

（宋）邵伯温：《河南邵氏闻见前录》，丛书集成初编本，中华书局1985年版。

（宋）司马光：《司马氏书仪》，丛书集成初编本，中华书局1985年版。

（宋）司马光：《温国文正司马公文集》，四部丛刊初编本，商务印书馆1929年版。

（宋）苏轼：《苏东坡集（一）》，商务印书馆1939年版。

（宋）王安石：《临川先生文集》，中华书局1959年版。

（宋）王称：《东都事略》，台北"中央图书馆"1991年版。

王重民、王庆菽、向达、周一良、启功编：《敦煌变文集》，人民文学出版社1984年版。

（宋）魏泰撰，李裕民点校：《东轩笔录》，中华书局1983年版。

（宋）徐梦莘：《三朝北盟会编》，上海古籍出版社1987年版。

（宋）薛居正等：《旧五代史》，中华书局1976年标点本。

（元）脱脱等：《金史》，中华书局1975年标点本。

（元）脱脱等：《宋史》，中华书局1985年标点本。

二　考古资料

安徽省博物馆：《合肥东郊大兴集包拯家族墓群发掘报告》，载文物编辑委员会编《文物资料丛刊》第3辑，文物出版社1980年版。

安阳市文物考古研究所：《河南安阳市北关唐代壁画墓发掘简报》，《考古》2013年第1期。

宝鸡市考古队、千阳县文化馆：《陕西千阳发现金明昌四年雕砖画墓》，《文博》1994年第5期。

保定地区文物管理所、曲阳县文物保管所：《河北曲阳南平罗北宋政和七年墓清理简报》，《文物》1988年第11期。

北京大学考古文博学院、洛阳古代艺术博物馆：《新安县石寺李村北宋宋四郎砖雕壁画墓测绘简报》，《故宫博物院院刊》2016年第1期。

北京大学考古学系、河北省文物研究所、邯郸地区文物保管所：《观台磁州窑址》，文物出版社1997年版。

北京大学中国考古学研究中心、北京大学考古文博学院、洛阳古代艺术博物馆：《洛阳涧西七里河仿木构砖室墓测绘简报》，《考古与文物》2015年第1期。

北京大学中国考古学研究中心、甘肃省文物考古研究所：《甘肃省清水县贾川乡董湾村金墓》，《考古与文物》2008年第4期。

北京市海淀区文物管理所：《北京市海淀区八里庄唐墓》，《文物》1995年第11期。

北京市文物工作队：《北京市发现的几座唐墓》，《考古》1980年第6期。

北京市文物研究所：《北京丰台唐史思明墓》，《文物》1991年第9期。

曹桂岑、王龙正：《禹州龙岗电厂汉唐宋墓》，载中国考古学会编《中国考古学年鉴1997》，文物出版社1999年版。

长治市博物馆：《山西长治市故漳金代纪年墓》，《考古》1984年第8期。

长治市博物馆：《山西长子县小关村金代纪年壁画墓》，《文物》2008年第10期。

长治市博物馆：《山西长治市魏村金代纪年彩绘砖雕墓》，《考古》2009年第1期。

长治市博物馆、壶关县文物博物馆：《山西壶关南村宋代砖雕墓》，《文物》1997年第2期。

陈安利、马咏钟：《西安王家坟唐代唐安公主墓》，《文物》1991年第9期。

陈贤儒：《甘肃陇西县的宋墓》，《文物参考资料》1955年第9期。

崔跃忠、安瑞军：《山西沁源县正中村金代砖室墓壁画摹本考》，《中国国家博物馆馆刊》2020年第8期。

代尊德：《山西太原郊区宋、金、元代砖墓》，《考古》1965年第1期。

邸明：《河北静海东滩头发现宋金墓》，《考古》1995年第1期。

董祥：《偃师县酒流沟水库宋墓》，《文物》1959年第9期。

冯文海：《山西忻县北宋墓清理简报》，《文物参考资料》1958年第5期。

傅永魁、周到：《巩县石窟寺·北宋皇陵·杜甫故里》，中州书画社1981年版。

甘肃省博物馆：《敦煌佛爷庙湾唐代模印砖墓》，《文物》2002年第1期。

甘肃省文物管理委员会：《兰州中山林金代雕砖墓清理简报》，《文物参考资料》1957年第3期。

甘肃省文物考古研究所：《甘肃天水市王家新窑宋代雕砖墓》，《考古》2002年第11期。

甘肃省文物考古研究所：《甘肃会宁宋墓发掘简报》，《考古与文物》2004年第5期。

甘肃省文物考古研究所、张家川回族自治县博物馆：《甘肃张家川南川宋墓发掘简报》，《考古与文物》2009年第6期。

高小龙：《北京清理唐砖室墓》，《中国文物报》1998年12月20日第1版。

巩县文物管理所、郑州市文物工作队：《巩县西村宋代石棺墓清理简报》，《中原文物》1988年第1期。

郭湖生、戚德耀、李容淦：《河南巩县宋陵调查》，《考古》1964年第11期。

邯郸市文物保管所、峰峰矿区文物保管所：《河北邯郸鼓山常乐寺遗址清理简报》，《文物》1982年第10期。

邯郸市文物保护研究所：《邯郸市龙城小区墓葬发掘简报》，《文物春秋》2004年第6期。

邯郸市文物保护研究所：《邯郸市连城别苑古墓发掘简报》，《文物春秋》2004年第6期。

河北省文化局文物工作队：《河北曲阳涧磁村发掘的唐宋墓葬》，《考古》1965年第10期。

河北省文物研究所：《河北平山发现宋墓》，《文物春秋》1989年第3期。

河北省文物研究所：《河北武邑龙店宋墓发掘报告》，载河北省文物研究所编《河北省考古文集》，东方出版社1998年版。

河北省文物研究所：《河北平山县两岔宋墓》，《考古》2000年第9期。

河北省文物研究所：《河北省博野县刘陀店宋金墓群发掘简报》，载河北省文物研究所编《河北省考古文集》第2辑，北京燕山出版社2001年版。

河北省文物研究所、保定市文物管理处：《五代王处直墓》，文物出版社1998年版。

河北省文物研究所、邯郸市文物管理处：《河北邯郸北张庄金墓发掘简报》，《文物春秋》2001年第1期。

河北省文物研究所、石家庄市文物研究所、井陉矿区文化旅游局：《石家庄井陉矿区白彪村唐墓发掘简报》，载河北省文物研究所编《河北省考古文集》第4辑，科学出版社2011年版。

河北省文物研究所、邢台市文物管理处、平乡县文物保管所：《平乡县平乡镇遗址发掘简报》，载河北省文物研究所编《河北省考古文集》第3辑，科学出版社2007年版。

河北省文物研究所石太考古队：《石太高速公路北新城南海山墓区发掘报告》，载河北省文物研究所编《河北省考古文集》，东方出版社1998年版。

河南省文化局文物工作队：《河南方城盐店庄村宋墓》，《文物参考资料》1958年第11期。

河南省文物局：《安阳韩琦家族墓地》，科学出版社 2012 年版。

河南省文物考古研究所：《河南郏县仝楼村三座宋墓发掘简报》，《华夏考古》1999 年第 4 期。

河南省文物考古研究所、荥阳市文物保管所：《河南荥阳金墓发掘简报》，《华夏考古》1997 年第 3 期。

河南省文物考古研究院、济源市文物工作队：《济源市龙潭宋金墓葬发掘简报》，《中国国家博物馆馆刊》2016 年第 2 期。

河南省文物考古研究所：《北宋皇陵》，中州古籍出版社 1997 年版。

河南省文物研究所、巩县文物保管所：《宋太宗元德李后陵发掘报告》，《华夏考古》1988 年第 3 期。

河南省文物研究所、密县文物保管所：《密县五虎庙北宋冯京夫妇合葬墓》，《中原文物》1987 年第 4 期。

河南省文物研究所、新乡市博物馆、新乡地区文管会：《河南省新乡县丁固城古墓地发掘报告》，《中原文物》1985 年第 2 期。

河南省文物研究所、禹州市文管会：《禹州市坡街宋壁画墓清理简报》，《中原文物》1990 年第 4 期。

贺梓城：《唐墓壁画》，《文物》1959 年第 8 期。

衡水市文物管理处：《河北武邑崔家庄宋墓发掘简报》，《文物春秋》2006 年第 3 期。

衡水市文物管理处：《河北故城西南屯晚唐砖雕壁画墓》，载河北省文物研究所《河北省考古文集》第 3 辑，科学出版社 2007 年版。

黄明兰、宫大中：《洛阳北宋张君墓画像石棺》，《文物》1984 年第 7 期。

济南市博物馆：《济南市区发现金墓》，《考古》1979 年第 6 期。

济南市博物馆、济南市考古所：《济南市宋金砖雕壁画墓》，《文物》2008 年第 8 期。

济南市考古研究所：《山东济南长清崮云湖宋墓发掘简报》，《文物》2016 年第 2 期。

济南市文化局文化处：《济南柴油机厂元代砖雕壁画墓》，《文物》1992 年第 2 期。

姜杉、冯耀武：《山西左权发现宋代双层墓》，《文物世界》2005 年第 5 期。

焦作市文物工作队:《焦作电厂金墓发掘简报》,《中原文物》1990年第4期。

焦作市文物工作队:《河南焦作小尚宋冀闰壁画墓发掘简报》,《文物世界》2009年第5期。

焦作市文物勘探队:《河南焦作宋代刘智亮墓发掘简报》,《中原文物》2012年第6期。

康孝红:《山西孝义市发现一座金墓》,《考古》2001年第4期。

孔繁刚、宋贵宝、秦搏:《山东沂水县金代墓葬》,载考古杂志社编《考古学集刊》第11集,中国大百科全书出版社1997年版。

李方玉、龙宝章:《金代虞寅墓室壁画》,《文物》1982年第1期。

李合群、周清怀:《杞县陈子岗宋代郑绪墓调查报告》,载开封市文物工作队编《开封考古发现与研究》,中州古籍出版社1998年版。

李鸿雁:《山东淄博市博山区金代壁画墓》,《考古》2012年第10期。

李慧:《山西襄汾侯村金代纪年砖雕墓》,《文物》2008年第2期。

李军:《河北邢台出土砖志碑》,《文物春秋》2004年第2期。

李绍连:《宋苏适墓志及其他》,《文物》1973年第7期。

李献奇、王丽玲:《河南洛宁北宋乐重进画像石棺》,《文物》1993年第5期。

李有成:《代县李克用墓发掘报告》,载李有成《李有成考古论文集》,中国文史出版社2009年版。

李元章:《山东栖霞市慕家店宋代慕侁墓》,《考古》1998年第5期。

聊城地区博物馆:《山东高唐金代虞寅墓发掘简报》,《文物》1982年第1期。

临夏回族自治州博物馆:《甘肃临夏金代砖雕墓》,《文物》1994年第12期。

临夏州博物馆:《临夏市枹罕金代砖室墓清理简报》,载马珑编《临夏考古(临夏回族自治州博物馆论文集)》,甘肃文化出版社2016年版。

临夏州博物馆、临夏市博物馆:《临夏市四家嘴金代砖雕墓调查简报》,载马珑编《临夏考古(临夏回族自治州博物馆论文集)》,甘肃文化出版社2016年版。

刘乃涛:《刘济墓考古发掘记》,《大众考古》2013年第2期。

刘善沂、王惠明:《济南市历城区宋元壁画墓》,《文物》2005年第11期。

刘岩、史永红:《四面栏杆彩画檐——山西昔阳宋金墓的发现与保护》,《中国文物报》2015年6月5日第8版。

刘玉生：《河南省方城县出土宋代石俑》，《文物》1983年第8期。

罗火金、张丽芳：《宋代梁全本墓》，《中原文物》2007年第5期。

洛阳博物馆：《洛阳涧西三座宋代仿木构砖室墓》，《文物》1983年第8期。

洛阳地区文物工作队：《北宋王拱辰墓及墓志》，《中原文物》1985年第4期。

洛阳市第二文物工作队：《嵩县北元村宋代壁画墓》，《中原文物》1987年第3期。

洛阳市第二文物工作队：《洛阳道北金代砖雕墓》，《文物》2002年第9期。

洛阳市第二文物工作队：《洛阳伊川雕砖墓发掘简报》，《文物》2005年第4期。

洛阳市第二文物工作队：《宜阳发现一座金代纪年壁画墓》，《中原文物》2008年第4期。

洛阳市第二文物工作队：《富弼家族墓地》，中州古籍出版社2009年版。

洛阳市第二文物工作队、宜阳县文物管理委员会：《河南宜阳北宋画像石棺》，《文物》1996年第8期。

洛阳市文物工作队：《河南新安县古村北宋壁画墓》，《华夏考古》1992年第2期。

洛阳市文物工作队：《河南新安县梁庄北宋壁画墓》，《考古与文物》1996年第4期。

洛阳市文物工作队：《河南新安县宋村北宋雕砖壁画墓》，《考古与文物》1998年第3期。

洛阳市文物工作队：《洛阳洛龙区关林庙宋代砖雕墓发掘简报》，《文物》2011年第8期。

洛阳市文物考古研究院：《洛阳孟津新庄五代壁画墓发掘简报》，《洛阳考古》2013年第1期。

洛阳市文物考古研究院：《洛阳龙盛小学五代壁画墓发掘简报》，《洛阳考古》2013年第1期。

洛阳市文物考古研究院：《洛阳邙山镇营庄村北五代壁画墓》，《洛阳考古》2013年第1期。

洛阳市文物考古研究院：《洛阳苗北村壁画墓发掘简报》，《洛阳考古》2013年第1期。

洛阳市文物考古研究院:《洛阳经三路宋代石棺墓发掘简报》,《洛阳考古》2013年第2期。

洛阳市文物考古研究院:《洛阳宋代赵思温夫妇合葬墓发掘简报》,《洛阳考古》2014年第4期。

洛阳市文物考古研究院:《河南省洛阳市北宋安番(审)韬墓发掘简报》,《洛阳考古》2015年第1期。

洛阳市文物考古研究院:《洛阳邙山镇营庄村北宋王怡孙墓发掘简报》,《洛阳考古》2016年第3期。

洛阳市文物考古研究院:《洛阳市涧西区王湾村南金代砖雕墓发掘简报》,《洛阳考古》2017年第2期。

吕品:《河南荥阳北宋石棺线画考》,《中原文物》1983年第4期。

吕遵谔:《山西垣曲东铺村的金墓》,《考古通讯》1956年第1期。

南宝生:《绚丽的地下艺术宝库:清水宋(金)砖雕彩绘墓》,甘肃人民出版社2005年版。

南水北调中线干线工程建设管理局、河北省南水北调工程建设委员会办公室、河北省文物局:《徐水西黑山:金元时期墓地发掘报告》,文物出版社2007年版。

南水北调中线干线工程建设管理局、河北省南水北调工程建设领导小组办公室、河北省文物局:《磁县双庙墓群考古发掘报告》,文物出版社2017年版。

南阳地区文物队、南阳市博物馆、方城县博物馆:《河南方城金汤寨北宋范致祥墓》,《文物》1988年第11期。

南阳市文物研究所、邓州市文化馆:《河南省邓州市北宋赵荣壁画墓》,《中原文物》1997年第4期。

裴静蓉:《娄烦下龙泉村宋代家族墓发掘简报》,《文物世界》2016年第5期。

乔正安:《山西临猗双塔寺北宋塔基地宫清理简报》,《文物》1997年第3期。

青岛市文物保护考古研究所、即墨市博物馆:《即墨东障墓地发掘报告》,《中国国家博物馆馆刊》2013年第6期。

邱播、苏建军:《山东临沂市药材站发现两座唐墓》,《考古》2003年第9期。

任喜来、呼林贵:《陕西韩城金代僧群墓》,《文博》1988年第1期。

三门峡市文物工作队:《三门峡市崤山西路发现三座古墓》,《华夏考古》1993年第4期。

三门峡市文物工作队、义马市文物管理委员会:《义马市金代砖雕墓发掘简报》,《华夏考古》1993年第4期。

三门峡市文物考古研究所:《河南三门峡市化工厂两座金代砖雕墓发掘简报》,《中原文物》2015年第4期。

三门峡市文物考古研究所:《河南义马狂口村金代砖雕壁画墓发掘简报》,《文物》2017年第6期。

山东嘉祥县文管所:《山东嘉祥县钓鱼山发现两座宋墓》,《考古》1986年第9期。

山西大学科学技术哲学研究中心、山西省考古研究所、山西博物院:《山西兴县红峪村元至大二年壁画墓》,《文物》2011年第2期。

山西省考古研究所:《山西稷山金墓发掘简报》,《文物》1983年第1期。

山西省考古研究所编著:《侯马乔村墓地(1959—1996)》,科学出版社2004年版。

山西省考古研究所:《稷山南阳宋代纪年墓》,载山西省考古研究所、山西省考古学会编《三晋考古》第四辑,上海古籍出版社2012年版。

山西省考古研究所、汾西县文物旅游局:《山西汾西郝家沟金代纪年壁画墓发掘简报》,《文物》2018年第2期。

山西省考古研究所、汾阳市文物旅游局、汾阳市博物馆:《汾阳东龙观宋金壁画墓》,文物出版社2012年版。

山西省考古研究所、汾阳县博物馆:《山西汾阳金墓发掘简报》,《文物》1991年第12期。

山西省考古研究所、山西省闻喜县博物馆:《山西省闻喜县金代砖雕、壁画墓》,《文物》1986年第12期。

山西省考古研究所、昔阳县文物管理所、昔阳县博物馆:《山西昔阳松溪路宋金墓发掘简报》,《考古与文物》2015年第1期。

山西省考古研究所侯马工作站:《侯马两座金代纪年墓发掘报告》,《文物季刊》1996年第3期。

山西省考古研究所侯马工作站:《侯马101号金墓》,《文物季刊》1997年第 3 期。

山西省考古研究所侯马工作站：《侯马 102 号金墓》，《文物季刊》1997 年第 4 期。

山西省考古研究所侯马工作站：《山西稷山马村 4 号金墓》，《文物季刊》1997 年第 4 期。

山西省考古研究所侯马工作站：《侯马大李金代纪年墓》，《文物季刊》1999 年第 3 期。

山西省考古研究所晋东南工作站：《山西长子县石哲金代壁画墓》，《文物》1985 年第 6 期。

山西省文管会侯马工作站：《侯马金代董氏墓介绍》，《文物》1959 年第 6 期。

山西省文物管理委员会、山西省考古研究所：《山西孝义下吐京和梁家庄金、元墓发掘简报》，《考古》1960 年第 7 期。

山西省文物管理委员会、山西省考古研究所：《山西文水北峪口的一座古墓》，《考古》1961 年第 3 期。

山西省文物管理委员会侯马工作站：《山西侯马金墓发掘简报》，《考古》1961 年第 12 期。

陕西省考古研究所：《陕西蒲城洞耳村元代壁画墓》，《考古与文物》2000 年第 1 期。

陕西省考古研究院：《陕西西安金代李居柔墓发掘简报》，《考古与文物》2017 年第 2 期。

陕西省考古研究院、西安市文物保护考古研究院、陕西历史博物馆：《蓝田吕氏家族墓园》，文物出版社 2018 年版。

陕西省文物管理委员会：《陕西兴平县西郊清理宋墓一座》，《文物》1959 年第 2 期。

商彤流：《长治市安昌村出土的金代墓葬》，载中山大学艺术史研究中心编《艺术史研究》第 6 辑，中山大学出版社 2004 年版。

商彤流、杨林中、李永杰：《长治市北效安昌村出土金代墓葬》，《文物世界》2003 年第 1 期。

商彤流、郑林有：《陵川县玉泉村金代壁画墓》，载中国考古学会主编《中国考古学年鉴 2008》，文物出版社 2009 年版。

石家庄市文物保管所：《石家庄市井陉矿区北宅砖室墓》，《文物春秋》1989年第4期。

石家庄市文物保护研究所：《石家庄市建华北大街北延工程古墓葬清理简报》，《北方文物》2013年第3期。

史智民、贾永寿、宁文阁：《三门峡市技工学校三座金墓发掘简报》，载许海星、李书谦主编《三门峡文物考古与研究》，北京燕山出版社2003年版。

司玉庆：《鹤壁故县北宋纪年壁画墓鉴赏》，《文物鉴定与鉴赏》2015年第8期。

四川大学历史文化学院考古系、洛阳市第二文物工作队：《洛阳伊川后晋孙璠墓发掘简报》，《文物》2007年第6期。

太原市文物考古研究所：《山西太原晋祠后晋墓发掘简报》，《文物》2018年第2期。

滕县博物馆：《山东滕县金苏玛墓》，《考古》1984年第4期。

王策：《燕京汽车厂出土的唐代墓葬》，《北京文博》1999年第1期。

王光有、宁文阁：《三门峡上阳路金墓发掘简报》，载许海星、李书谦主编《三门峡文物考古与研究》，北京燕山出版社2003年版。

王进先：《长治市西白兔村宋代壁画墓发掘简报》，载山西省考古学会编《山西省考古学会论文集》（三），山西古籍出版社2000年版。

王进先：《山西壶关下好牢宋墓》，《文物》2002年第5期。

王进先、石卫国：《山西长治市五马村宋墓》，《考古》1994年第9期。

王进先、杨林中：《山西屯留宋村金代壁画墓》，《文物》2003年第3期。

王进先、朱晓芳：《山西长治安昌金墓》，《文物》1990年第5期。

王炬：《宜阳县西赵村宋代壁画墓》，载中国考古学会编《中国考古学年鉴2017》，中国社会科学出版社2018年版。

王俊、闫震：《山西晋中发现金代正大五年墓》，《中国国家博物馆馆刊》2013年第10期。

王沛、王蕾编著：《延安宋金画像砖》，陕西人民美术出版社2014年版。

王世襄：《四川南溪李庄宋墓》，《中国营造学社刊》第7卷第1期，1944年。

王勇刚：《陕西甘泉金代壁画墓》，《文物》2009年第7期。

魏峻、张道森：《安阳宋代壁画墓考》，《华夏考古》1997年第2期。
魏曙光：《河北曲阳田庄大墓取得重要新收获》，《中国文物报》2014年3月14日第8版。
魏遂志：《西安市东郊后晋北宋墓》，载中国考古学会编《中国考古学年鉴1987》，文物出版社1988年版。
西安市文物保护考古所：《西安长安区郭杜镇清理的三座宋代李唐王朝后裔家族墓》，《文物》2008年第6期。
西安市文物保护考古研究院：《西安乳家庄宋代砖雕墓发掘简报》，《文物》2013年第8期。
西安市文物保护考古研究院：《西安北宋范天祐墓发掘简报》，《中国国家博物馆馆刊》2017年第6期。
西安市文物管理处：《西安西郊热电厂基建工地清理的三座宋墓》，《考古与文物》1992年第5期。
西北大学文化遗产学院、甘泉县博物馆：《陕西甘泉柳河渠湾金代壁画墓发掘简报》，《文物》2016年第11期。
项春松：《内蒙古赤峰市元宝山元代壁画墓》，《文物》1983年第4期。
谢飞、张志忠、杨超：《北宋临城王氏家族墓志》，文物出版社2009年版。
谢虎军、张剑编：《洛阳纪年墓研究》，大象出版社2013年版。
新乡地区文物管理委员会、辉县百泉文物管理所：《河南辉县百泉金墓发掘简报》，《考古》1987年第10期。
新乡市文物考古研究所：《河南新乡市仿木结构砖室墓发掘简报》，《华夏考古》2010年第2期。
新乡市文物考古研究所：《河南新乡市公村宋代墓葬发掘简报》，《华夏考古》2017年第1期。
邢台市文物管理处、广宗县文物保管所：《邢台广宗县李庄宋代砖室墓的发掘》，载河北省文物研究所《河北省考古文集》第5辑，科学出版社2014年版。
邢台市文物管理处、临城县文物保管所、北京大学中国考古学研究中心：《河北临城岗西村宋墓》，《文物》2008年第3期。
邢台市文物管理处、信都区文物保管所、河北省文物考古研究院：《河北邢台柳林村发现金代墓葬》，《文物春秋》2022 年第 5 期。
宿白：《白沙宋墓》，文物出版社 1957 年版。
宿白：《白沙宋墓》，生活·读书·新知三联书店 2017 年版。
许俊臣：《甘肃镇原县出土北宋浮雕画砖》，《考古与文物》1983 年第 6 期。
延安市文物研究所：《陕西甘泉城关镇袁庄村金代纪年画像砖墓群调查简报》，《考古与文物》2014 年第 3 期。
闫勇、张英军、侯建业：《山东莱州发现两座宋代壁画墓》，《中国文物报》2014 年 7 月 4 日第 8 版。
闫勇、张英军等：《胶东地区首次发现宋代纪年墓》，《中国文物报》2013 年 12 月 6 日第 8 版。
杨大年：《宋画象石棺》，《文物参考资料》1958 年第 7 期。
杨及耘、高青山：《侯马二水 M4 发现墨笔题书的墓志和三篇诸宫调词曲》，《中华戏曲》2003 年第 2 期。
杨有申、李保胜：《河南南召鸭河口水库清理宋墓一座》，《文物》1959 年第 6 期。
佚名：《河南文化局调查安阳天禧镇宋墓》，《文物参考资料》1954 年第 8 期。
佚名：《济南发现带壁画的宋墓》，《文物》1960 年第 2 期。
佚名：《伊川县发现宋代文彦博家族墓地》，载中国史学会《中国历史学年鉴》编辑部编《中国历史学年鉴 1989》，人民出版社 1990 年版。
蔚县博物馆：《蔚县一中唐墓发掘简报》，《文物春秋》2007 年第 2 期。
运城市河东博物馆、夏县文物旅游局：《山西夏县宋金墓的发掘》，《考古》2014 年第 11 期。
张国维：《绛县发现金代砖雕墓》，载孙进己、苏天钧、孙海主编《中国考古集成·华北卷·北京市、天津市、河北省、山西省·金元》二，哈尔滨出版社 1994 年版。
张家口市宣化区文物保管所：《河北宣化纪年唐墓发掘简报》，《文物》2008 年第 7 期。
张增午：《河南林县金墓清理简报》，《华夏考古》1998 年第 2 期。
赵德芳：《河南焦作出土北宋李从生墓志》，《中国历史文物》2006 年第 2 期。
赵培青：《山西盂县皇后村宋金壁画墓》，《文物世界》2015 年第 1 期。

赵世纲：《北宋杨承信墓志跋》，《考古与文物》1985年第1期。

赵文军、马晓建、朱树魁：《宋陵周王墓》，载国家文物局编《2009中国重要考古发现》，文物出版社2010年版。

赵向青、李靖宇：《巩义鲁庄镇发现一北宋纪年石棺墓》，《中国文物报》1997年11月16日第1版。

郑州市博物馆：《郑州开元寺宋代塔基清理简报》，《中原文物》1983年第1期。

郑州市文物考古研究所：《郑州宋金壁画墓》，科学出版社2005年版。

郑州市文物考古研究院：《郑州市北二七路两座砖雕宋墓发掘简报》，《中原文物》2012年第4期。

郑州市文物考古研究院：《郑州卷烟厂两座宋代砖雕墓简报》，《中原文物》2014年第3期。

郑州市文物考古研究院、登封市文物局：《河南登封唐庄宋代壁画墓发掘简报》，《文物》2012年第9期。

郑州市文物考古研究院、河南省南水北调文物保护管理办公室：《郑州黄岗寺北宋纪年壁画墓》，《中原文物》2013年第1期。

郑州市文物考古研究院、荥阳市博物馆：《河南郑州市第十四中学砖雕墓发掘简报》，《中原文物》2016年第3期。

中国社会科学院考古研究所安阳工作队：《河南安阳新安庄西地宋墓发掘简报》，《考古》1994年第10期。

周到：《宋魏王赵頵夫妻合葬墓》，《考古》1964年第7期。

朱世伟、徐婵菲主编：《砖画青史：洛阳古代艺术博物馆藏宋金雕砖》，河南美术出版社2007年版。

朱晓芳、王进先：《山西长治故县村宋代壁画墓》，《文物》2005年第4期。

驻马店市文物考古管理所：《河南泌阳县宋墓发掘简报》，《华夏考古》2005年第2期。

庄明军、李宝垒、王岩：《山东青州市仰天山路宋代砖室墓的清理》，《考古》2011年第10期。

邹城市文物局：《山东邹城峄山北龙河宋金墓发掘简报》，《文物》2017年第1期。

三 研究论著

Ellen Johnston Laing, Patterns and Problems in Later Chinese Tomb Decoration, *Journal of Oriental Studies*, Vol. 16, 1978.

Fei Deng, Realms Beyond: Half-open Doors in Chinese Funerary Art, *Religion and the Arts*, Volume 20, Issue 1 – 2, 2016.

Fei Deng, From Virtuous Paragons to Efficacious Images: Painting of Filial Sons in Song Tombs, in Rui Oliveira Lopes (ed), Face to Face, *The Transcendence of the Arts in China and Beyond-Historical Perspectives*, Lisbon: Centro de Investigação e Estudos em Belas-Artes, Faculdade de Belas-Artes da Universidade de Lisboa, 2014.

Jessica Rawson, Changes in the Representation of Life and the Afterlife as Illustrated by the Contents of Tombs of the T'ang and Sung Period, *Arts of the Sung and Yüan*, Edited by Maxwell K. Hearn and Judith G. Smith, Department of Asia Art & The Metropolitan of Art, New York, 1996.

Wei-Cheng Lin, Underground Wooden Architecture in Brick A Changed Perspective from Life to Death in 10th-through 13th-Century Northern China, *Archives of Ancient China*, Volume 61, 2011.

白彬、丁曼玉：《宋金时期北方地区墓主人像类型及表现含义——兼论"开芳宴"定名问题》，《美术学报》2020年第6期。

常钰熙：《河南地区非仿木结构砖室宋墓初探》，学士学位论文，北京大学，2016年。

陈朝云：《我国北方地区宋代砖室墓的类型和分期》，《郑州大学学报》（哲学社会科学版）1994年第6期。

陈朝云：《黄河中下游地区金代砖室墓探论》，《郑州大学学报》（哲学社会科学版）1996年第1期。

陈豪、丁雨：《宋代官员墓葬相关问题刍议》，《华夏考古》2021年第1期。

陈晓燕：《朱寿昌入〈二十四孝图〉原因探析》，《文史杂志》2014年第1期。

陈寅恪：《隋唐制度渊源略论稿 唐代政治史述论稿》，商务印书馆2011

年版。

崔世平：《河北因素与唐宋墓葬制度变革初论》，载北京大学中国考古学研究中心编《两个世界的徘徊——中古时期丧葬观念风俗与礼仪制度学术研讨会论文集》，科学出版社 2016 年版。

崔世平、任程：《巩义涉村宋代壁画墓"五郡兄弟"孝子图略论》，载中山大学艺术史研究中心编《艺术史研究》第 13 辑，中山大学出版社 2011 年版。

［日］大泽显浩：《明代出版文化中的"二十四孝"——论孝子形象的建立与发展》，载中国明代研究学会编《明代研究通讯》第 5 期，中国明代研究学会 2002 年版。

邓菲：《关于宋金墓葬中孝行图的思考》，《中原文物》2009 年第 4 期。

邓菲：《宋金时期砖雕壁画墓的图像题材探析》，《美术研究》2011 年第 3 期。

邓菲：《图像与仪式——宋金仿木构砖雕壁画墓图像题材探析》，载巫鸿、郑岩主编《古代墓葬美术研究》第 1 辑，文物出版社 2011 年版。

邓菲：《"香积厨"与"茶酒位"——谈宋金元砖雕壁画墓中的礼仪空间》，载中山大学艺术史研究中心编《艺术史研究》第 14 辑，中山大学出版社 2012 年版。

邓菲：《试析宋金时期砖雕壁画墓的营建工艺——从洛阳关林庙宋墓谈起》，《考古与文物》2015 年第 1 期。

邓菲：《图像的多重寓意——再论宋金墓葬中的孝子故事图》，《艺术探索》2017 年第 6 期。

邓菲：《中原北方地区宋金墓葬艺术研究》，文物出版社 2019 年版。

邓广铭：《宋朝的家法和北宋的政治改革运动》，载邓广铭《邓广铭治史丛稿》，北京大学出版社 1997 年版。

邓小南：《从考古发掘资料看唐宋时期女性在门户内外的活动》，载李小江等《历史、史学与性别》，江苏人民出版社 2002 年版。

邓小南：《论五代宋初"胡/汉"语境的消解》，《文史哲》2005 年第 5 期。

丁建军、贾亚方：《宋朝丁忧制度与政治斗争——以"李定匿丧"与"史嵩之起复事件"为例》，《保定学院学报》2013 年第 6 期。

丁雨：《浅议宋金墓葬中的启门图》，《考古与文物》2015年第1期。

丁雨：《从"门窗"到"桌椅"——兼议宋金墓葬中"空的空间"》，载中国人民大学北方民族考古研究所、中国人民大学历史学院考古文博系编《北方民族考古》第4辑，科学出版社2017年版。

丁雨：《启门的诱惑：宋金墓葬启门题材研究反思》，《故宫博物院院刊》2021年第3期。

董新林：《辽代墓葬形制与分期略论》，《考古》2004年第8期。

董新林：《北宋金元墓葬壁饰所见"二十四孝"故事与高丽〈孝行录〉》，《华夏考古》2009年第2期。

段鹏琦：《我国古墓葬中发现的孝悌图象》，载中国社会科学院考古研究所编《中国考古学论丛——中国社会科学院考古所建所40周年纪念》，科学出版社1993年版。

冯恩学：《辽墓启门图之探讨》，《北方文物》2005年第4期。

冯继仁：《论阴阳勘舆对北宋皇陵的全面影响》，《文物》1994年第8期。

耿超：《河北地区宋代墓葬及相关问题研究》，载常建华主编《中国社会历史评论》第18卷，天津古籍出版社2017年版。

宫大中：《洛都美术史迹》，湖北美术出版社1991年版。

韩小囡：《宋代墓葬装饰研究》，博士学位论文，山东大学，2006年。

韩小囡：《墓与塔——宋墓中仿木建筑雕饰的来源》，《中原文物》2010年第3期。

韩小囡：《图像与文本的重合——读宋代铜镜上的启门图》，《美术研究》2010年第3期。

韩悦：《宋代丧葬典礼考述》，硕士学位论文，浙江大学，2012年。

杭侃：《试论唐宋时期椅子在中原地区的传播》，《故宫博物院院刊》2019年第4期。

郝红星、于宏伟：《辽宋金壁画墓、砖雕墓墓葬形制研究》，载郑州市文物考古研究所《郑州宋金壁画墓》，科学出版社2005年版。

郝军军：《金代墓葬的区域性及相关问题研究》，博士学位论文，吉林大学，2016年。

侯马市志编纂委员会：《侯马市志》，长城出版社2005年版。

黄景略：《中国古代墓葬壁画的缩影》，《文物》1996 年第 9 期。

黄修明：《宋代孝文化述论》，《四川大学学报》（哲学社会科学版）2002 年第 4 期。

霍杰娜：《辽墓中所见佛教因素》，《文物世界》2002 年第 3 期。

江玉祥：《宋代墓葬出土的二十四孝图像补释》，《四川文物》2001 年第 4 期。

金连玉：《宋代官员墓葬研究》，博士学位论文，北京大学，2016 年。

金连玉：《试析宋代官员墓葬选址特点与影响因素》，《四川文物》2023 年第 1 期。

［韩］金文京：《高丽本〈孝行录〉与"二十四孝"》，载复旦大学韩国研究中心编《韩国研究论丛》第 3 辑，上海人民出版社 1997 年版。

雷生霖：《黄河中下游地区宋、金墓》，硕士学位论文，北京大学，1994 年。

李红：《宋辽金元时期的墓室壁画》，载中国美术全集编辑委员会《中国美术全集·绘画编·12 墓室壁画》，文物出版社 1989 年版。

李路珂：《营造法式彩画研究》，东南大学出版社 2011 年版。

李清泉：《宣化辽代壁画墓设计中的时间与空间观念》，《美术学报》2005 年第 2 期。

李清泉：《宣化辽墓：墓葬艺术与辽代社会》，文物出版社 2008 年版。

李清泉：《空间逻辑与视觉意味——宋辽金墓"妇人启门"图新论》，《美术学报》2012 年第 2 期。

李清泉：《"一堂家庆"的新意象——宋金时期的墓主夫妇像与唐宋墓葬风气之变》，《美术学报》2013 年第 2 期。

李若水：《中原北方宋金仿木构砖室壁画墓中的建筑彩画》，学士学位论文，北京大学，2010 年。

李逸友：《论辽墓画像石的题材和内容》，《辽海文物学刊》1992 年第 2 期。

李雨生：《北方地区中晚唐墓葬研究》，博士学位论文，北京大学，2013 年。

梁白泉：《墓饰"妇人启门"含义揣测》，《中国文物报》1992 年 11 月 8 日第 3 版。

梁白泉：《墓饰"妇人启门"含义蠡测》，《艺术学界》2011 年第 2 期。

［日］林巳奈夫：《刻在石头上的世界：画像石述说的古代中国的生活和

思想》，商务印书馆 2010 年版。

林思雨：《略论宋金时期八边形装饰墓葬》，《四川文物》2020 年第 2 期。

刘未：《尉氏元代壁画墓札记》，《故宫博物院院刊》2007 年第 3 期。

刘未：《宋代的石藏葬制》，《故宫博物院院刊》2009 年第 6 期。

刘未：《宋元时期的五音地理书——〈地理新书〉与〈茔原总录〉》，中国人民大学北方民族考古研究所、中国人民大学历史学院考古文博系编《北方民族考古》第 1 辑，科学出版社 2014 年版。

刘未：《门窗、桌椅及其他——宋元砖雕壁画墓的模式与传统》，载巫鸿、朱青生、郑岩主编《古代墓葬美术研究》第 3 辑，湖南美术出版社 2015 年版。

刘未：《昭穆贯鱼：北宋韩琦家族墓地》，载王煜编《文物、文献与文化——历史考古青年论集》第 1 辑，上海古籍出版社 2017 年版。

刘未：《宋代皇陵布局与五音姓利说》，载浙江大学艺术与考古研究中心编《浙江大学艺术与考古研究》第 3 辑，浙江大学出版社 2018 年版。

刘未：《宋元时期的五音墓地》，载北京大学中国考古学研究中心、北京大学震旦古代文明研究中心编《古代文明》第 16 卷，上海古籍出版社 2022 年版。

刘耀辉：《山西潞城县北关宋代砖雕二十四孝考辨》，《青年考古学家》2000 年第 12 期。

刘耀辉：《晋南地区宋金墓葬研究》，硕士学位论文，北京大学，2002 年。

刘毅：《妇人启门墓饰含义管见》，《中国文物报》1993 年 5 月 16 日第 3 版。

刘毅：《宋代皇陵制度研究》，《故宫博物院院刊》1999 年第 1 期。

卢青峰：《金代墓葬探究》，硕士学位论文，郑州大学，2007 年。

罗超华：《宋代礼学转向的先声："濮议"与程颐〈论濮王典礼疏〉》，《海南大学学报》（人文社会科学版）2019 年第 4 期。

孟凡人：《北宋帝陵石像生研究》，《考古学报》2010 年第 3 期。

聂宇洁：《从晋城书院看程颢对晋城的文化影响》，《洛阳理工学院学报》（社会科学版）2021 年第 1 期。

［美］裴志昂：《试论晚唐至元代仿木构墓葬的宗教意义》，《考古与文物》2009 年第 4 期。

齐东方：《试论西安地区唐代墓葬的等级制度》，载北京大学考古系编《纪念北京大学考古专业三十周年论文集》，文物出版社 1990 年版。

齐东方：《中国北方地区唐墓》，载北京大学考古文博院、大阪经济法科大学《7—8 世纪东亚地区历史与考古国际学术讨论会论文集》，科学出版社 2001 年版。

秦大树：《中原地区宋墓初探》，学士学位论文，北京大学，1985 年。

秦大树：《金墓概述》，《辽海文物学刊》1988 年第 2 期。

秦大树：《宋元明考古》，文物出版社 2004 年版。

秦大树：《宋代丧葬习俗的变革及其体现的社会意义》，载荣新江编《唐研究》第 11 卷，北京大学出版社 2005 年版。

秦大树：《试论北宋皇陵的等级制度》，《考古与文物》2008 年第 4 期。

秦大树、钟燕娣：《宋元时期山西地区墓葬的发现和研究》，载上海博物馆编《壁上观——细读山西古代壁画》，北京大学出版社 2017 年版。

冉万里：《宋代丧葬习俗中佛教因素的考古学观察》，《考古与文物》2009 年第 4 期。

任林平：《中原地区宋金元墓葬墓主图像的再思考》，《中国文物报》2014 年 2 月 28 日第 6 版。

山西省娄烦县地方志编纂委员会编：《娄烦县志》，中华书局 1999 年版。

沈睿文：《巩县宋陵陵地秩序》，载沈睿文《唐陵的布局：空间与秩序》，北京大学出版社 2009 年版。

沈睿文：《〈地理新书〉的成书及版本流传》，载北京大学中国考古学研究中心编《古代文明》第 8 卷，文物出版社 2010 年版。

沈睿文：《"妇人启门"构图及其意义》，载张达志编《中国中古史集刊》第 2 辑，商务印书馆 2016 年版。

沈睿文：《北朝隋唐圆形墓研究述评》，载中国社会科学院历史研究所、马克思主义史学理论与史学史研究室编《理论与史学》第 2 辑，中国社会科学出版社 2016 年版。

史学谦：《试论山西地区的金墓》，《考古与文物》1988 年第 3 期。

宋画全集编辑委员会：《宋画全集》，浙江大学出版社 2009 年版。

孙秉根：《西安隋唐墓葬的形制》，载《中国考古学研究》编委会编《中国考古学研究——夏鼐先生考古五十年纪念论文集》二集，科学出版社 1986 年版。

［瑞士］谭凯：《晚唐河北人对宋初文化的影响——以丧葬文化、语音以及新兴精英风貌为例》，载荣新江主编《唐研究》第十九卷，北京大学出版社 2013 年版。

谭其骧编：《中国历史地图集（宋·辽·金时期）》，地图出版社 1982 年版。

［日］土居淑子：『古代中国の半開の扉』，载［日］土居淑子《古代中国考古・文化論叢》，言叢社 1995 年版。

王云飞：《河南宋代砖室墓的墓圹与墓道营造》，《华夏考古》2022 年第 1 期。

王云云：《北宋礼学的转向——以濮议为中心》，《安徽大学学报》（哲学社会科学版）2010 年第 2 期。

［美］巫鸿：《地域考古与对"五斗米道"美术传统的重构》，载［美］巫鸿《礼仪中的美术——巫鸿中国古代美术史文编》，生活·读书·新知三联书店 2005 年版。

［美］巫鸿《黄泉下的美术：宏观中国古代墓葬》，生活·读书·新知三联书店 2010 年版。

吴敬：《宋代西北地区墓葬研究》，载教育部人文社会科学重点研究基地吉林大学边疆考古研究中心编《边疆考古研究》第 16 辑，科学出版社 2014 年版。

吴少明、常冬梅、张玉平：《清水宋金墓葬孝行图探究》，《敦煌学辑刊》2015 年第 1 期。

吴垠：《仿木建筑的"事神"意味——以稷山马村段氏家族墓及晋南金墓为中心》，载中山大学艺术史研究中心编《艺术史研究》第 17 辑，中山大学出版社 2015 年版。

谢桃坊：《朱寿昌寻母事辨》，《文史杂志》2009 年第 6 期。

［日］熊本崇：《"权监察御史里行"李定——关于王安石的对御史台政策》，载近藤一成编《宋元史学的基本问题》，中华书局 2010 年版。

宿白：《西安地区唐墓壁画的布局和内容》，《考古学报》1982 年第 2 期。

宿白：《西安地区的唐墓形制》，《文物》1995 年第 12 期。

夏素颖：《河北地区宋金墓葬研究》，《文物春秋》2012 年第 2 期。

徐苹芳：《宋元时代的火葬》，《文物参考资料》1956 年第 9 期。

徐苹芳：《五代两宋》，载中国科学院考古研究所编《新中国的考古收获》，文物出版社 1961 年版。

徐苹芳：《辽金元明》，载中国科学院考古研究所编《新中国的考古收获》，文物出版社 1961 年版。

徐苹芳：《唐宋墓葬中的"明器神煞"与"墓仪"制度——读〈大汉原陵秘葬经〉札记》，《考古》1963 年第 2 期。

徐苹芳：《宋代墓葬和窖藏的发掘》，载中国社会科学院考古研究所编《新中国的考古发现和研究》，文物出版社 1984 年版。

徐苹芳：《金元墓葬的发掘》，载中国社会科学院考古研究所编《新中国的考古发现与研究》，文物出版社 1984 年版。

徐苹芳：《宋元明时代的陵墓》，载中国大百科全书总编辑委员会《考古学》编辑委员会、中国大百科全书出版社编辑部编《中国大百科全书：考古学》，中国大百科全书出版社 1986 年版。

徐苹芳：《看〈河北古代墓葬壁画精粹展〉札记》，《文物》1996 年第 9 期。

徐苹芳：《中国历史考古学分区问题的思考》，《考古》2000 年第 7 期。

阳泉市地方志编纂委员会编：《阳泉市志》，当代中国出版社 1998 年版。

杨泓：《汉唐之间城市建筑、室内布置和社会生活习俗的变化》，载杨泓《束禾集：考古视角的艺术史》，中国社会科学出版社 2018 年版。

杨远：《河南北宋壁画墓析论》，硕士学位论文，郑州大学，2004 年。

易晴：《试析河南北宋砖雕壁画墓八角形墓室形制来源及其象征意义》，《中原文物》2008 年第 1 期。

易晴：《宋金中原地区壁画墓"墓主人对（并）坐"图像探析》，《中原文物》2011 年第 2 期。

盂县史志编纂委员会编：《盂县志》，方志出版社 1995 年版。

俞莉娜：《宋金时期墓葬仿木构建筑史料研究——以河南中北部、山西南部地区为例》，硕士学位论文，北京大学，2015 年。

俞伟超：《中国古墓壁画内容变化的阶段性——〈河北古代墓葬壁画精粹展〉座谈会上的发言提纲》，《文物》1996 年第 9 期。

袁泉：《继承与变革：山东地区元代墓葬区域与阶段特征考》，《考古与文物》2015年第1期。

袁泉：《蒙元时期中原北方地区墓葬研究》，文物出版社2020年版。

张广立：《宋陵石雕纹饰与〈营造法式〉的"石作制度"》，载《中国考古学研究》编委会编《中国考古学研究——夏鼐先生考古五十年纪念论文集》二集，科学出版社1986年版。

张鹏：《妇人启门图试探——以宣化辽墓壁画为中心》，《民族艺术》2006年第3期。

张鹏：《勉世与娱情——宋金墓葬壁画中的一桌二椅到夫妇共坐》，《美术研究》2010年第4期。

张文昌：《唐宋礼书研究——从公礼到家礼》，博士学位论文，台湾大学，2006年。

张英：《金代丧俗考（上）》，《博物馆研究》1992年第2期。

张英：《金代丧俗考（下）》，《博物馆研究》1992年第3期。

张钰翰：《北宋中期士大夫集团的分化：以濮议为中心》，载姜锡东编《宋史研究论丛》第14辑，河北大学出版社2013年版。

赵超：《"二十四孝"在何时形成（上）》，《中国典籍与文化》1998年第1期。

赵超：《"二十四孝"在何时形成（下）》，《中国典籍与文化》1998年第2期。

赵超：《山西壶关南村宋代砖雕墓砖雕题材试析》，《文物》1998年第5期。

赵冉：《宋元墓葬中榜题、题记研究》，《南方文物》2012年第1期。

赵永军：《金代墓葬研究》，博士学位论文，吉林大学，2010年。

赵永军：《金墓中所见"墓主人"图像释析》，载中国考古学会编《中国考古学会第十五次年会论文集（2012）》，文物出版社2013年版。

郑岩：《民间艺术二题》，《民俗研究》1995年第2期。

郑岩：《论"半启门"》，《故宫博物院院刊》2012年第3期。

郑岩：《墓主画像的传承与转变——以北齐徐显秀墓为中心》，载郑岩《逝者的面具：汉唐墓葬艺术研究》，北京大学出版社2013年版。

郑岩：《魏晋南北朝壁画墓研究》，文物出版社2016年版。

郑以墨:《内与外　虚与实——五代、宋墓葬中仿木建筑的空间表达》,《故宫博物院院刊》2009年第6期。

郑以墨:《缩微的空间——五代、宋墓葬中仿木建筑构件的比例与观看视角》,《美术研究》2011年第1期。

朱瑞熙:《宋代的丧葬习俗》,《学术月刊》1997年第2期。

庄程恒:《北宋两京地区墓主夫妇画像与唐宋世俗生活风尚之新变动》,载中山大学艺术史研究中心编《艺术史研究》第12辑,中山大学出版社2010年版。

邹清泉:《汉魏南北朝孝子画像的发现与研究》,《美术学报》2014年第1期。

后　　记

　　本书的主要内容源于 2019 年撰写完成的博士毕业论文。考古学是一个重视新材料的学科，材料的更新会对原有的观点产生影响。五年来，新材料和新成果增加了一些，在目力所及的范围内，博士论文的主要论点基本能够成立。因此，在保持博士论文主题框架的基础上，本书只对若干章节进行了一些调整和修改，主体论点和论证过程没有太大的变动，在此谨作说明。

　　在书稿付梓之际，我要深深感谢我的导师杭侃教授。回顾过往，自 2010 年进入北京大学考古文博学院求学以来，这十余年间所取得的一些学习和工作成果，大都得益于杭老师的倾力教诲和指导。2014 年本科毕业后，我选择直接攻读博士学位。就学制而言，相较于硕博生，直博生的培养年限有所缩短，尤其需要提升独立发现问题的意识和组织文章架构的能力。杭老师不仅着眼于博士论文题目本身，还注重拓展我的视野，启发我的问题意识，鼓励我多撰写文章，从不同研究视角去关注古代社会的复原。对于每一位学人而言，撰写博士论文的过程，是增长学识、提升学力、积淀学养的关键阶段。很庆幸能够在这么重要的时段得到杭老师的指引。

　　本书的撰写受惠于许多师长给予的引导和建议。秦大树老师开设的宋元明考古课程为我研习宋元考古打下了基础，使我对墓葬考古领域产生了学术兴趣；邓小南老师的宋史文献课程增加了我对宋代社会的理解和认知，令我多受教益；徐怡涛老师在建筑考古学方面的讲授和提点，让我对仿木构墓葬的了解更加深入。在博士论文的开题、预答辩和答辩过程中，除了前述几位老师之外，李孝聪、齐东方、李裕群、李崇峰、孙华、董新林、郑岩、韦正、郑嘉励、沈睿文、刘未等老师对论文主题、结构与内容进行了指点和帮助，谨向各位老师表示衷心的感谢。

在北京师范大学历史学院领导班子的大力支持下，本书得到了北京师范大学历史学院学科建设发展出版资助。书稿能够顺利出版，还多承中国社会科学出版社张湉老师的玉成，尤需感谢胡安然女史在校稿、审读、编辑方面的辛劳付出。

我还要感谢我的父母和姥姥，感谢我的妻子王艺霏在论文成书过程中的陪伴、支持和鼓励。你们是我最坚实的后盾和温暖的港湾。谢谢你们。

张保卿

2024 年 11 月 25 日